KB020284

이타주의자

최정규, 이상수, 이진우, 김준홍, 김학진, 남창훈, 홍성욱

이타주의자

사피엔스에서 인공지능까지

사회평론

차례

기획의 말
— 이타주의자에게 던지는 질문

'이타주의자'는 이해하기 힘든 존재이다. 자신을 희생해서 남을 이롭게 하는 존재가 있다는 것을 합리적으로 설명하기 어렵다. 상황이 이렇다면 '이타주의자'는 원래 없을 수도 있다. 있는 것처럼 보이거나 있다고 믿고 싶은 것에 불과할지도 모른다. 이 경우에 할 수 있는 진지한 탐구는 실제로 '이타주의자'가 아닌 사람들을 '이타주의자'로 보이도록 만드는 것은 무엇인지 따져보는 일이다. '이타주의자'가 실제로 존재하고 그들을 합리적으로 설명할 수 있는 방법이 없다면, 할 수 있는 진지한 시도는 다음의 두 가지가 될 것이다. 어느 곳이 고장 나서 '이타주의자'가 되었는지 살피거나, 우리가 합리적이라고 생각하는 방식 자체에 대한 의심을 하는 일이다.

이 책은 '이타주의'와 '이타주의자'를 모든 방향에서 검토해보려는 시도이다. 동서양의 역사와 철학, 그리고 현대의 사회과학과 자연과학을 총동원해서 굳이 '이타주의'를 검토하고 '이타주의자'를 찾는 이유는 '희생'과 '이타주의'가 드문, 각박한 세상에 살고 있지만 그것들이 값지고 귀하다고 믿기 때문이다. 한 몸 돌보기에도 미약한 인간들이 무리를 이루어 사회를 만들고 목숨을 희생해 무리를 지키며 살아온 역사를 되돌아볼 때, '이타주의자'들의 희생 없이 인류가 지금까지 생존을 할 수 있었을까? 이기주의만이 합리적이라는 가정을 뒤집지 않는다면 우리의 과거를 지탱해온 '이타주의자'들에게 우리의 미래를 기대할 수 없다.

당장은, 내가 남을 도우면 남이 나를 돕는다는 '호혜적 이타주의'나 다수에게 혜택을 주겠다는 '공리주의적 이타주의' 정도에서 논의의 진전이 주춤하다. 하지만 이 책에 실린 참신한 착상과 제안들에서 출발해 서로 돕고 사는 사회에 대한 새로운 이론적 이해를 얻을 수 있기를 바란다. 어느 시대나 그런 걱정이 있었다고는 하지만, 인공지능의 등장에 대해서 우려의 눈길을 보내는 사람들이 주장하는 인류의 역사가 이제 또 다른 국면에 들어서고 있다는 이야기도 설득력 있게 들린다. 다음 국면에서도, 여전히 이타주의는 인류의 생존에 강력한 도구가 되어줄 것인가?

1장

우리는 왜 타인의 고통에 아파할까?

우리는 왜 타인의 고통을 외면하기
어려울까요? 경쟁의 시대라고 불리면서도
우리 사회 곳곳에서는 아직도 타인을 위한
실천들이 일어나고 있습니다.
이러한 행동 중에는 자신의 평판을 높이기
위함도 있지만, 대부분은 순수하게
자신에게 일어날 손해를 무릅쓴 타인을 위한
행동입니다.

타인의 고통에 대해 무감각해지는 것이
분명 경쟁에 유리한데도 인간에게 왜
이타주의적 성향이 남아 있게 된 것일까요?
극단적으로 말해 인간은 왜 사이코패스로
진화하지 않게 된 것일까요?

최정규 선생님은 그 이유를 인간의 삶에
필요한 경제적 현실에서 찾아냅니다.
이타주의는 경쟁과 시장질서를 기반으로 한
현대 사회에서도 여전히 필요한
가치이자 자원이라는 것입니다. 첫 장에서는
이타주의가 인간이 지켜야 할 도덕적
가치만이 아니라 인간이 잘 활용해야 하는
경제적인 자원으로서 어떤 의미가 있는지를
살펴보고자 합니다.

오늘날 이타주의를 이야기해야 하는 이유

최정규

이타주의는 이제 낡은 도덕에 불과하게 된 것일까? 누군가는 이타주의가 치열한 생존 경쟁 속에서 점점 자리를 잃어버린 채 힘없이 남은 마지막 양심의 호소에 불과한 것이라 말한다. 또 누군가는 이타주의를 힘 있는 자들이 힘없는 자들의 희생을 강요하기 위해 도덕이라는 이름으로 내세운 족쇄일 뿐이라고도 한다. 또 누군가는 이타주의란 좁고 작은 사회에서나 필요한 낡은 본성이며 거대한 규모의 현대 사회에는 더 이상 어울리지 않는다고 말한다.

이 장에서는 왜 우리가 여전히 이타주의를 이야기해야 하는지, 왜 이타주의가 현대 사회의 제반 문제들을 풀어갈 수 있는 열쇳말인지를 이야기하려고 한다. 우선 이타주의란 우리에게 '해야 한다'는 의미에서의 도덕으로서가 아니라 '그러하다'라는 의미에서의 실증의 문제임을 말하고, 많은 이들이 실제로 이타적임을 이야기할 것이다. 그리고 그렇게 확인되는 이타주의는 결코 낡은 본성이 아니라, 현대 사회에서도 여전히 중요한 역할을 수행하고 있음을 이야기하고자 한다. 그동안 수없이 논의되어 왔던 것처럼 어떻게 이기적 인간으로 하여금 도덕적인 행동을 하도록 할 수 있을까라는 식의 질문은 던지지 않을 것이다. 오히려 그런 질문이 왜 문제일 수 있는지를 이야기 하려고 한다. 다시 말해 이타주의란 우리가 지켜야 할 도덕적이고 규범적인 가치로서가 아니라 실제로 존재하는 행동 양태임을, 그리고 우리가 잘 활용해야 하는 경제적 자원일 수 있음을 말하고자 한다.

그동안 이타주의를 둘러싼 논의는 사회적 질서에 대한 결코 양립할 수 없는 두 극단적 전망 사이에서 동요해왔다. 한편에는 이타주의에 배타적으로 근거한 공동체적 사회질서라는 도덕적 유토피아가 있고, 다른 한편에는 이타주의를 전혀 필요로 하지 않는 시장 사회질서라는 경제적 유토피아가 있다. 이 글의 목표는 교류가 전 지구적으로 이루어질 정도로 확대된 사회질서 속에서 이타주의가 서 있는 자리를 확인하려는 것이다. 즉, 두 극단적 전망 사이 어딘가에서 이타주의의 자리를 찾아보고자 한다.

이타주의는 도덕적 허상도, 우리 사회에 걸맞지 않는 낡은 본성도 아니다

18세기 초 네덜란드 출신의 의사이면서 영국에서 여러 편의 풍자시를 통해 유명세를 탔던 버나드 맨더빌(Bernard Mandeville)은 그의 책 『꿀벌의 우화』에 실린 「미덕은 어디에서 왔는가?」라는 글에서 상업의 확대에 대한 당시의 도덕적 저항을 비꼬면서 다음과 같이 썼다.

> 유난히 이기적이고 고집 세고 약삭빠른 짐승이기에 사람은 아무리 위에서 억누르려고 해도 힘으로만 한다면 다스릴 수도 없고 제대로 고칠 수도 없다. 따라서 법을 만든 사람들과 그 밖에 슬기로운 사람들이 사회를 일으키면서 이제껏 가장 힘써온 것은, 사람들을 설득하여 욕구에 빠지는 것보다 욕구를 이겨내는 것이 낫고, 저만 생각하는 것보다 모두를 걱정하는 것이 훨씬 좋다고 믿게 만드는 것이었다. 이것이 언제나 어려운 일이었기에 어느 시대든 도덕군자와 철학자들은 이처럼 쓸모 있는 주장이 옳다는 것을 보여주려고, 있는 솜씨를 다 부렸다. […] 자기 하고 싶은 대로 하지 못하게 하고, 제 좋은 일에 앞서 남 좋은 일을 하게 만들려면, 힘을 휘둘러 얻는 만큼 달리도 얻을 수 있다고 보여주어야 한다. 사람들을 깨우치는 일을 떠맡아온 사람들이 이를 모르지는 않았다. 이들은 금욕하는 수고를 보상해주되, 주는 사람이나 받는 사람이나 부담이 없으면서 받는 사람에게는 마음에 쏙 드는 허깨비를 한 가지 꾸며내기에 이르렀다. […] 사람을 홀리는 이 연장을 가지고 그들은 우리 본성을 다른 짐승들에 앞서는 뛰어난 것으로 올려놓았다. 또한 우리가 놀랍도록 똑똑하고 폭넓게 안다고 끝없이 칭찬을 늘어놓으면서 우리 넋에 들어 있는 이성이야말로 우리가 가장 고귀한 일을 하도록 도와주는 것이라고 줄줄이 찬사를 쏟아내었다. […] 그러고 나서 그들은 이처럼 고상한 생명이 짐승들도 가지고

1. 버나드 맨더빌, 「미덕은 어디에서 왔는가」, 『꿀벌의 우화』, 최윤재 역, 문예출판사, 2010, pp. 126-128.

있는 욕구나 채우려고 애태우면서, 사람을 세상 무엇보다 앞서게 해주는 그 높은 품성을 멀리한다면, 품위가 얼마나 망가지겠느냐고 늘어놓았다. […] 한편으로는 충동을 이겨낸다는 것이 얼마나 거룩한 것이며, 다른 한편으로는 그렇게 해보려고도 하지 않는 것이 얼마나 부끄러운 것인지 보여주려고만 했다.[1]

맨더빌의 눈에는, 사회란 시민이 가져야 할 미덕과 도덕적 올바름을 토대로 관계를 맺는 사람들의 집합이 아니라, 서로 질투하고, 경쟁하고, 잡아먹으려 하는 이기적 개인들의 집합에 다름 아니었다. 상업 거래가 삶의 영역 곳곳으로 펴져나가면서 내내 죄악시되어 억눌렸던 소유욕이 공공연히 표출되기 시작했고, 이에 많은 이들이 상업의 확대 때문에 그동안 지켜온 도덕적 가치가 잠식될 것이라고 우려하기도 했다. 그러면서 상업의 발전과 도덕적 가치의 잠식을 둘러싼 논쟁이 불붙기도 했다. 맨더빌은 도덕적인 사람이란 애초에 없으며 인위적으로 세워진 허수아비에 불과하다고 했다. 그러면서 도덕이란 한편으로는 지배자들의 위선일 뿐이며, 다른 한편으로는 신분사회에서 지배자들의 부와 지위를 공고히 하기 위해 피지배계층에 부과하는 족쇄에 불과하다고 주장한다. 그래서 도덕이라는 이름 아래에서 안 되는 일들을 잔뜩 만들었지만, 그것은 지배자들의 자신들의 이익을 침해받지 않기 위한 책략에 불과하다고 봤다. 말하자면 그의 눈에는 도덕이란 위선이고 통치 전략일 뿐이었다. 어차피 모두가 비도덕적일 수밖에 없는 상황에서 맨더빌이 보기에 중요한 것은 비도덕적인 사람들의 악덕, 즉 욕망과 충동을 잘 조절하여 사회적 번영으로 이끌 수 있도록 하는 제도적 장치를 마련하는 것이었다.

20세기 보수주의의 입장을 가장 명확히 드러내는, 어찌 보면 가장 위대한 보수주의자였던 하이에크(Friedrich von Hayek)는 이타주의란 소규모 전통 사회를 유지시키는 기초였을 수는 있지만, 대규모 사회로 진입하기 위해서는 반드시 극복해야만 하는 낡은

2. 프리드리히 하이에크, 『치명적 자만』, 신중섭 역, 한국경제연구원, 2004, p. 38.

본성일 수밖에 없다고 말했다. 사회의 규모가 통치자의 목소리가 들릴 수 있을 정도로 작고 서로가 서로를 잘 알고 있었던 사회에 필요했던 이타주의적 본능은 새로운 시대의 우리 사회에서는 더 이상 도움이 되지 않는다고 했다. 구성원의 활동의 조정이 구성원 모두가 공유하는 하나의 목적에 따라 이루어졌던 사회에서야 연대성과 이타주의적 본능이 중요한 역할을 했을지 몰라도, 집단을 뛰어넘고 생면부지의 사람들과의 협동이 필요한 확대된 사회에서는 이러한 본능은 거대 질서의 기초로서는 너무나 제한적이고 미약하다고 본 것이다.

> 예를 들면 모든 사람을 이웃으로 여겨야 한다는 명령에 대한 연속적인 복종은 확장된 질서의 성장을 방해했을 수도 있다. 현재 확장된 질서 안에서 살고 있는 사람들은 서로를 이웃으로 취급하지 않음으로써, 서로의 관계에서 연대감과 이타주의의 질서 대신에 개인의 소유와 계약의 질서와 같은 확장된 질서의 규칙을 적용함으로써 이익을 얻는다.[2]

근대에 들어서면서 사회가 어떻게 돌아가고 어떻게 조정되고 있는지는 이미 우리 개개인이 눈으로 보고 이해할 수 있는 범위를 넘어서 버렸다. 그런데 이처럼 크고 복잡한 사회에서도 구성원들은 서로 알지 못하는 누군가의 필요를 직간접적인 방식으로 충족시키면서 서로에 의존하면서 살아가고 있다. 어떤 의미에서는 현대 사회를 대규모 협력 체계라 불러도 무방할 것이다. 우리가 사용하고 있는 물건 대부분은 우리를 아는 누군가가 '우리를 위해서' 만든 것이 아니라, 살아가면서 한 번도 마주칠 일 없는 저 어딘가에 있는 누군가가 '자신들의 이익을 위해서' 만든 것이다. 그들이 자신의 이익을 위해 만든 생산물이 어떻게 내 필요를 충족시키게 되는가?

하이에크의 주장에 따르면 역설적이게도 우리 사회의 대규모 협력은 누군가를 위해서가 아니라 자신만을 위해서 행동한 결과로 작동한다. 그 결과 사람들이 자신들이 아는 누군가를 위해서 생산을

3. 아담 스미스, 『국부론』, 김수행 역, 비봉출판사, 2007, p. 19.

했더라면 달성할 수 있었던 수준보다 훨씬 더 많은 양을 생산할 수 있게 되어 사회는 비약적으로 발전할 수 있었다. 같은 맥락에서 애덤 스미스(Adam Smith)는 『국부론』(*The Wealth of Nations*)에서 그 유명한 문장, “우리가 매일 식사를 마련할 수 있는 것은 푸줏간 주인과 양조장 주인, 그리고 빵집 주인의 자비심 때문이 아니라, 그들 자신의 이익을 위한 그들의 고려 때문이다. 우리는 그들의 자비심에 호소하지 않고 그들의 자애심에 호소하며, 그들에게 우리 자신의 필요를 말하지 않고 그들 자신에게 유리함을 말한다”라고 썼다.[3] 이러한 주장에서 시장이라는 메커니즘은 우리가 우리 눈에 보이는 누군가를 넘어서 생면부지의 누군가의 필요를 충족시킬 수 있도록 해주고, 자신의 이익만을 보면서 행동하더라도 결과적으로는 사회 전체의 복지를 증진시키는 대규모 협력 체계를 가능케 하는 인류의 성과물이었다.

맨더빌의 말처럼 과연 누구나 이기적일 수밖에 없고 자신만을 돌보기 급급하기에, 이타주의는 지배층의 위선일 뿐이며 사회질서를 유지하기 위한 솜씨 좋은 책략에 불과한 것일까? 혹은 하이에크의 주장처럼 이타주의는 원시적인 공동체에서나 어울릴 법한, 그래서 엄청난 규모의 서로 전혀 모르는 사람들 사이에서 서로의 필요를 충족시키면서 살아가는 확장된 질서 속에서는 설 자리 없는 낡은 (혹은 극복해야 할) 본성에 불과한 것일까? 결국 이타주의에 기초한 도덕적 질서를 그리는 것보다는 이타주의 없이도 잘 작동할 수 있는 제도적 장치를 고안하는 것이 더 중요한 것일까?

그렇지 않다. 맨더빌이 틀린 이유는 사람들이 실제로 타인의 불행을 덜어주고 타인의 행복을 위해서 자신의 손해를 마다하지 않기 때문이다. 사람들이 그렇게 하는 것은 도덕으로서, 즉 그렇게 해야 마땅하다는 규범적 지시(혹은 족쇄) 때문이 아니라, 그렇게 하도록 진화했기 때문이다. 하이에크가 틀린 이유는 거대한 사회에서도 여전히 이타주의적 본성이 수행해야 할 역할이 있기 때문이다. 그것은 근대 사회에서는 더 이상 걸맞지 않는 낡은 본성이 아니며, 지금도 여전히 우리 사회에서(하이에크가 말하는 확장적 질서 속에서도) 필수적인 역할을 하고 있다.

이타주의는 규범적 지침이 아니라 현실이다

과거 수십 년 동안 학자들은 이타성을 도덕의 영역에서 사실의 영역으로 가져오려고 노력했다. '사람이라면 이러저러 해야 한다'는 규범적 의미에서가 아니라 '사람들은 실제로 그렇게 한다'는 실증적 의미에서 이타주의를 이해하려고 했다. 이타성이란 자신에게 발생할 손해를 감수하고 타인에게 이득을 주는 행동을 하려는 성향을 말한다. 어떤 성향이 진화한다는 것은 그 성향을 가짐으로써 그렇지 않은 경우에 비해 (자손의 수로 이해하든 아니면 물질적 이득의 크기로 이해하든) 더 높은 보수를 얻을 수 있기 때문이다. 그렇기 때문에 자신에게 손해가 되더라도 타인에게 이득을 주는 행동을 하려는 성향이 진화적 과정 속에서 어떻게 살아남고 퍼질 수 있었을까는 일종의 수수께끼였고, 따라서 이를 둘러싼 수많은 논의와 연구가 진행되었다. 다음의 예를 통해 좀더 자세히 이야기해보도록 하자.

1. 이타주의의 진화

엄숙하게 생긴 남자가 선글라스를 쓰고 당신 앞에 서 있다. 오른 손바닥 위에 빨간색 알약을 그리고 왼 손바닥 위에 파란색 알약을 놓고는 당신에게 다음과 같이 묻는다.

> 파란 알약을 먹으면, 타인의 고통과 행복에 대해 무감각해질 것입니다. 타인이 어떤 어려움에 처했더라도 그의 처지에 공감하지 않을 것이고, 타인이 행복해지는 것을 보더라도 그로부터 어떤 기쁨도 느끼지 못할 것입니다. 빨간 알약을 먹으면, 타인을 고려하고, 그의 고통의 일부를 혹은 타인의 행복의 일부를 자신의 것으로 느끼고 공감하게 될 것입니다. 그리고 타인의 고통을 덜어주기 위해 그리고 그의 행복을 증진시키기 위해 힘쓰게 될 것입니다. 어떻게 하겠습니까?

어느 쪽이든 하나를 결정했다고 해보자. 어떤 색의 약을 먹느냐에 따라 앞으로 펼쳐질 인생은 얼마나 달라질까? 경제학자들이라면 사람들이 약을 먹고 나서 펼쳐질 두 가지 경로의 인생을 서로 비교하여 이 중 더 나은(그들의 언어로 더 이득이 되는) 인생으로 이어지는 쪽을 선택할 것이라고 말할 것이다. 이와 비슷한 맥락에서 진화생물학자들이라면 두 경로의 인생 중 어느 쪽이 더 많은 자손을 낳을 수 있고 그래서 자신의 유전자를 더 많이 퍼뜨리는 데 유리한지에 따라 답이 결정된다고 말할 것이다. '더 나은 방향'이라는 게 더 많은 부를 말하는 것인지 혹은 더 많은 자손을 말하는 것인지는 다를 수 있으나(혹은 흔히 가정하듯이 더 많은 부가 더 많은 자손을 갖게 하는 수단이 된다고 보면 둘은 차이가 없어질 수도 있다), 어떤 기준으로 이해하든 사람들은 앞으로의 인생을 전망하면서 '더 유리한' 방향으로 선택을 한다고 생각해보자.

다른 조건이 일정하다면 파란 알약이 더 유리할 것이다. 빨간 알약을 먹으면 타인을 위해 행동하게 될 것이다. 타인이 도움이 필요할 때 도움을 주고, 타인의 행복을 위해서라면 어느 정도는 자신에게 손해가 되는 일도 마다하지 않을 것이다. 따라서 그의 주변에 있는 타인들은 그로 인해 더 나은 처지가 될 것이지만, 정작 그는 얼마간 손해를 감수할 수밖에 없을 것이다. 반대로 파란 알약을 먹어 타인의 처지에 무감각할 수 있고 눈을 감을 수 있다면, 타인의 처지를 개선하기 위한 어떠한 행동도 하지 않게 될 것이다. 때로는 빨간 알약을 먹은 주변 사람들로부터 도움을 받는 일도 있을 것이다. 따라서 이런 사람들은 주위에 어떤 도움도 주지 않은 채 주변 사람들로부터 도움을 받는, 그래서 물질적으로는 더 '우월한' 지위에 쉽게 오를 수 있을 것이다.

그럼에도 우리가 주변에서 '빨간 알약'을 먹은 것처럼 보이는 사람들을 흔히 발견할 수 있는 것은 왜일까? 전부는 아니지만 그리고 완전하다고 할 수는 없지만, 많은 사람들이 타인의 처지에 관심을 갖고 타인의 불행에 마음을 쓰고 타인의 행복을 위해 노력한다. 250년 전 애덤 스미스는 그의 『도덕감정론』(*The Theory of Moral Sentiments*)의 첫머리를 다음과 같이 시작했다.

4. 아담 스미스, 『도덕감정론』, 박세일·민경국 역, 비봉출판사, 2009, p. 27.

> 인간이 아무리 이기적이라고 상정하더라도, 인간의 본성에는 분명 이와 상반되는 몇 가지 원리들이 존재한다. 이 원리들로 인해 인간은 타인의 운명에 관심을 가지며, 단지 그것을 지켜보는 즐거움밖에는 아무것도 얻을 수 없다고 하더라도, 타인의 행복을 필요로 한다. 연민과 동정이 이런 종류의 원리이다. 타인의 비참함을 목격하거나 또는 그것을 아주 생생하게 느끼게 될 때 우리는 이러한 감정을 느낀다.[4]

타인의 고통에 대해 무감각해지는 것이 분명 '유리한' 데도 타인의 고통에 대해 공감하고, 자신에게 일어날 손해를 무릅쓰고 타인을 위한 행동을 하는 성향(이를 도덕감정이라 해도 좋고, 공감이라 해도 좋으며, 혹은 이타주의적 성향이라고 해도 좋다)을 갖게 되는 이유는 무엇일까? 이것이 지난 수십 년간 진화생물학자들과 사회과학자들이 고민해왔던 문제다.

어떤 알약을 먹을 것인지를 선택하고 나서 살아갈 사회가 다음과 같다면, 빨간 알약이 더 나은 선택일 수도 있다. 하나씩 보도록 하자.

1) 앞으로 살아갈 사회에서 내가 만날 사람들이 대부분 나와 긴밀한 혈연관계에 있는 사람들이라고 가정해보자. 내가 만나게 될 사람들과 내가 갖고 있는 유전적 근친 정도를 r이라고, 다시 말해 상대와 내가 r의 확률로 유전자를 공유하고 있다고 해보자. 상대의 보수가 1만큼 올라가 그만큼 상대방이 자손을 가질 가능성이 더 높아진다면, 상대방과 내가 r의 확률로 유전자를 공유하고 있으므로, 상대방을 도움으로써 나와 동일한 유전자가 세상에 복제될 가능성도 그만큼 커지게 된다. 다시 말해 앞으로 상호작용을 할 사람들이 나와 혈연관계에 있는 경우, 나에게는 조금 손해가 되더라도 상대방을 돕는 것이 유전자의 관점에서 볼 때 더 '유리한' 방향의 선택일 수 있다는 것이다. 이러한 조건하에서 이타주의가 진화할 수 있다는 주장을 혈연선택 가설이라고 부른다.

2) 앞으로 살아갈 사회에서 특정한 사람들과 오래도록 거래를 해야 하는 경우를 생각해보자. 한 번 거래하고 말 것이 아니라 지속적으로 거래를 해야 한다면 이번 한 번의 거래에서 택한 행동은 이번 거래에만 국한되지 않고 앞으로 진행될 거래에도 영향을 미칠 것이다. 예컨대 상대방이 도움을 필요로 하는데 내가 돕지 않으면, 그 상대방은 미래에 내가 도움을 필요로 할 때 내게 도움을 주려 하지 않을 것이라고 해보자. 그렇다면 이번 거래에서 상대를 돕지 않음으로써 이득을 얻을 수 있을지 몰라도, 앞으로의 여러 차례 일어날 거래에서는 더 이상 이득을 얻기 힘들게 될 것이다. 따라서 서로 도움을 주고받음으로써 얻게 되는 이득의 크기가 충분히 크고, 한 번의 거래에서 상대에게 도움만 받고 상대를 돕지 않음으로써 얻게 되는 이득의 크기가 충분히 작다면, 미래에 동일한 상대와 거래가 지속될 가능성이 충분히 큰 상황에서는, 매번 거래에서 상대에게 도움을 주는 편이 더 유리할 것이다. 이러한 조건하에서 이타주의가 진화할 수 있다는 주장을 직접적 상호성 가설이라고 부른다.

3) 혹은 특정한 상대방과 거래가 지속되지 않더라도, 누구와 거래할 것인지를 결정할 때 상대방의 평판을 고려하는 경우는 어떤가? A가 도움이 필요한 처지에 있는데도 내가 A를 돕지 않은 것이 소문이 나서, 나와 거래한 적이 없는 B나 C가 내 평판을 듣고 나와 거래하지 않으려 하는 경우도 있을 것이다. 혹은 A를 도왔다는 것이 내 평판에 좋은 영향을 줘서, 만난 적도 없는 B와 C가 나와 거래하려 하고, 내가 도움이 필요할 때 나를 돕겠다고 나설 수도 있을 것이다. 이렇게 평판에 기초하여 이타주의가 진화할 수 있다는 주장을 간접적 상호성 가설이라고 부른다.

4) 앞으로 살아갈 사회가 혹독한 환경에 처해 있어서, 집단의 생존이 불확실한 상황이라고 해보자. 더 나아가 집단의 생존은 집단 내 각 구성원들이 얻고 있는 물질적 보수의 평균에 의해 결정될 경우, 다시 말해 평균적으로 집단 구성원들이 높은 보수를 얻고 있을수록

28 29

집단이 생존할 수 있는 가능성이 크다고 해보자. 그리고 집단이 살아남지 못하면 개인도 살아남지 못할 것이라고 상정하자. 그렇다면 집단 구성원 개개인들에게는 집단 내에서 남들보다 조금 더 나은 지위에 있는 것보다 집단이 살아남느냐가 더 절박한 문제가 될 것이다. 이때에는 서로 도움으로써 집단 구성원들의 평균적 보수 수준을 올리는 편이, 다르게 말하면 남들의 처지를 고려하고 남들의 행복을 위해 행동하려는 성향을 지니는 편이 더 나은 선택일 수도 있다. 이러한 조건하에서 이타주의가 진화할 수 있다는 주장을 집단선택 가설이라고 부른다.

위의 네 가지 가설은 서로 배타적인 것은 아니다. 우리 먼 조상들이 오랜 세월 동안 혈연 단위로 생활을 영위해왔음을 감안하면 혈연 선택이 큰 역할을 했을 수 있고, 사람들 사이에서 벌어지는 수많은 상호작용이 '장기적'인 거래로 이루어짐을 감안하면 직접 상호성도 큰 역할을 했으리라 짐작할 수 있다. 또한 인간 사회에서 언어가 교류의 가장 기본적인 매개체 중 하나임을 생각해보면 유달리 인간 사회에서는 간접 상호성이 중요했을 수도 있고, 다른 어떤 동물 집단에 비해서도 빈번하고 파괴적이었던 인류의 집단 간 투쟁의 역사를 생각해보면 인류에게 있어서는 (많은 진화생물학자들의 의구심에도 불구하고) 집단 선택이 예외적으로 중요한 역할을 했을 것이라고 판단 내릴 근거도 충분하다.

어떤 가설이 더 타당성이 있는가의 문제도 무척 중요하지만 여기서 다루지는 않겠다. 다만 강조하고 싶은 것은, 타인의 불행에 눈감지 않고 도움을 주며 타인의 행복을 증진시키는 데 관심을 갖는 성향, 혹은 자신에게 손해가 오더라도 타인에게 이득이 되는 방향으로 행동하려는 성향이 진화할 수 있었던 여러 경로가 존재한다는 점이다. 보다 높은 보수를 가져다주는 속성이 퍼져나가고 그렇지 못한 속성은 사라져버리는 가혹한 진화적 압력 속에서, 이러한 경로를 통해 이타주의는 살아남았다.

2. 몇몇 실험적 증거들

방금 전 우리의 예를 조금 바꾸어 보자. 엄숙하게 생긴 선글라스를 낀 사람이 당신을 데리고 작은 방으로 들어간다. 그리고는 다음과 같이 말한다.

> 바로 옆방에 또 다른 사람이 한 명 있습니다. 여기 10,000원이 있습니다. 10,000원 중 얼마를 당신이 갖고 얼마를 옆방에 있는 사람에게 전달할 것인지를 결정하시오. 단 옆방 사람에게 전달하기로 한 금액은 세 배로 불려져서 전달될 것입니다. 옆방에 있는 사람도 10,000원을 갖고 똑같은 결정을 할 것이고, 그가 당신에게 주겠다고 결정한 몫도 세 배가 되어 당신에게 전달됩니다. 이 의사결정은 단 한 번만 하시면 됩니다. 10,000원을 그렇게 서로 나누면, 자기의 몫으로 남긴 금액과 상대방이 당신에게 건넨(그래서 세 배가 되어 전해진) 금액을 챙겨 집에 가시면 됩니다. 서로 나가는 길이 다르기 때문에 옆방 사람을 마주칠 일은 절대 없습니다. 자 이제 결정하십시오. 10,000원 중 얼마를 옆방으로 전달하겠습니까?

위와 같은 의사결정에 몇 가지 중요한 측면들이 있다. 1) 우선 이 의사결정에서 상대방에게 얼마라도 금액을 건네는 행동은 '이타적'인 행동이다. 상대방에게 돈을 건네면 나에게는 손해가 되지만 상대방에게 이득이 되기 때문이다. 2) 상대방에게 돈을 건네는 행동은 '사회 친화적' 행동이다. 상대방에게 돈을 건네줄 때 돈이 세 배가 되므로 나에게 발생한 손해보다 상대방에게서 발생한 이득이 더 크고, 따라서 내가 상대에게 돈을 건네줄 때마다 두 사람 사이에는 순편익이 발생하기 때문이다. 3) 하지만 이 의사결정에서 상대방에게 돈을 건네지 않는 것이 '우세 전략'이다. 상대방이 내게 얼마를 건네주든 상관없이 나는 상대방에게 돈을 건네지 않음으로써 더 큰 이득을 얻기 때문이다. 만일 상대가 내게 반을 건네준다고

생각해보자(물론 내가 결정을 내리는 순간에는 이 사실을 알지 못한다). 그렇다면 내게 전달되는 금액은 15,000원이 될 것이다. 이 상황에서 나에게 가장 이득이 되는 행동은 상대방에게 한 푼도 건네지 않고 10,000원 모두 내가 가져서 총 25,000원의 수입을 얻는 것이다. 상대가 전액을 주어서 내게 30,000원이 건네지더라도 내 이익을 가장 크게 하는 방법은 상대에게 하나도 건네지 않고 40,000원을 챙기는 것이고, 상대가 한 푼도 주지 않을 때에도 내 이익을 가장 크게 하는 방법은 상대에게 한 푼도 주지 않고 10,000원을 모두 내 것으로 하는 것이다.

따라서 상대방이 얼마를 주든 상관없이 나는 주어진 10,000원을 모두 내 것으로 하는 것이 내 이득을 가장 크게 만드는 방법이다. 따라서 두 사람 모두 자기의 이득만을 보고 행동한다면 상대에게는 한 푼도 건네지 않게 될 것이다. 하지만 두 사람 모두 자기의 이득을 포기하고 상대에게 전액을 건네주었을 때 결과적으로 두 사람의 이득은 가장 커지게 된다. 자기의 이득대로 행동하지 않을 때 두 사람의 몫이 가장 커지고, 자기의 이득대로 행동했을 때 두 사람의 몫이 가장 작아지기에, 이러한 의사결정 상황을 가리켜 '사회적 딜레마의 상황'이라고 부르기도 한다.

이와 유사한 상황하에서 사람들이 실제로 어떻게 행동하는지를 확인하고자 전 세계적으로 수많은 실험들이 진행되었다. 대부분의 실험은 방금 살펴본 것과 같은 구조의 사회적 딜레마의 상황에서 의사결정이 이루어지도록 고안된 것인데, 실험 결과는 공통적으로 사람들이 평균적으로 40~60퍼센트 정도를 상대방에게 건네준다는 것을 보여주고 있다(하나의 예로 필자는 120명의 대학생들을 대상으로 위와 동일한 의사결정 과정을 실험한 적이 있는데, 이때 상대방에게 건네준 금액의 평균은 6,710원이었다).

이와 관련하여 몇 가지 중요한 사실들을 언급하고 넘어가자. 우선 위와 같은 상황에서 의사결정은 상대방이 누군지 모르고, 상대방과 이후 만날 가능성도 없는 상황에서 이루어지고 있었다는 점에 주목하자. 익명적인 상대와의 거래에서도 이타주의적 행동이

5. Avenr Grief, *Institutions and the Path to the Modern Economy,* Cambridge University Press, 2006.

6. Benedikt Herrmann *et al.*, "Antisocial punishment across societies", *Science* 319, 2008.

7. Joseph Henrich *et al.*, "'Economic man' in cross-cultural perspective: Behavioral experiments in 15 small-scale societies", *Behavioral and Brain Sciences* 28, 2005.

나타날 수 있었다는 점은 사람들 사이에서 나타나는 호혜적 태도와 협조적 태도가 특정인을 향해서만 나타나는 것이 아니라 '일반화된' 형태로 나타나고 있음을 보여준다. 아브너 그리프(Avner Greif)와 같은 학자들은 이러한 일반화된 형태로 나타나는 호혜성, 신뢰, 그리고 이타성이 대규모적이고 익명적인 근대 상업 질서가 등장하는 데 필요한 여러 제도들의 행위적 기초가 된다고 주장한다.[5] 또한 타인의 이익을 위해 자신을 희생하는 행동은 근대적 정치질서를 갖춘 국가들에서 더 뚜렷이 발견된다는 점도 주목할 만하다. 헤르만(Benedikt Herrman) 연구팀은 2007년《사이언스》에 게재한 논문을 통해서 사회에서 얼마나 신뢰 및 이타주의적 행동들이 발견되는지의 여부가 그 사회의 문화적·제도적 여건에 크게 영향을 받으며, 특히 법치와 시민적 규범이 잘 잡혀 있는 국가들일수록 그러한 행동들이 더 잘 관찰된다는 것을 확인하고 있다.[6] 또한 2000년대 초반 조지프 헨리히(Joseph Henrich)의 연구팀이 15개 수렵채취 부족을 대상으로 수행한 실험 연구는 공정한 분배와 타인에 대한 관대한 태도 등은 시장이 상대적으로 더 발달한 부족에게서 더 잘 관찰된다는 것을 보여준다.[7] 요약하자면 이타주의적 성향이 근대적 질서와 어울리지 않는다는 예상과는 반대로 오히려 근대적 질서가 자리 잡은 곳에서 사라지기는커녕 더욱 뚜렷이 관찰된다는 것이고, 이는 어쩌면 이타주의가 근대적 질서와 잘 어울리는 것일 수도 있다는 실마리를 던져준다.

이상의 발견은 어떤 의미를 갖는가?

이타주의가 도덕적 규범으로서가 아니라 사람들에게서 실제로 발견되는 성향이라고 하더라도, 여전히 답해야 하는 문제가 남아 있다. 그러한 성향이 근대 사회에 어울리는 것인가의 문제다. 도입부에서 인용한 하이에크의 말처럼, 이타주의나 타인에 대한 배려 혹은 공감은 더 이상 거대한 사회에는 어울리지 않는 낡은 본성에 불과한 것일까? 그래서 애덤 스미스의 말처럼 누군가의 이타성에 기대지 말고 이기심에

호소하는 것이 낫고, 또 이것이야말로 대규모 협력 체계가 유지되는 유일한 방법인 것일까?

조금 더 밀고 나가보자. 사실 많은 경제학자들은 사람들이 이타적인지 아닌지의 여부에 그리 크게 관심을 두지 않는다. 오히려 그들은 사람들이 어떤 동기를 가졌는지에 의존하지 않는 제도적 질서를 찾아내는 데 관심이 있다. 다시 말해 이들은 극단적으로 누구나 이기적인 경우에도 잘 작동할 수 있는 제도를 찾고자 애써왔고, 시장이라는 제도가 그러한 제도임을 보이고자 많은 노력을 기울여왔다. 설사 이타주의가 부정할 수 없는 본성이라고 하더라도 이에 기초해서 사회적 질서를 구상하기에는 그 범위가 너무 좁고, 훨씬 강력한 이기심이라는 충동을 생각하면 이타주의에 기초한 사회적 질서는 너무 쉽게 무너질 가능성이 있다는 것이 이들의 우려였다. 지금까지 많은 사회가 이타주의라는 이름으로 다수를 억압해왔고, 더 나아가 이타주의가 자기집단을 넘어선 사람들에 대한 증오와 적대로 쉽게 귀결됐다는 아이러니도 이타주의에 근거하지 않는 제도적 질서를 찾아 나서야 했던 이유였을지도 모른다. 그들이 찾아낸 시장이라는 제도는 사회구성원 모두가 자기의 이익만을 챙기더라도 잘 운영될 수 있는, 애덤 스미스가 말했던 것처럼 그들의 '이익'에 호소함으로써 (결과적으로는) 사회의 부를 증진시킬 수 있는 방식으로 간주되었다.

경제학자들은 이를 위해 어디까지가 내 것이고 따라서 어느 범위까지 내가 내 맘대로 행동할 수 있는지를 알 수 있도록 사적 소유권이 명확히 확립되어야 한다고 봤다. 그리고 한편으로는 자신의 소유권 범위 내에서는 누구나 자유롭게 자신의 이익을 충분히 추구할 것을 보장하고, 또 다른 한편으로는 어느 누구도 그 범위를 넘어서지 못하도록 엄격하게 막아주는 법적·제도적 장치가 필요하다고 봤다. 또한 경쟁에 기초한 시장에서는 모든 이들이 자신의 이익을 기초로 스스로의 판단과 책임에 입각하여 경제 활동을 영위하더라도 그러한 행동들이 잘 조정되고 결과적으로는 부의 증대로 이어질 수 있도록 보장한다는 것을 증명하고자 했다. 그러기 위해 필요한 조건들을 명시함으로써, 그러한 (엄격한) 조건하에서 경쟁이

8. James Buchanan, *The Limits of Liberty*, The University of Chicago, 1975, p. 22.

9. Charles Schultz, *The Public Use of Private Interest*, Brookings Institution, 1977, p. 18.

제대로 이루어지는 시장에서라면 자기 이익만을 바라보고 행동해도 사회적으로 좋은 결과가 나올 수 있다고 입증하려 했다. 이제 경제학자들의 눈에는 완전한 시장이 자기의 이익만 차리더라도 다른 사람에게 피해주지 않고, 혹은 피해를 주더라도 가격을 통해 그만큼의 대가를 치르도록 보장할 수 있기에, 효율성과 공공선, 그리고 정의를 동시에 만족시키는 공간인 것처럼 보였다. 다시 말해 사적 소유권이 잘 정의되고 이를 보장하는 공평무사한 국가가 존재한다면, 시장이라는 제도는 사적인 이익 추구가 최적인 사회적 결과를 낳는다는 것이 이들의 생각이었다. 1986년에 노벨경제학상을 수상한 제임스 뷰캐넌(James Buchanan)은 그의 책 『자유의 한계』에서 이렇게 말했다.

> 나는 과일가게 주인을 개인적으로는 알지 못한다. 그리고 그의 처지에 대해서도 관심이 없다. 아마 그도 마찬가지일 것이다. 나는 그가 극도로 가난에 허덕이는지, 엄청나게 부자인지 혹은 그 중간 어디쯤 있는지에 대해서 알지 못하며 또 알 필요도 없다. 하지만 우리는 효율적으로 거래를 이루어내는데, 그것은 우리가 모두 각자의 소유권에 동의하고 있기 때문이다.[8]

같은 맥락에서 찰스 슐츠(Charles Schulz)도 『사적 이익의 공적 사용』이라는 책을 통해 "시장과 같은 제도는 연민, 애국심, 동포애 그리고 문화적 연대감과 같은 감정을 필요 없게 만든다"고 했다.[9] 시장은 이타주의에 근거하지 않고도 타인을 위한 행동을 할 수 있도록 보장하는 시스템이며, 그 결과 이타성이라는 가치 있고 희소한 자원을 경제적으로 활용할 수 있도록(즉 아껴서 다른 좋은 곳에 사용할 수 있도록) 만든다는 것이었다.

시장이 대규모 사회에서 익명의 다수를 상대로 한 협력적 시스템이 될 수 있다는 점, 그리고 시장이란 (몇몇 핵심적 조건을 갖추는 경우) 타인으로부터 구속받지 않고 스스로의 책임하에 자신의 삶의 전망을 선택할 수 있다는 의미에서 근대적 이상을 실현시킬 수

있는 제도일 수 있다는 점 등은 긍정적으로 받아들이더라도, 이타주의가 낡고 더 이상 필요 없는 본성이라는 주장에는 몇 가지 문제가 있다.

첫째, 그러한 주장은 인간 사회에서 관찰되는 이타주의의 독특함을 고려하고 있지 않다. 진화생물학 분야에서 축적된 이타주의의 진화와 관련된 연구들은 이타주의가 혹독한 자연선택 과정에서 살아남을 수 있었던 몇 가지 메커니즘들을 훌륭하게 규명했다. 그럼에도 그 자체만으로는 인간만이 가지고 있는 이타주의의 특성을 잘 설명하지 못한다. 인간 사회에서 나타나는 이타주의의 독특함이란 그것이 생면부지의 상대에 대해서도 발현된다는 점이다. 터키 해안에 밀려온 세 살짜리 아이의 사진을 보고 가슴 아파하는 것은 우리의 공감 능력이 이러한 진화적 설명이 예측하는 것보다 훨씬 더 멀리까지 향해있음을 말해준다.
우리의 공감 능력은 주변인에게 국한되어 있지 않다. 우리의 이타주의적 성향은 우리와 직접 대면하고 있는 사람들과의 관계에서만 나타나는 것이 아니다. 우리의 이타주의가 생면부지의 익명에 대해 확대되어 나타난다면, 그것이 대규모 협력 체계에서도 어울리지 않을 이유는 없다. 실제로 우리가 앞에서 언급한 것처럼, 사회적 딜레마의 상황에서의 대부분의 실험은 익명적인 상대를 대상으로 이루어졌으며, 이타주의적 성향이 가장 잘 드러나는 사회들이 바로 근대적 자유질서를 토대로 대규모 협력 체계를 갖춘 곳이었다는 점을 기억하자.

둘째, 경제학자들은 엄격한 조건하에서 시장이 이타주의 없이도 작동 가능한 시스템임을 보이려고 했지만, 그러한 시장이란 허구적 유토피아에 다름 아니다. 예를 들어 대규모 협력 체계의 가장 중심이라고 할 수 있는 임노동 관계를 생각해보자. 노동 계약은 자본의 소유자와 노동력의 소유자 간에 이루어지는 일종의 시장 거래이다. 그런데 이 거래는 우리가 온라인 쇼핑몰에서 A4용지를 사거나, 컴퓨터를 주문하는 거래와는 많이 다르다. 컴퓨터나 A4용지의 거래의 경우, 제품을 보내고 하자가 없다면 그것으로 거래 당사자들 간의

42 43

관계는 종료된다. 반면 노동력 거래에서는 노동력의 공급자가 노동력이 사용되는 바로 그곳에 가 있어야 하기 때문에, 계약 이후에도 여전히 거래자들은 직접적 대면하에 놓이게 된다. 따라서 경제적 거래임에도 불구하고 사람이 사람을 다루는 문제, 즉 인권의 문제라든가 권력의 문제 등이 여전히 중요하게 다뤄지게 된다. 컴퓨터나 A4 용지의 경우라면 제품을 구입한 사람이 이를 어떻게 사용하든 판매자가 알 바 아니지만, 노동력의 경우에는 노동력을 구입한 사람이 그것을 어떻게 사용할 것인지가 판매자에게 엄청나게 중요한 사안으로 남기 때문이다. 그렇기 때문에 앞서 언급했던 뷰캐넌의 말과 달리, 노동 거래에서는 서로가 상대방을 어떻게 바라보고 어떻게 다루는가가 경제적 결과에 큰 영향을 미칠 여지가 있다.

좀더 구체적으로 이야기해보자. 노동력 거래에서는 계약이 미치지 못하는 사안이 있다. 이 거래에서 중요한 사안 중 하나인 시간은 계약이 가능하지만(몇 시간 일하기로 계약을 하니까), 단위 시간 동안 얼마의 노동력이 지출되어야 하는지는 계약이 불가능하다(얼마나 열심히 일할 것인지는 계약이 불가능하니까). 따라서 계약 이후에도 노동력의 지출을 둘러싸고 계속 갈등의 소지가 남게 된다. 노동 계약은 얼마 동안 노동을 공급하기로 계약한 것이지, 그 기간 동안 얼마나 높은 강도로 노동을 제공해야 하는지를 계약한 것은 아니기 때문이다(후자는 계약 불가능한 사안이다). 이 경우 서로가 자신의 이익만을 바라보고 대면한다면, 그래서 한쪽은 가능한 낮은 임금으로 더 많은 노동을 뽑아내려 하고, 다른 쪽은 가능한 노력 지출을 덜 하려는 경우, 그 경제적 결과는 그리 좋지 못할 수 있다. 반대로 고용주는 (조금 손해가 되더라도) 더 높은 임금을 주고 노동자들은 (역시 손해가 되더라도) 이러한 태도에 호혜적으로 반응하여 노력 지출을 늘리는 경우라면 더 좋은 경제적 결과가 나올 수 있다. 물론 후자와 같은 교환은 서로 간에 상대에 대한 신뢰와 협조적 태도가 없이는 불가능하다. 2001년 노벨경제학상을 수상한 조지 애컬로프(George Akerlof)는 바로 후자의 형태의 교환이 현실에서는 일반적으로 이루어지고 있으며(그는 고용주와 노동자들 사이에서 일어나는

이러한 형태의 교환을 선물교환이라고 불렀다), 이러한 형태의 교환이 양측 모두에게 더 나은 경제적 결과를 가져다 줄 수 있음을 보여준 바 있다. 다시 말해 시장 사회의 핵심부에서도 신뢰와 호혜적 태도가 기반이 된 교환 형태가 일반화되어 있으며, 이러한 교환 형태가 경제적으로도 더 나은 결과로 이어지게 된다는 것이다.

셋째, 경제학자들은 시장이 이타주의라는 희소하고 가치 있는 자원을 덜 사용함으로써(혹은 아껴서 사용함으로써) 이를 더 나은 데 사용할 수 있도록 만든다고 주장했지만, 이타주의라는 자원은 아낄수록 사라지며, 쓸수록 더 생겨나는 자원일 수 있다. 즉, 뷰캐넌이 말하는 형태의 시장 거래가(즉 서로가 서로에 대해 관심을 갖지 않아도 되는 시장 거래가) 사회적 삶의 더 많은 영역을 포함하면서 이타주의가 점점 필요 없어진다면, 이타성이라는 자원은 경제학자들의 예상과 달리 보존되기는커녕 점점 사라질 수도 있다는 것이다. 그렇게 된다면 이타주의가 필요한 다른 삶의 영역에도 나쁜 영향을 미치게 될 것이다. 마이클 테일러(Michael Taylor)는 자신의 『공동체, 아나키, 자유』라는 책에서 사람들이 이기적이어서 이를 규제하기 위해 국가가 필요한 게 아니라 국가가 있어서 사람들이 이기적이 된다고 했다. 다시 말해 사람들 사이의 갈등이 점점 더 제3의 주체에 의해 조정되면서 사람들이 자율적으로 갈등을 해결할 능력을 잃어버린 것이라며, 오늘날 사람들이 우려하는 이타주의의 결여는 국가 개입의 이유가 아니라 국가 개입의 산물이라고 주장했다. 시장에서 이타주의가 필요 없으므로 사람들은 이렇게 아낀 이타주의를 다른 데 쓸 수 있도록 되는 게 아니라, 오히려 안 쓰면 안 쓸수록 점점 덜 이타적이 될 것이라는 주장은 금전적 인센티브의 도입이 만연한 우리 사회에 경고 메시지를 던진다.

이타주의는 여전히 중요한 경제적 자원이다

어느 사회든 서로가 서로에 어떤 식으로든 의존할 수밖에 없고, 개인은 살아가기 위해 타인의 도움을 필요로 한다. 결국 서로의 의존과 도움이 어떤 방식으로 이루어질 것인지가 문제다. 대규모 협력 체계로서의 시장이 우리 사회의 주된 조정 메커니즘이 된 오늘날조차 타인에 대한 공감과 배려는 여전히 큰 역할을 수행하고 있으며, 그것이 필요 없는 거래란 허구적 상상 속에서나 가능한 일일 뿐이다.

이 장에서는 이타주의를 시장이라는 제도로 완전히 대체할 수 있다는 식의 주장에 대해 그렇지 않음을 이야기하려고 했다. 그렇다고 해서 시장이라는 제도를 이타주의로 대체하자는 것은 아니다. 다만 시장이라는 제도의 기저에 그리고 그 핵심에 이타주의가 여전히 수행하고 있는 역할이 남아 있고, 그러한 점에서 시장과 이타주의는 대체적인 관계가 아닌 서로 보완하는 관계에 있을 수 있음을 이야기하고자 했다. 그러한 점에서 이타주의를 공동체 질서의 기초로서가 아니라 시장질서의 기초로서 이해하고자 했다. 계약 거래이지만 계약되지 않고 남아 있는 부분을 어떻게 채울 것인가의 문제에서, 시장이 제대로 운영되기 위한 규범적 기초로서, 그리고 우리 삶의 영역 중 시장에 의해 포괄되지 않는(포괄될 수 없는) 영역에서의 행위적 기초로서 이타주의는 여전히 중요한 자원이기 때문이다.

더 읽을거리

— 최정규, 『이타적 인간의 출현』, 뿌리와이파리, 2009.
— 허버트 긴티스·새뮤얼 보울스, 『협력하는 종—경쟁하는 인간에서 협력하는 인간이 되기까지』, 최정규·전용범·김영용 역, 한국경제신문, 2016.
— 마틴 노왁·로저 하이필드, 『초협력자』, 허준석 역, 사이언스북스, 2012.
— 엘리너 오스트롬, 『공유의 비극을 넘어—공유자원관리를 위한 제도의 진화』, 윤홍근 역, 랜덤하우스코리아, 2010.

호혜적 이타주의와 정의

호혜적 이타주의는 유전적으로 아무런 연관이 없는 개체들 간의 이타적 행동의 진화를 설명하는 이론이다. 진화생물학자 로버트 트리버스는 인간을 비롯한 많은 동물들의 사회성 진화에 미래의 보답을 기대하며 남에게 도움을 주는 이타적 행위가 큰 영향을 끼쳤다고 주장한다. 이 경우 이타성의 진화를 위해 서로 교류하는 개체들이 친척일 필요도 없고 심지어는 같은 종에 속할 필요도 없다.

서로 암수의 역할을 교대하면서 '알거래'를 하는 햄릿물고기나 먹이를 얻지 못한 개체에 대해 피를 나눠주는 흡혈박쥐가 호혜적 이타주의의 대표적인 예이다. 중남미 열대에 서식하는 흡혈박쥐들은 매일 밤 동물의 피를 빨아먹고 사는데 사흘 정도 피를 구하지 못하면 죽게 된다. 그래서 흡혈박쥐 군집에서는 서로 피를 나눠먹는 모습이 관찰된다. 연구에 따르면 흡혈박쥐들은 친척들과 가장 빈번하게 피를 나눠먹지만 친척이 아닐지라도 오랫동안 가까운 자리에 함께 매달려 있는 개체에게도 피를 나눠준다. 이들은 서로를 인식하며 오랫동안 호혜 관계를 유지한다.

이러한 호혜 관계가 지속적으로 유지되려면 계약을 어기는 사기꾼을 색출하여 응징하는 메커니즘이 반드시 필요하다. 그래서 호혜적 이타주의의 개념은 종종 정의의 문제와 연관되어 논의된다. 진화경제학자들은 '최후통첩게임'이라는 방법을 자주 사용한다. 이 게임의 결과는 본문에서 제시된 것처럼, 인간은 자신이 손해를 보더라도 호혜적 관계를 해치는 것에는 보복으로 대응을 한다는 것을 알 수 있다. 진화경제학의 관점에서 인간의 이타성은 정의와 뗄 수 없는 관계가 있는 것이다.

2장

나와 타인의 경계는 무엇일까?

자신을 위한 행위는 온전히 자기 자신에게 이득이 되는 걸까요? 주위를 둘러보면 극단적인 이기적 행동은 자신에 대한 평판을 하락시키고 타인의 반발을 불러서 오히려 자신의 이익을 해하는 행위가 되는 경우를 종종 목격합니다. 반대로 이타적인 행동은 자신에 대한 평판을 상승시킴으로써 자신에게 이로운 행동이 되기도 합니다. 이렇게 보면 어디까지가 이기적인 행동이고, 어디서부터가 이타적인 행동인지 분명하게 경계를 긋는 것은 매우 어려워 보입니다.

공자와 노자, 장자, 묵자, 양주와 같은 고대 동아시아 사상가들은 자기를 닦고 남을 이롭게 하는 윤리적인 문제를 오랫동안 고민했습니다. 이들의 사상에서는 서양 철학사를 지배해온 논리처럼 '자신'과 '타인'을 구분하기도 하지만, 반대로 이 둘의 경계를 넘어서고자 하는 관점도 찾아볼 수 있습니다.

이상수 선생님은 고대 동아시아 사상에서 '자신'과 '타인'의 경계를 넘어서는 사유의 전통을 살펴보며, 자신이 남과 구분되는 경계가 사라질 때 가장 이기적인 행위가 어떻게 역설적으로 가장 이타적인 행위가 되는지를 모색하고자 합니다.

이기주의는 어떻게 이타주의와 만나는가?
— 고대 중국에서 전개된 이타주의 논리에 대하여

이상수

들어가는 말: 이기의 역설과 이타의 역설

사람은 누구나 자유롭게 행복을 추구할 권리가 있다. 그러나 어떻게 살아야 행복할 수 있을까? 이기적인 행동이 자신을 행복하게 만들어줄까? 이타적인 행동은 자신에게 손해일 뿐일까? 더 나아가, 어떤 행동이 과연 진실로 이기적이거나 이타적인 것일까? 이기적인 행동에 이타적인 요소는 없을까? 혹은 이타적인 행동이 이기적인 결과를 낳는 경우는 없을까?

세상에는 완전한 이기주의자도 없고 완전한 이타주의자도 없다. 그렇게 사는 것도 불가능하다. 졸부, 수전노, 구두쇠, 자린고비, 악덕기업가, 고리대금업자 등으로 악명을 날린 이들도 공동체를 위해 기여하는 바가 전혀 없지는 않다. 이런 이들도 자의 혹은 타의로 공동체를 위해 기부를 하거나 선행을 베풀기도 하고, 의도하지 않았더라도 경제 활동을 통해 사회와 공동체에 직·간접적인 도움을 줄 수 있다. 반면 슈바이처, 테레사 수녀, 김수환 추기경 등 평생 남을 위해 헌신하며 살았다는 평을 듣는 이들도 자신의 이타행(利他行)을 통해 다른 어떤 이기적인 행동보다 더 큰 만족과 기쁨을 얻을 수 있다. 싯다르타, 공자, 소크라테스, 예수 등 이른바 4대 성인들에게는 과연 자기만족과 기쁨이 없었을까? 극단적인 이기적 행동은 자신에 대한 평판을 하락시키고 타인의 반발을 불러일으킴으로써 되레 자신의 이익을 해치는 '해기(害己)' 행위가 될 수 있다. 이것이 '이기적 행동의 역설'이다. 반대로 이타적인 행동은 자신에 대한 평판을 상승시키고 타인의 존중을 받음으로써 되레 자신에게 이로운 행동이 된다. 이것이 '이타적 행동의 역설'이다. 이렇게 보면 어디까지가 이기적인 행동이고, 어디서부터가 이타적인 행동인지 분명하게 경계를 긋는 것은 불가능해 보인다.

이기주의와 이타주의의 문제는 비단 현대 사회의 주제인 것만은 아니다. 인간이 무리 생활을 하면서 공동체의 규범이 등장할 때부터 도둑질, 강도, 살인 등 타인에게 해로움을 끼치면서 자신의 이익을 추구하는 극단적인 이기적 행동은 사회 규범의 주요

1. 가령 함무라비 법전, 마누 법전에서 고조선의 팔조법금에 이르기까지 인류의 여명기에 등장한 법전은 모두 예외 없이, 타인의 권익을 해치면서까지 자신의 이익을 추구하는 이기적 행위에 대한 규제 내용을 담고 있다.

2. Plato, *Gorgias*, 474-b, Princeton University Press, 1982, p. 256.

3. 『마태복음』, 22:39.

통제 대상이었다.[1] 이렇게 극단적인 이기적 행동을 제약하는 소극적인 규범 이외에, 적극적으로 공동체를 위해 자기희생과 의무를 수행할 것을 요구하는 규범도 함께 등장한다. 이런 규범들은 어디까지 정당화될 수 있는가? 또 이런 규범들을 어떻게 더 적극적으로 인간의 자유와 행복을 신장하는 방향으로 개선할 수 있을까? 이 문제는 인류 역사에서 '최초의 철학자들'이 등장하는 시대로 접어들면서부터 철학적 논쟁의 주요 이슈 가운데 하나로 떠올랐다. 가령 소크라테스가 "정의롭지 않은 일을 행하는 것보다는 차라리 정의롭지 않은 일을 당하는 편이 더 낫다"[2]고 말할 때, 그는 소극적 이타주의의 원리를 제시한 것이다. 또 예수가 "네 이웃을 네 몸과 같이 사랑하라"[3]고 말할 때, 그는 적극적 이타주의의 원리를 제시한 것이다.

고대 중국의 춘추전국시대에도 공동체가 이기주의와 이타주의에 대해 어떤 규범을 마련해야 하는가의 문제는 백가쟁명의 주요 쟁점 가운데 하나였다. 가령 양주(楊朱)는 "자기를 귀하게 여기라(貴己)"는, 일견 이기주의적으로 보이는 명제를 제시했고, 묵적(墨翟, 묵자)은 "세상 사람들을 두루 사랑하라(兼愛)"는 이타주의적인 명제를 제시했다.

이 글의 목적은 고대 중국 춘추전국시대에 전개된 이기주의와 이타주의에 대한 논의의 검토를 통해, 이기주의와 이타주의에 대한 쟁점을 분명히 하고 논의의 시야를 확장하려는 데 있다. 또 이기주의와 이타주의의 접점을 찾는 데에도 도움이 될 것으로 기대한다.

상대적·절대적 의미에서 이기주의와 이타주의

이기주의(egoism)와 이타주의(altruism)를 어떻게 정의할 것인가. 우리는 '아(我, ego)'와 '비아(非我, non-ego)'라는 단순한 관점에서 이를 다시 정의해보고자 한다.

4. 신채호, 「조선 상고사」, 『단재신채호전집』(상), 형설출판사, 1995, p. 31.

5. 위의 책, 같은 곳.

20세기 초 조선의 역사학자 신채호(1880~1936)는 역사를 다음과 같이 정의했다.

> 역사란 무엇이뇨? 인류사회의 '아(我)'와 '비아(非我)'의 투쟁이 시간부터 발전하며 공간부터 확대하는 심적 활동의 상태의 기록[…]이니라.[4]

이어 '아'와 '비아'에 대해서는 다음과 같이 정의했다.

> 무엇을 '아'라 하며 무엇을 '비아'라 하느뇨? […] 무릇 주관적 위치에 선 자를 '아'라 하고 그 외에는 '비아'[…]이니라.[5]

신채호의 정의에 따르면 개인도 '아'가 될 수 있고, 민족이나 계급도 '아'가 될 수 있다. 이 글에서는 신채호처럼 개인에서 집단에 이르기까지 '주관적 위치에 설 경우'를 '아'라고 이해하겠다. 그렇다면 이기주의란 '아'의 관점에 서서 '비아'를 고려하지 않고 '아'의 이익만을 추구하는 것이라고 정의할 수 있다. 또 이타주의란 '아'의 관점에 갇히지 않고 '비아'를 존중하며 '비아'의 이익을 함께 추구하는 것이라고 정의할 수 있다.

이렇게 정의하면 이기주의란 '아'의 범위를 어디까지로 이해하느냐에 따라 다양한 변주가 등장할 수 있다. 가령 핏줄이나 연고를 따지는 경우는 '연고주의(nepotism)', 지역의 이익을 추구하는 경우는 '지역주의(regionalism)', 민족이나 국가의 이익만을 추구하는 경우는 '민족주의' 혹은 '국가주의(nationalism)'라고 할 수 있다. 이런 다양한 주의는, 범위는 다르지만 모두 이기주의의 변주이다.

이기주의의 다른 이름은 중심주의(centrism)이다. 연고주의나 지역주의는 특정 지역-중심주의라고 할 수 있고, 국가주의는 국가-중심주의이기 때문이다. 이런 이기주의는 모두 상대적인 이기주의이다. 이에 비해, 오로지 자기 자신만이 실재하며, 외부 세계는

6. 유아주의에는 외부 세계가 실재함을 인정하지 않는 형이상학적 유아주의 (metaphysical solipsism)와, 외부 세계는 자아가 인식할 수도 없고 풀 수도 없는 의문이라고 여기는 인식론적 유아주의 (epistemological solipsism), 어떤 인식 가능성도 부인하며 따라서 모든 연역법을 부인하는 방법론적 유아주의 (methodological solipsism) 등의 변형이 있다.

알 수조차 없다고 여기는 유아주의(solipsism)[6]는 자기-중심주의이자 절대적 이기주의라고 할 수 있다.

이기주의가 이렇게 '아'의 범위에 따라 상대적으로 다양한 변주가 있는 것과 마찬가지로, 이타주의 또한 상대적으로 다양한 변주가 있을 수 있다. 가령 국가주의자들은 다른 국가는 '비아'로서 적대시하지만 국가 안에서는 구성원들에게 자기희생과 이타적인 행위를 요구한다. 지역주의자나 연고주의자들의 행동 양식도, 자신들의 범위를 벗어난 '비아'에 대해서는 배척하거나 적대하면서 자신들이 '아'라고 여기는 범위 안에서는 자기희생과 이타적인 행위를 요구한다. 이런 상대적인 이타주의는 이기주의가 집단주의와 결합한 결과이지, 진정한 이타적 행동이라고 할 수는 없다. 이런 상대적 이타주의 이외에, 모든 '아'와 '비아'의 구분을 넘어서야 한다는 관점에서 이타주의를 주장할 수도 있다. 이런 이타주의는 탈-중심주의이자 절대적 이타주의라고 할 수 있다.

이제 다음 장에서 고대 중국에서 이기주의와 이타주의에 대해 어떤 논의가 벌어졌는지 살펴보자.

고대 중국에서 이기주의와 이타주의

고대 중국의 춘추전국시대에는 전쟁과 하극상 등 당시의 극심한 혼란을 종결시키기 위한 대안을 모색하면서 제자백가(諸子百家)라 불리는 다양한 사상가들이 등장해 치열한 논쟁이 벌어졌다. 이를 제자백가의 백가쟁명(百家爭鳴)이라고 한다. 제자백가들은 이 과정에서 사회와 공동체와 개인의 관계에 대해서도 서로 다양한 관점을 내놓았다. 대표적인 것이 유가(儒家)와 도가(道家)와 묵가(墨家)이다. 이들은 서로 다른 관점에서 서로 다른 방식으로 이타주의적 주장을 전개했다.

공자(孔子)를 비조로 하는 유가의 주장은 '경세가(經世家)적 이타행(利他行)'이라고 할 수 있고, 노자(老子)에서 비롯한 도가의

7. 己所不欲, 勿施於人。『論語』,「衛靈公」(15-23).

8. 夫仁者, 己欲立而立人, 己欲達而達人。위의 책,「雍也」(6-28).

주장은 '구도자(求道者)적 이타행'이라고 할 수 있으며, 묵자(墨子)와 묵가의 주장은 '사회변혁가적 이타행'이라고 할 수 있고, 양주와 장자(莊子) 학파의 일부 주장은 '모나드적 이타행'이라고 할 수 있다. 이제 아래에서 이 네 학파의 주장을 차례대로 살펴보겠다.

1. 공자: 수기안인(修己安人)의 경세가적 이타행

고대 중국에서 자기와 타인의 관계에 대해 가장 먼저 철학적인 반성으로 전환한 사람은 공자이다. 공자는 먼저 자기를 기준으로 삼아, 자기가 원하지 않는 일을 타인에게 베풀지 말라고 말한다.

> 내가 하고 싶지 않은 일을 남에게 베풀지 말라.[7]

공자는 나아가, 자기가 바라는 바가 있다면, 먼저 타인이 이루도록 해주라고 말한다.

> 어진 사람은 자기가 서고자 할 때 남이 서도록 해주며, 자기가 이루고자 할 때 남을 이루도록 해준다.[8]

공자는 소극적으로는 자기를 미루어 타인이 소망하지 않을 법한 일을 베풀지 말 것을 요구하고, 나아가 적극적으로는 자기가 이루고 싶은 일이 있다면 먼저 타인이 이루도록 해주라고 말한다. 공자의 이런 태도는 확실히 이기주의와 자기중심주의에서는 벗어나 있다. 그럼에도 이를 이타주의라고 부르기는 어렵다고 할 수도 있을 것이다. 오로지 타인을 위해서가 아니라, 자기가 서거나 이루기를 원한다면 먼저 타인이 서고 이루도록 해주라는 요구이기 때문이다. 그러나 다른 사람의 욕망을 이뤄줌으로써 자신의 욕망도 더불어 성취하는 것은 이타주의의 피할 수 없는 운명이기도 하다. 이런 부메랑의 욕망 성취까지 배제한 이타행은 인간 세상에서 거의 불가능해 보인다. 다른 곳에서 공자는 다음과 같이 말하기도 했다.

9. 子路問君子。子曰: "修己以敬。" 曰: "如斯而已乎?" 曰: "修己以安人。" 曰: "如斯而已乎?" 曰: "修己以安百姓。修己以安百姓, 堯,舜其猶病諸!" 위의 책,「憲問」(14-45).

10. 수기(修己)와 치인(治人) 사이의 괴리와 그것이 중국 지식인들에게 남긴 문제에 관해서는 이상수,『아큐를 위한 변명』, 웅진지식하우스, 2009, pp. 204-211 참조.

11. 古之學者爲己, 今之學者爲人。『論語』,「憲問」(14-25).

12. 不患人之不己知, 患不知人也。위의 책,「學而」(1-16).

> 자로(子路, 공자의 제자)가 군자(君子, 도덕적 인격을 갖춘 사람)에 관해 물었다. 선생(공자)이 말했다. "자기를 닦아서 매사를 공경스럽게 한다." "이와 같이만 하면 됩니까?" "자기를 닦아서 남을 편안하게 한다." "이와 같이만 하면 됩니까?" "자기를 닦아서 백성을 편안하게 한다. 자기를 닦아서 백성을 편안하게 해 주는 일은 요(堯)임금과 순(舜)임금조차도 어렵게 여겼던 일이 아닌가!"[9]

이 대화에서 공자는 "자기를 닦아서 남을 편안하게 한다"는, '수기안인(修己安人)'이라는 명제를 남겼다. 흔히 "자기를 닦아서 남을 다스린다"는 '수기치인(修己治人)'이라는 말이 유가의 이상이라고들 하지만, '수기안인'과 '수기치인' 사이에는 깊은 심연이 있다.[10] 수기안인은 재야의 들사람도 할 수 있는 일이지만, 수기치인은 반드시 벼슬자리에 올라야만 가능한 일이기 때문이다. 벼슬자리에 오르려면 전통사회에서는 '과거시험' 등의 관문을 통과해야 한다. 그 때문에 수기치인을 이상으로 삼으면, 수기(修己) 공부가 진정한 자기 수양이 아니라 자칫 '과거시험 준비'로 변질될 우려가 있다. 공자의 이상은 '수기안인'이지 '수기치인'이 아니었다.

공자는 또 '자기를 위한 공부(爲己之學)'를 하라고 주장한 사람이었다.

> 옛날의 배우는 이들은 자신을 닦기 위해 공부했고, 오늘날의 배우는 이들은 남에게 인정받기 위해 공부한다.[11]

공자는 위인지학(爲人之學) 대신 위기지학(爲己之學)을 하라고 말한다. 공자가 말하는 위기지학이란, 자신만을 위하는 이기적인 공부를 하라는 뜻이 아니다. 남에게 보여주기 위한 위인지학의 공부 대신, 자기가 더욱 성숙해지는 자기 성찰과 닦음의 공부를 하라는 뜻이다. 그래서 공자는 "남이 나를 알아주지 않는 것을 근심하지 말고, 남을 제대로 알아주지 못할 것을 근심하라"[12]고도 했다.

13. 或曰: "以德報怨, 何如?" 子曰: "何以報德? 以直報怨, 以德報德。" 위의 책, 「憲問」(14-36).

14. 報怨以德。『老子』, 63장.

15. 이는 맹자(孟子)와 순자(荀子) 등 공자의 후학들이 똑같이 이어받은 유가의 기본적 관점이다. 맹자와 순자는 비록 서로 다른 방향으로 공자의 생각을 발전시켰지만, 현실 정치에 참여하여 만인을 편안하게 해야 한다는 수기안인의 관점은 공통분모로 물려받았다.

공자는 세상의 환란을 구해야 한다는 구세(救世)의 이상이 있었지만, 그런 큰일을 제대로 해내기 위해서는 반드시 자기를 닦아야 한다고 생각했다. 그게 바로 위기지학이고, 이 위기지학을 통해 수기안인의 이상을 실천해야 했다.

수기(修己)와 안인(安人) 중에 어느 것이 더 중요한가. 공자의 관점에서 볼 때, 자기를 제대로 닦지 않은 사람이 남을 편안하게 해줄 수는 없다. 이기주의와 이타주의의 관점에서 공자의 사상을 평가하자면, 이타를 위해서라도 자기를 더 잘 닦아야 한다는 주장이라고 해석할 수 있을 것이다. 공자는 무조건적 맹목적 이타주의를 주장한 게 아니라, 이타행을 잘하기 위해서라도 자기를 더 잘 닦아야 한다고 보았다.

공자의 언행록인 『논어』에는 이타주의와 관련한 쟁점을 논한 대목이 한 곳 있다. 다음의 대화를 보자.

> 어떤 사람이 물었다. "덕으로써 원한을 갚으면 어떻겠습니까?"
> 선생이 말했다. "그러면 덕은 무엇으로 갚겠는가?
> 바름으로 원한을 갚고, 덕으로써 덕을 갚아야 한다."[13]

위 대화에서 "덕으로써 원한을 갚는다(以德報怨)"는 것은 노자의 사상이다. 노자는 "원한을 덕으로써 갚으라(報怨以德)"[14]고 말했다. 이는 "네 원수를 사랑하라"고 한 예수의 말과 일맥상통하는 이타주의의 주장이다. 그러나 공자는 여기에 동의하지 않는다. 공자는 원한을 '덕' 대신 '바름(直)'으로 갚으라고 말한다. 이를 보면 공자는 정의가 실현되지 않는 무조건적인 이타행에 동의하지 않았으며, 나아가 이타행보다 정의로움을 더 중시했음을 알 수 있다.

공자가 생각한 이타행은 일정한 지위에 올라 세상을 다스릴 수 있어야 제대로 실천할 수 있다. 그런 점에서 공자와 유가의 이타행은 세상을 잘 다스림으로써 실현될 수 있는 '경세가적 이타행'이라고 부를 수 있겠다. 경세가의 이타행은 정의가 실현되는 바른 다스림을 통해 사람들을 이롭게 하는 이타행이다.[15]

16. 人法地, 地法天, 天法道, 道法自然。
『老子』, 25장.

17. 反者, 道之動; 弱者, 道之用。 위의 책, 40장.

18. 人之生也柔弱, 其死也堅强。
草木之生也柔脆, 其死也枯槁。 위의 책, 76장.

19. 堅强者死之徒, 柔弱者生之徒。 위의 책, 76장.

2. 노자: 하늘을 본받는(法天) 구도자적 이타행

공자는 자기와 타인의 관계, 다시 말해 '사람의 길(人道)'에서 이타행의 근거를 찾았다. 반면에 노자는 '하늘의 길(天道)'로부터 이타행의 근거를 도출해냈다. 노자는 "사람은 땅을 본받고, 땅은 하늘을 본받고, 하늘은 길을 본받고, 길은 스스로 그러함을 본받는다"[16]고 말한다. 사람은 하늘의 길의 움직임을 보고 그에 따라 살아가야 한다고 노자는 생각했다. 노자가 본 '하늘의 길' 혹은 '길(道)'은 다음과 같이 움직인다.

> 반대 방향으로 가는 것이 길의 움직임이요, 유약한 것이 길의 쓰임이다.[17]

노자가 이해한 하늘의 길은 반대 방향으로 움직인다. 가득 찬 달은 기우는 쪽으로 움직이고, 이지러진 달은 다시 가득 차는 방향으로 움직인다. 낮의 밝음은 어둠을 향해 가고, 밤의 어둠은 밝음을 향해 간다. 여름의 더위는 날로 서늘해져 가고, 겨울의 추위는 날로 따뜻해져 간다. 이렇게 반대 방향을 향해 가는 길의 움직임을 '물극필반(物極必反)'이라고 한다. 어떤 사물이나 사태가 극한에 이르면 반드시 그 반대 방향으로 발전해간다는 말이다. 이것이 노자가 이해한 하늘의 길이 움직이는 방향이다.

노자가 이해한 하늘의 길은 강함을 내세워 작용하는 게 아니라 유약함을 통해 작용한다. 노자는 "사람이 태어날 때는 몸이 유연하고, 죽을 때는 몸이 뻣뻣해지며, 풀과 나무도 갓 생겨난 잎은 연하고 부드럽지만, 죽을 때는 말라비틀어진다"[18]고 말한다. 노자가 보기에 "뻣뻣한 것은 죽음의 무리이고, 연하고 부드러운 것은 삶의 무리"[19]이다. 뻣뻣한 것은 강해 보이지만 죽음으로 가는 길인 반면에, 유약한 것은 별것 아닌 것 같지만 이를 통해 생명이 작용한다. 이처럼 노자가 이해한 길은 강함 대신 유약함을 통해 작용한다.

20. 天之道, 其猶張弓與! 高者抑之,
下者擧之; 有餘者損之, 不足者補之。天之道,
損有餘而補不足。위의 책, 77장.

21. 人之道則不然, 損不足以奉有餘。
孰能有餘以奉天下? 唯有道者。
是以聖人爲而不恃, 功成而不處, 其不欲見賢!
위의 책, 같은 곳.

노자가 보기에 길은 반대 방향으로 움직이고, 유약함을 통해 작용하면서, 우주의 평형과 정의로움을 찾아간다.

> 하늘의 길은 활에 시위를 매는 것과 같지 않은가. 높은 곳은 눌러주고 낮은 곳은 들어주며, 남는 곳은 덜어내고, 모자라는 곳에는 더해준다. 하늘의 길은 남는 이를 덜어 모자라는 이에게 더해준다.[20]

그러나 사람의 길은 이와 정반대이다.

> 사람의 길은 그렇지 않으니, 되레 모자람을 덜어 남는 이를 받든다. 누가 능히 남는 이로써 하늘 아래 사람들을 받들겠는가. 오로지 길이 있는 사람일 것이다. 그러므로 뛰어난 지도자는 위해주면서도 기대지 않고, 공이 이루어지더라도 그곳에 처하지 않으니, 현명함을 드러내고자 하지 않기 때문이 아니겠는가![21]

사람은 하늘의 길을 본받아 살아가야 한다. 그럼에도 사람들은 하늘의 길과 어긋난 삶을 살아간다. 하늘의 길을 본받아 살아가고자 한다면, 남는 이의 것을 덜어 모자라는 이에게 보태어주어야 한다. 노자의 이타행은 하늘의 길을 본받는 데서 근거를 찾는다. 하늘의 길을 본받고자 하는 노자의 자세를 우리는 구도자적 태도라고 불러도 좋을 것이다.

하늘의 길을 본받은 노자의 이타행은 다음과 같이 자신을 앞세우지 않는 태도로 나타난다.

> 하늘과 땅은 길고 오래간다. 하늘과 땅이 길고 또한 오래갈 수 있는 까닭은 스스로 살려고 하지 않기 때문이다. 그러므로 성스러운 사람은 그 몸을 뒤로 하지만 그 몸이 앞서게 되고, 그 몸을 돌아보지 않지만 그 몸이 지켜진다. 그에게 사사로움이

22. 天長地久。天地所以能長且久者,
以其不自生, 故能長生。
是以聖人後其身而身先; 外其身而身存。
非以其無私邪? 故能成其私。
위의 책, 7장.

23. 知其雄, 守其雌, 爲天下谿。爲天下谿,
常德不離, 復歸於嬰兒。知其白, 守其黑,
爲天下式。爲天下式, 常德不忒, 復歸於無極。
知其榮, 守其辱, 爲天下谷。爲天下谷,
常德乃足, 復歸於樸。위의 책, 28장.

> 없기 때문이 아니겠는가? 그러므로 능히 사사로움을 이룰 수 있는 것이다.[22]

하늘과 땅이 오래갈 수 있는 까닭은 사사로이 자기 삶을 추구하지 않기 때문이다. 노자의 성인은 하늘과 땅을 본받아 사사로운 자기 삶을 추구하지 않는다. 사사로운 삶을 추구하지 않는다는 것은 이기주의에 머물지 않고 이타행의 삶을 사는 것과 통한다. 그러나 노자가 말하는 이타행은 늘 사람들보다 뒤에 있고자 하지만 앞으로 가게 되고, 몸을 돌보지 않지만 되레 몸이 지켜지는 이타행이다. 노자 또한 이타행을 통해 자기에게 이로운 결과를 낳는다. 그러나 이렇게 자기에게 이로운 결과가 돌아올 것을 노려서 이타행을 하는 것은 아니다. 노자는 다른 곳에서 다음과 같이 말한다.

> 그 수컷을 알면서 그 암컷을 지킴으로써 하늘 아래 계곡물이 된다. 하늘 아래 계곡물이 됨으로써 떳떳한 덕이 떠나지 않아, 갓난아기로 돌아간다. 그 흼을 알면서 그 검음을 지킴으로써 하늘 아래 본보기가 된다. 하늘 아래 본보기가 됨으로써 떳떳한 덕이 어긋나지 않아, 다시 다함이 없음으로 돌아간다.
> 그 영예를 알면서 그 욕됨을 지켜 하늘 아래 골짜기가 된다.
> 하늘 아래 골짜기가 됨으로써 떳떳한 덕이 늘 충만하니,
> 다시 통나무로 돌아간다.[23]

위 글에서 수컷, 흼, 영예는 모두 사람들이 추구하는 권력, 재력, 명예 등을 상징한다. 이런 세속의 가치가 좋은 것을 알면서도 노자의 성인은 이를 추구하지 않고 되레 그 반대편인 권력이 없는 쪽, 어두운 쪽, 불명예스러운 쪽에 서고자 한다. 그럼으로써 무도(無道)한 세상을 바로잡는 것이다. 노자가 생각하는 이타행의 가장 좋은 예는 물이다. 노자는 다음과 같이 말한다.

24. 上善若水。水善利萬物而不爭, 處衆人之所惡, 故幾於道。居善地, 心善淵, 與[予]善仁[天], 言善信, 正善治, 事善能, 動善時。夫唯不爭, 故無尤。위의 책, 8장. 여기서 “여선인(與善仁)”은 백서본(帛書本) 『노자』에는 “여선천(予善天)”이라고 되어 있다. 이에 따르면 “베풀 때는 하늘처럼 티를 남기지 않기를 좋아하고”라고 옮길 수 있다.

25. 上德不德, 是以有德; 下德不失德, 是以無德。上德無爲而無以爲; 下德爲之而有以爲。위의 책, 38장.

가장 선한 것은 물과 같다. 물은 온갖 것을 잘 이롭게 하면서 다투지 아니하고, 뭇사람들이 싫어하는 곳에 처하니, 그러므로 길에 가깝다. 거할 때는 낮은 곳으로 내려가기를 잘하고, 마음을 쓸 때는 연못처럼 그윽하기를 잘하며, 함께할 때는 어질게 하기를 잘하고, 말할 때는 미덥게 하기를 잘하며, 다스릴 때는 씻어내기를 잘하고, 일을 할 때는 맡기기를 잘하며, 움직일 때는 때에 맞추기를 잘한다. 대저 오로지 다투지 아니하니, 그러므로 허물하는 이가 없다.[24]

노자의 이타행은 물처럼 낮은 곳으로 임해 그윽하게 만물을 잘 품고 어질게 대하며 자기를 주장하는 법이 없이 물 흐르듯 사람을 대한다. 자기의 욕망이나 이해관계를 내세우지 않으므로 사람들과 다툼이 없다.

노자는 이타행을 통해 자기를 드러내거나 뽐내는 것을 경계했다. 자기를 드러내고 뽐내기 위한 이타행은 진정한 이타행이라기보다 이기심을 충족시키기 위한 우회로에 지나지 않을 것이기 때문이다. 그래서 노자는 다음과 같이 말한다.

높은 덕은 자기 덕을 덕으로 여기지 않기 때문에 덕이 있게 된다. 낮은 덕은 자기 덕을 잃어버리지 않으려고 발버둥치기 때문에 덕이 없게 된다. 높은 덕은 인위적으로 하지 않고 무엇을 내세워 하려고 하지 않는다. 낮은 덕은 인위적으로 하면서 그것을 내세우려고 한다.[25]

노자의 이타행은 물처럼 다른 사람들을 위해 기꺼이 밑거름이 되는 실천이지만, 그것을 자기의 공으로 내세우지 않는다. 『노자』에는 공을 이루고도 그것을 자기의 것으로 삼으려 하지 않는다는 말이 되풀이해 나온다.

26. 聖人處無爲之事, 行不言之敎,
萬物作焉而不辭, 生而不有, 爲而不恃,
功成而弗居。夫唯弗居, 是以不去。
위의 책, 2장.

27. 聖人爲而不恃, 功成而不處, 其不欲見賢!
위의 책, 77장.

28. 功遂身退, 天之道。위의 책, 9장.

29. 太上, 下知有之。其次, 親而譽之。其次,
畏之。其次, 侮之。[…] 功成事遂,
百姓皆謂'我自然'。위의 책, 17장.

성스러운 사람은 함이 없는 일에 처하고, 말하지 않는 가르침을 행한다. 온갖 것을 짓지만 간섭하지 아니하고, 낳지만 가지지 아니하며, 위해주고도 기대지 아니하고, 공이 이뤄지지만 거기에 머무르지 아니한다. 대저 오로지 머물지 아니하니 그러므로 떠나지 않는다.[26]

성스러운 사람은 위해주면서도 기대지 않고, 공이 이루어지더라도 그곳에 처하지 않으니, 현명함을 드러내고자 하지 않기 때문이 아니겠는가![27]

공이 이뤄지면 몸이 물러나는 것이 하늘의 길이다.[28]

노자의 이타행은 이타행이라는 흔적조차 남기지 않으려는 이타행이다. 자기를 내세우거나 뽐내는 이타행은 되레 공동체를 혼탁하게 만들 것이기 때문이다. 노자는 이런 폐단을 알아서 자기가 베푼 덕조차 지우라고 했다. 이는 "오른손이 한 일을 왼손이 모르게 하라"는 예수의 태도와도 통한다.

노자의 시대에 만민을 향해 이타행을 할 수 있는 사람은 군주 등 지배층이었다. 그래서 노자가 말하는 '성스러운 사람(聖人)'은 대체로 지배층을 지칭한다. 이들의 이타행 또한 흔적을 남기지 말아야 한다. 노자는 통치자들을 다음과 같이 분류한다.

최고의 통치자는 사람들이 그가 있는 줄만 안다. 그다음은 사람들이 그를 친하게 여기고 자랑스러워한다. 그다음은 사람들이 그를 두려워한다. 그다음은 사람들이 그를 경멸한다.
[…]
공이 이뤄지고 일이 마무리되면, 백성들이 모두 말하기를 '내가 스스로 해냈다'고 한다.[29]

30. 天地不仁, 以萬物爲芻狗; 聖人不仁,
以百姓爲芻狗。위의 책, 5장.

31. 不尙賢, 使民不爭; 不貴難得之貨,
使民不爲盜; 不見可欲, 使民心不亂。
是以聖人之治, 虛其心, 實其腹, 弱其志,
强其骨。常使民無知無欲。
使夫智者不敢爲也。爲無爲, 則無不爲。
위의 책, 3장.

노자의 성인은 흔적을 남기지 않는 이타행을 실천하기 때문에, 그의 이타행으로 인해 공이 이루어지더라도 사람들은 모두 자신들이 스스로 이뤄낸 것으로 여긴다.

노자의 이타행은 무차별적이다. 모든 사람을 똑같이 대하지 차별하지 않는다. 어떤 타인도 차별하지 않는 것은 이타행의 출발점이다. 사람에 따라 달리 대하는 것은 사사로운 계산과 욕망이 작용한 것이기 때문이다. 노자의 이타행은 하늘의 길을 본뜬 것이기 때문에, 하늘이 만물을 차별하지 않듯이, 세상 사람 누구도 차별하지 않는 이타행을 실천할 것을 요구한다. 노자는 말한다.

> 하늘과 땅은 어질지 않으니 온갖 것을 풀강아지로 여긴다. 성스러운 사람은 어질지 않으니 백가지 성의 사람들을 풀강아지로 여긴다.[30]

하늘과 땅과 성스러운 사람이 '어질지 않다'는 것은 어느 누구에게 차별적인 사랑을 베풀지 않는다는 말이다.

그러나 노자의 이타행은 군주와 통치 계층을 위한 논리라는 시대적 한계를 지닌다. 당시로서 모든 백성들을 향해 무엇을 베풀 수 있는 것은 오로지 지배자만 가능한 일이기 때문이다. 그런 까닭에 『노자』의 어떤 대목에서는 성스러운 사람의 '독선'이 강하게 드러난다. 가령 다음과 같은 대목이 그런 예이다.

> 현명한 이를 높이지 말라! 백성들이 다투지 않도록. 얻기 어려운 부물을 귀하게 여기지 말라! 백성들이 도적이 되지 않도록. 탐이 날 만한 걸 내비치지 말라! 백성들의 마음이 어지러워지지 않도록. 그러므로 성스러운 사람의 다스림은 마음을 비우고 배를 채우며, 뜻을 약하게 하고 뼈를 강하게 한다. 늘 백 가지 성의 사람들로 하여금 앎과 탐냄이 없도록 하며 대저 지혜롭다는 이들이 감히 일을 꾸미지 못하도록 한다. 함이 없음을 실천하니 다스려지지 않음이 없다.[31]

32. 日月兼照天下之無有私也。『墨子』, 「兼愛」(下) (16-7).

백성의 마음을 비우고 배를 채우겠다는 식의 발언은 타자를 대등한 주체로 인정하는 태도라고 할 수 없다. 이런 시각은 의도가 아무리 선하다 하더라도 타자를 중심에 둔 이타행이라기보다는 지배층의 목적을 달성하기 위한 제왕학(帝王學)적 통치술이라는 평가를 면하기 어려울 것이다.

요컨대 노자의 이타행은 하늘의 길을 본받아 물처럼 낮은 곳으로 임하면서도, 자신을 드러내거나 뽐내지 않으며, 어느 누구에게도 차별적인 사랑을 베풀지 않는 무차별적인 이타행이다. 그것은 끊임없이 하늘의 길을 본받고자 하는 구도자적 이타행이다. 노자가 말하는 이타행의 주체는 군주이며, 이 때문에 노자의 시각은 전체적으로 제왕학이라는 한계에 갇혀 있다고 해야 할 것이다. 그럼에도, 하늘의 길을 본받아 무차별적인 이타행을 실천해야 한다고 본 노자의 구도자적 이타행은 오늘날에도 이타주의의 중요한 근거 가운데 하나를 제공하고 있다는 점에서 의미를 지닌다.

3. 묵자 : 겸애(兼愛)의 사회변혁가적 이타행

공자가 사람의 길을 바탕으로, 노자가 하늘의 길을 바탕으로 이타행의 실천을 주창했다면, 묵자는 논리적 사유를 바탕으로 이타행을 논했다. 묵자 또한 노자와 마찬가지로 하늘의 길을 따라야 함을 논했지만, 묵자에게 하늘의 길이란 곧 논리적 타당함과 동일한 것이었다. 묵자의 이타행은 "세상 사람들을 두루 사랑하라"는 '겸애'의 논리로 귀결되지만, 이 겸애라는 명제 또한 묵자에게는 논리적인 귀결이기도 했다.

왜 하늘의 길을 따라야 하는가. 묵자가 보기에 오직 하늘의 길만이 인간의 편견이나 사사로움을 넘어서서 공정하고 객관적이며 변함이 없기 때문이다. 묵자는 다음과 같이 말한다.

> 해와 달은 천하를 두루 비치면서 사사로움이 없다.[32]

33. 莫若法天。天之行廣而無私,
其施厚而不德, 其明久而不衰, 故聖王法之。
위의 책, 「法義」 (4-3).

34. 凡回於天地之間, 包於四海之內,
天壤之情, 陰陽之和, 莫不有也,
雖至聖不能更也。위의 책, 「節用」(下)
(22-7).

35. 하늘의 뜻을 따르는 것은 정의로운
정치이며, 하늘의 뜻을 거스르는 것은
힘으로 백성을 억누르는 정치이다. 그렇다면
정의로운 정치란 어떻게 하는 것인가?
묵자가 말한다. "큰 나라이면서 작은 나라를
침략하지 않고, 큰 가신이면서 작은
가신을 삼키지 않으며, 강자가 약자를
위협하지 않고, 귀족이 천민을 홀대하지
않으며, 수단이 많은 사람이 어리석은
사람을 속이지 않는다. […] 이런 통치자를
두고 '뛰어난 임금[聖王]'이라고 부른다.
힘으로 백성을 억누르는 정치는 이와
다르다. 그들의 언론은 정의로운 정치를
비난하고 행동은 정의로운 정치와
반대로 하며, 멋대로 치달린다. 큰 나라는
작은 나라를 침략하고, 큰 가신은 작은
가신을 삼키며, 강자는 약자를 위협하고,
귀족은 천민을 홀대하며, 수단이 많은
사람은 어리석은 사람을 속인다. […] 이런
통치자를 두고 '폭군[暴王]'이라고 부른다."
(順天意者, 義政也; 反天意者, 力政也。
然義政將奈何哉? 子墨子言曰:
處大國不攻小國, 處大家不篡小家,
强者不劫弱, 貴者不傲賤, 多詐者不欺愚。
[…] 謂之聖王。力政者則與此異,
言非此, 行反此, 猶倖馳也。處大國攻小國,
處大家篡小家, 强者劫弱, 貴者傲賤,
多詐欺愚。[…] 謂之暴王。위의 책, 「天志」
(26-7).

36. 묵자가 말했다. "내게 하늘의 뜻이
있는 것은, 비유하자면 바퀴장이에게
컴퍼스가 있고, 목수에게 곱자가 있는 것과
같다. 바퀴장이와 목수는 자신들의
컴퍼스와 곱자를 가지고 천하의 동그라미와
네모를 재면서 말하기를, '컴퍼스와
곱자에 맞는 것은 동그라미와 네모가 맞고,
맞지 않으면 틀린 것이다'라고 한다.
오늘날 천하의 선비와 군자들이 쓴 글은
이루 다 실을 수 없을 정도이고, 그들의
언론 또한 다 헤아릴 수 없을 정도로 많다.
그들은 위로는 제후들에게 유세하고
아래로는 여러 선비들에게 유세한다. 그러나
어짊과 정의를 가지고 보면 그들의 저서와
언론은 한참 멀리 떨어져 있다. 내가 그것을
어떻게 아는가? 나는 천하의 밝은
법도를 가지고 그들을 평가하기 때문이다."
(子墨子言曰: "我有天志, 譬若輪人之有規,
匠人之有矩。輪, 匠執其規, 矩,
以度天下之方圜, 曰: '中者是也, 不中者非也。'
今天下之士君子之書, 不可勝載,
言語不可盡計, 上說諸侯, 下說列士,
其於仁義, 則大相遠也。何以知之? 曰:
我得天下之明法以度之。" 위의 책, 같은 편
(26-8).

37. 『묵자』 가운데 「경(經)」 상·하편,
「경설(經說)」 상·하편,
「대취(大取)」, 「소취(小取)」 등 여섯 편을
묶어 '묵경(墨經)'이라고 함.

> 하늘을 법도로 삼는 것보다 더 좋은 것은 없다. 하늘의 운행은 넓디넓으면서도 사사로움이 없고, 그 베푸는 은택은 두터우면서도 그걸 덕으로 여기지 아니하며, 그 밝음은 오래가면서도 쇠퇴하지 않는다. 그러므로 성왕은 이를 법도로 삼았다.[33]

> 무릇 하늘과 땅 사이의 모든 구석구석과 사해의 사방 안 어떤 곳이든, 하늘과 땅의 교류와 음양의 조화가 없는 곳이 없으며, 지극히 뛰어난 지도자라고 해도 이는 바꿀 수 없다.[34]

묵자는 이렇게 사사롭지 않고 공평하면서 변함이 없는 하늘의 뜻을 따르는 것이 정의로운 정치이고, 그렇지 않으면 '폭력 정치'라고 주장한다.[35] 묵자에게 하늘의 뜻이란 객관적인 타당성 혹은 표준과 같은 것으로, 옳고 그름을 판단하도록 해주는 기준이다.
목수 노동자 출신인 묵자는 노동을 할 때 도구를 사용하여 정확한 원과 직각 등을 만들어내듯, '하늘의 뜻'이 인간 세상에서 그런 도구 구실을 한다고 생각했다. 가령 눈앞의 도형이 동그라미인지 아닌지를 판단하도록 해주는 것이 컴퍼스이듯이, 묵자에게 하늘의 뜻이란 우리가 어떤 사상이나 언론이 올바른지 판단할 수 있는 표준이었다.[36]

묵가 학파에는 자신들의 주장을 논리적으로 정리한 '묵경(墨經)'[37]이라는 경전이 있었다. '묵경'의 내용은 자연과학과 사회과학을 망라하고 있다. 가령 자연과학적인 내용 가운데는 유클리드 기하학의 공리(公理)를 연상시키는 명제들도 포함되어 있다.

> 중점은 같은 거리에 있는 점이다.
> 동그라미라는 것은 하나의 중점에서 같은 거리에 있는 선들이다.
> 네모는 변과 각이 사방을 두른 것이다.
> 평평하다는 것은 높이가 같은 것이다.

38. 中, 同長也。위의 책, 「經」(上) (40–54). 圜, 一中同長也。같은 곳 (40–58). 方, 柱隅四讙也。같은 곳 (40–59). 平, 同高也。같은 곳 (40–52). 久[宙], 彌異時也。같은 곳 (40–39). 宇, 彌異所也。같은 곳 (40–40).

39. 獲, 人也; 愛獲, 愛人也。臧, 人也; 愛臧, 愛人也。此乃是而然者也。위의 책, 「小取」 (45–8).

40. Aristotle, *Politics*, I. 4–2, Dover Publications, 2000, p. 31.

41. 위의 책, 같은 곳.

시간이라는 것은 서로 다른 때를 가득 채운 것이다.
공간이라는 것은 서로 다른 장소를 가득 채운 것이다.[38]

'묵경'에는 이런 자연과학적인 내용만 있는 게 아니라, 사회과학의 내용도 포함되어 있다. 이를 보면 묵가는 자연 현상에 대해 과학적인 판단을 내릴 수 있는 것과 마찬가지로, 사회 현상에 대해서도 과학적인 판단을 내릴 수 있다고 보았음을 알 수 있다. 실제로 묵가의 최고 강령이라고 할 수 있는, "세상 사람들을 두루 사랑하라"는 '겸애'라는 주장은 논리적 판단의 귀결이라고 할 수 있다. '묵경'에는 다음과 같은 명제가 실려 있다.

여자 노예는 사람이다. 여자 노예를 사랑함은 사람을 사랑하는 것이다. 남자 노예는 사람이다. 남자 노예를 사랑함은 사람을 사랑하는 것이다. 이는 옳고도 자연스런 주장이다.[39]

아리스토텔레스 논리학의 삼단논법을 연상시키는 이 명제는 묵가의 '겸애' 주장이 논리적 판단으로부터 나왔음을 잘 보여준다. '묵경'은 삼단논법과 닮은 추론을 통해 여자 노예이든 남자 노예이든 사람이기 때문에 사람을 차별하지 않고 사랑하는 것이 옳다는 판단을 끌어내고 있다. 묵가의 이 판단이 인류의 지성사에서 얼마나 중요한 위치를 차지하고 있는지는, 이를 고대 그리스의 아리스토텔레스와 비교할 때 잘 드러난다.

아리스토텔레스는 묵가보다 더욱 정교한 방식으로 형식 논리학의 삼단논법을 정리했다. 그러나 아리스토텔레스는 묵가처럼 "노예도 사람"이라는 판단을 내리지 않았다. 그는 『정치학』(*Politics*)에서 "도구에는 두 가지 종류가 있는데, 살아 있는 것과 죽은 것이 있다"[40]고 했다. '살아 있는 도구'란 노예를 뜻한다. 그는 또 "노예란 살아 있는 소유물"[41]이라고 했고, "날 때부터 노예로 태어나는 존재"를 인정했으며, 이들은 주인의 지배 아래 있는 편이 더 낫다고 보았다.

84 85

42. 위의 책, I. 5-7~8, p. 34.

> 날 때부터 남성은 우월하고 여성은 열등하며, 한쪽은 지배하고 다른 한쪽은 지배당한다. 이 원칙은 필연적으로 모든 인류에 확장된다. 거기에는 영혼과 육체 사이의 차이 혹은 인간과 동물(이 경우 이들의 일은 자기 육체를 쓰는 것인데, 이들은 육체를 쓰는 일보다 더 잘하는 일이 아무 것도 없다) 사이의 차이와 같은 것이 있어서, 저급한 종류는 날 때부터 노예가 되며, 이들은 모든 열등한 존재들이 그러하듯이 주인의 지배 아래 있는 편이 더 낫다.[42]

영혼과 육체, 혹은 인간과 동물 사이에 우열의 차이가 있듯이, 남성과 여성, 주인과 노예 또한 타고나면서부터 우열이 있다는 주장이다. 아리스토텔레스의 이 편견이 오류임을 입증하기 위해 노예들은 이천 년 동안 투쟁했고, 여성들은 오천 년 동안 싸워왔으며, 지금도 그 싸움은 계속되고 있다.

묵가와 아리스토텔레스는 인류가 처음으로 논리의 형식을 발견하는 시대에 활동했으면서 그 결론은 판이하게 달랐다. 묵가는 자신들이 속한 시대를 뛰어넘어, 자신들이 갈고 닦은 논리학을 바탕으로 "노예도 사람이며, 모든 사람을 두루 차별 없이 사랑해야 한다"는 '겸애'의 명제를 완성했다. 그러나 아리스토텔레스는 형식논리학의 규칙은 정교하게 정리했으면서도, 정작 인간에 대해서는 묵가처럼 보편타당하고 과학적인 판단을 내리지 못하고, 되레 당시의 신분적·계급적·성적 편견을 합리화하는 주장만 내세웠다.

우리가 논리를 탐구하는 까닭은 비논리적이고 불합리한 현실을 뛰어넘어 합리적이고 인간적인 사회를 만들어내기 위한 것이다. 논리적 사유를 통해 시대의 비논리성을 뛰어넘지 못한다면 논리적 사유가 무슨 소용이 있겠는가. 이런 점에서 논리적인 판단을 근거로 주창한 묵자의 겸애설은 인류가 만들어온 사유의 역사에서 매우 빛나는 가치를 지닌다.

43. 愛人, 待周愛人而後爲愛人。不愛人, 不待周不愛人; 不周愛, 因爲不愛人矣。
위의 책, 같은 곳 (45-11).

『묵경』에는 묵가 집단이 사람에 대한 보편적이고 차별 없는 사랑에 대해 얼마나 고민했는지를 보여주는 명제가 적지 않게 포함되어 있다. 가령 "사람을 사랑한다면 사람을 차별 없이 두루 사랑해야 한다"는 판단을 내리기 위해 묵가 집단은 다음과 같이 말한다.

> 사람을 사랑한다는 것은, 두루 사람을 사랑한 이후에 사람을 사랑한다는 말이 성립한다. 사람을 사랑하지 않는다는 것은 모든 사람을 두루 다 사랑하지 않아야 하는 건 아니다. 두루 사랑하지 않는다면 그로 인해 '사람을 사랑하지 않는다'고 말하는 것이다.[43]

사람을 두루 사랑하려면, 어떤 사람에 대해서도 차별적이지 않아야 한다. 이것이 묵가가 말하는 '겸애'이다. 겸애에 대한 부정은 세상 모든 사람을 다 사랑하지 않아야 하는 게 아니다. 단 한 사람에 대해서라도 사랑하지 않는다면 그것은 겸애가 아닌 것이 된다. 묵가는 이런 논리적 판단을 바탕으로 '별애'에 반대하고 '겸애'를 주장한다. 그래서 묵가의 최고 명제는 "두루 서로 사랑하고, 서로 이로움을 나누라(兼相愛, 交相利)", "두루 서로 사랑하고 다른 사람을 자기 몸과 같이 사랑하라(兼相愛, 愛人若愛其身)"는 것이 되었다.

> 묵자가 말했다. "두루 서로 사랑하고, 서로 이로움을 나누는 법으로 바꾸어야 한다." 그렇다면 두루 서로 사랑하고, 서로 이로움을 나누는 법이란 장차 어떻게 하라는 것인가? 묵자가 말했다. "다른 나라 보기를 자기 나라 보듯 하고, 다른 사람의 가문 보기를 자기 가문 보듯 하며, 다른 사람의 몸을 자기 몸 보듯 하라. 이렇게 하면 제후는 서로 사랑하여 들판에서 싸우지 않을 것이고, 가문의 주인은 서로 사랑하여 서로 삼키려 들지 않을 것이며, 사람들은 서로 사랑하여 서로를 해치려 하지 않을 것이다. 임금과 신하는 서로

44. 子墨子言曰: “以兼相愛, 交相利之法易之。”
然則兼相愛, 交相利之法將奈何哉?
子墨子言: “視人之國, 若視其國; 視人之家,
若視其家; 視人之身, 若視其身。
是故諸侯相愛, 則不野戰; 家主相愛, 則不相簒;
人與人相愛, 則不相賊; 君臣相愛,
則惠忠; 父子相愛, 則慈孝; 兄弟相愛, 則和調。
天下之人皆相愛, 强不執弱, 衆不劫寡,
富不侮貧, 貴不敖賤, 詐不欺愚。
凡天下禍簒怨恨, 可使毋起者, 以相愛生也。
是以仁者譽之。위의 책,「兼愛」(中) (15–1~3).

사랑하여 임금은 은혜를 베풀고 신하는 충성을 다할 것이며, 어버이와 자식은 서로 사랑하여 어버이는 자애를 베풀고 자식은 효성을 다할 것이며, 형제는 서로 사랑하여 화해하고 조화를 이룰 것이다. 천하의 사람들이 모두 서로 사랑하면 강자가 약자를 쥐고 흔들지 않을 것이고, 다수가 소수를 위협하지 않을 것이며, 부자가 가난한 사람을 모독하지 않을 것이고, 귀족이 천민을 멸시하지 않을 것이며, 수단 좋은 사람이 어리석은 사람을 속이지 않을 것이다. 천하의 재앙과 약탈과 원망과 한이 생겨나는 근원을 막는 것이 서로 사랑함을 생겨나게 하는 길이다. 그러므로 어진 사람은 이를 높이는 것이다."[44]

묵자는 이러한 "'두루 사랑함'으로써 '차별적 사랑'을 대치해야 한다(兼以易別)"고 주장한다. '두루 사랑하라'는 묵자의 겸애설은 매우 전형적인 사해동포주의라고 할 수 있다.

> 잠시 세상의 해로움이 어디서 생겨나는지 그 근원을 살펴보자. 해로움은 어디서 생겨나는가. 다른 사람을 사랑하고 다른 사람을 이롭게 하는 데서 생겨나는가? 이렇게 묻는다면 반드시 '그렇지 않다'는 답이 돌아올 것이다. 반드시 '다른 사람을 미워하고 다른 사람을 해치려는 데서 생겨난다'고 할 것이다. 천하에 개념 정의를 바르게 하기 위해, 다른 사람을 미워하고 다른 사람을 해치는 것은 '두루 사랑'인가? 아니면 '차별적 사랑'인가? 라고 묻는다면 반드시 '차별적 사랑이다'라는 답이 돌아올 것이다. 그렇다면 서로 '차별적 사랑'으로 대하는 것이 정말 천하의 큰 해로움을 낳는 것인가? 그러므로 차별적 사랑은 틀린 것이다. 묵자는 말한다. "사람들을 잘못 인도하는 것은 반드시 바꾸어야 한다. 사람을 잘못 인도하는 것임에도 다른 것으로 바꾸지 않는 것은 비유하자면 물로 물을 건너고 불로 불을 끄려는 것과 같으니, 그런 주장은 반드시

45. 姑嘗本原若衆害之所自生。此胡自生?
此自愛人,利人生與? 卽必曰: “非然也。”
必曰: “從惡人, 賊人生。” 分名乎天下,
惡人而賊人者, 兼與? 別與? 卽必曰: “別也。”
然卽之交別者, 果生天下之大害者與?
是故別非也。子墨子曰: “非人者必有以易之,
若非人而无以易之, 譬之猶以水[濟水,
以火]救火也, 其說將必无可矣。”
是故子墨子曰: “兼以易別。” 위의 책,
「兼愛」(下) (16-2).

46. 順天之意者, 兼也; 反天之意者, 別也。
兼之爲道也, 義正; 別之爲道也, 力正。
위의 책, 「天志」(下) (28-7).

47. 兼者, 聖王之道也, 王公大人之所以安也,
萬民衣食之所以足也,
故君子莫若審兼而務行之。위의 책,
「兼愛」(下) (16-13).

> 인정받지 못할 것이다." 그래서 묵자는 말한다. "두루 사랑으로 차별적 사랑을 대치해야 한다."[45]

묵가는 나아가 두루 겸하는 것이 하늘의 뜻이며, 모든 차별은 하늘의 뜻을 거스르는 것이라고 주장하기에 이른다.

> 하늘의 뜻에 따르는 것은 두루 겸함이며, 하늘의 뜻에 거스르는 것은 차별적인 것이다. 겸함의 도는 정의로운 정치이며, 차별함의 도는 힘으로 강제하는 정치이다.[46]

> 두루 겸함은 성왕의 길이고, 천자 제후 고위 관리가 평안해질 수 있는 길이며, 만백성의 의식이 족해질 수 있는 길이므로, 군자는 두루 겸함을 잘 살펴서 힘써 행하지 않을 수 없다.[47]

'겸애'설의 완성 이후에도 묵가는 사회의 모든 이슈에 대해 논리적 판단을 관철시키고자 했다. 가령 작은 물건을 훔치는 것이 절도라면, 나라를 훔치는 것도 똑같이 절도라고 판단했다. 묵가가 보기에 복숭아나 자두를 훔치는 일과 나라를 훔치는 일은 도둑질이라는 점에서 다를 게 없을 뿐만 아니라, 다른 나라를 멋대로 침략해 주권을 훔치는 일이 더욱 심각한 범죄 행위이다. 묵자는 다음과 같이 말한다.

> 오늘날 어떤 사람이 있어 과수원에 들어가 복숭아와 자두를 훔쳤다고 하면, 뭇사람들이 모두 그를 비난할 것이며, 정치하는 사람들이 알면 그를 처벌할 것이다. 왜 그런가? 다른 사람에게 손해를 입혀서 스스로 이익을 취했기 때문이다. 더 나아가 남의 개와 돼지와 닭과 새끼돼지를 빼앗았다면, 그런 행위가 정의롭지 않음은 과수원에 들어가 복숭아와 자두를 훔친 것보다 더 심할 것이다. 왜 그런가? 다른 사람에게 입힌 손해가 더 크고 어질지 못함이 더 심하여 죄도 더 크기 때문이다. 더 나아가 마구간에 들어가 다른 사람의 소와

48. 今有一人, 入人園圃, 竊其桃李,
衆聞則非之, 上爲政者得則罰之。此何也?
以虧人自利也。至攘人犬豕鷄豚者,
其不義, 又甚入人園圃竊桃李。是何故也?
以虧人愈多, 其不仁玆甚, 罪益厚。
至入人欄廐, 取人牛馬者, 其不仁義,
又甚攘人犬豕鷄豚。此何故也?
以其虧人愈多。苟虧人愈多, 其不仁玆甚,
罪益厚。至殺不辜人也, 扡其衣裘,
取戈劍者, 其不義, 又甚入人欄廐, 取人牛馬。
此何故也? 以其虧人愈多。苟虧人愈多,
其不仁玆甚矣, 罪益厚。
當此天下之君子皆知而非之, 謂之不義。
今至大爲攻國, 則弗知非, 從而譽之, 謂之義。
此可謂知義與不義之別乎? 위의 책,
「非攻」(上), (17-1).

> 말을 훔쳤다면 그게 어질지 못하고 정의롭지 못함이 개, 돼지, 닭을 빼앗은 사람보다 더 심할 것이다. 왜 그런가? 다른 사람에게 입힌 손해가 더 많기 때문이다. 진실로 다른 사람에 손해를 입힌 것이 많으면 많을수록 그 어질지 못함도 더욱 심하며 죄 또한 더욱 크다. 무고한 사람을 죽이는 데에 이르러 그 옷과 가죽옷을 빼앗고 창과 칼을 탈취하는 사람이 있다면, 그 정의롭지 못함은 마구간에 들어가 소와 말을 훔친 사람보다 더 심할 것이다. 왜 그런가? 다른 사람에게 입힌 손해가 더 많기 때문이다. 진실로 다른 사람에게 입힌 손해가 더 크다면 그 어질지 못함 또한 더욱 심한 것이며, 죄 또한 더욱 큰 것이다. 이에 대해 마땅히 천하의 군자가 모두 알아서 비판하고 정의롭지 못하다고 해야 할 것이다. 그러나 오늘날 크게는 나라를 침략해도 그것이 잘못인 줄 모르고 되레 그것을 찬양하며 정의롭다고 말한다. 이런 사람을 두고 정의와 불의의 차이를 아는 사람이라고 할 수 있을까?[48]

묵가는 또, 한 사람을 죽이는 살인이 심각한 죄라면, 전쟁을 벌여 무수한 사람을 죽이는 일은 더 크게 벌해야 할 중대한 살인죄라고 판단했다. 그런데 세상은 개인적으로 사람을 해치면 살인죄로 처벌하면서, 전쟁을 벌려 엄청나게 많은 사람들의 피를 흘리게 만든 이들은 영웅 취급을 한다. 묵가는 이런 세태가 정의로움과 정의롭지 못함을 구별하지 못하는 심각한 착오이자 오류라고 비판하며, 전쟁이란 명백한 살인 행위라고 명쾌하게 주장하고 있다.

> 어떤 한 사람을 죽이는 것은 정의롭지 못한 행위이므로 반드시 사형의 죄 한 건의 책임을 지게 된다. 이 논리로 이야기한다면 열 사람을 죽였다면 정의롭지 못함이 열 배는 무거울 것이며 반드시 사형의 죄 열 건의 책임을 지게 해야 할 것이다. 백 명의 사람을 죽였다면 정의롭지 못함이 백 배는 무거울 것이며, 반드시 사형의 죄 백 건의 책임을 지게 해야 할 것이다. 이에

49. 殺一人, 謂之不義, 必有一死罪矣。
若以此說往, 殺十人, 十重不義, 必有十死罪矣;
殺百人, 百重不義, 必有百死罪矣。
當此天下之君子皆知而非之, 謂之不義。
今至大爲不義攻國, 則弗知非, 從而譽之,
謂之義。情不知其不義也, 故書其言以遺後世;
若知其不義也, 夫奚說書其不義以遺後世哉?
위의 책, 같은 편 (上) (17-2).

50. 世俗之君子, 皆知小物而不知大物。
今有人於此, 竊一犬一彘, 則謂之不仁;
竊一國一都, 則以爲義。譬喩小視白謂之白,
大視白則謂之黑。위의 책, 「魯問」 (49-6).

51. 今有人於此, 少見黑曰黑, 多見黑曰白,
則以此人不知白黑之辯矣; 少嘗苦曰苦,
多嘗苦曰甘, 則必以此人爲不知甘苦之辯矣。
今小爲非, 則知而非之; 大爲非攻國, 則不知非,
從而譽之, 謂之義。此可謂知義與不義之辯乎?
是以知天下之君子也, 辯義與不義之亂也。
위의 책, 「非攻」(上) (17-3).

대해서는 천하의 군자들이 모두 알고 비판하며 정의롭지 못하다고 한다. 그러나 오늘날 정의롭지 못하게 다른 나라를 침략하는 큰 잘못을 자행해도 그것이 잘못인 줄 모르고 되레 그것을 찬양하며 정의롭다고 말한다. 그들은 진정 그것이 정의롭지 못함을 모른다. 그러니 그런 정의롭지 못한 행위를 글로 남겨 후세에 전하는 게 아니겠는가. 만약 그런 행위가 정의롭지 못함을 안다면 어찌 그런 불의한 행위를 대서특필해 후세에 남기겠는가?[49]

묵가는 이렇게 논리적 파탄에 이른 세태에 대해 맹렬하게 비판한다.

세속의 군자들은 모두 작은 것만 알고 큰 것을 알지 못한다. 가령 어떤 사람이 개나 돼지 한 마리를 훔친 걸 두고 '어질지 못하다'고 비난하면서, 한 나라나 도읍을 훔치는 행위는 '의로운 거사'라고 높인다면, 이는 비유하자면 작은 흰 점을 보고는 '희다'고 하면서 아주 거대한 흰 판을 보고는 '검다'고 하는 것과 같다.[50]

지금 여기 어떤 사람이 있어 조금 검은 것을 보고는 검다고 하고 매우 검은 것을 보고는 희다고 한다면, 이 사람은 희고 검은 것을 구별할 줄 모르는 것이다. 또 어떤 사람이 조금 쓴 맛은 쓰다고 하고 매우 쓴 맛은 달다고 한다면, 이 사람은 달고 쓴 맛을 구별할 줄 모르는 것이다. 지금 작은 일을 잘못한 것은 잘못인 줄 알고 비판하면서 크게 다른 나라를 침략하는 잘못을 저지르면 잘못인 줄 모르고 되레 그것을 따르고 찬양하며 정의롭다고 한다. 이런 사람을 두고 정의와 불의를 구별할 줄 안다고 할 수 있겠는가? 그러므로 오늘날 천하의 군자라는 사람들은 정의와 불의의 구별을 어지럽히는 사람들인 것이다.[51]

52. 任, 士損己而益所爲也。위의 책, 「經」(上) (40–19).

53. 任, 爲身之所惡以成人之所急。위의 책, 「經說」(上) (42–19).

묵가 집단은 도둑질과 나라 찬탈이 절도라는 점에서 같다는 것, 사사로운 살인과 전쟁이 살인행위라는 점에서 같다는 것에 대해 철저하게 논리적으로 판단한 뒤, 이를 '침략전쟁에 반대한다(非攻)'는 전쟁 반대(反戰)의 명제로 정리했다.

묵가 집단은 지금까지 인류 역사에 등장한 수많은 철학 사조 가운데, 이런 모순된 세태에 대해 가장 투명하게 비판한 학파라고 해도 지나치지 않을 것이다.

묵가는 겸애의 사해동포주의와 비공(非攻)의 반전사상을 구호로만 주장한 게 아니라 실제로 실천에 옮기고자 노력했다. 겸애와 비공의 실천을 위해 묵가 집단은 자기희생과 이타행이 필요함을 역설하고 있다. '묵경'에는 다음과 같은 명제가 나온다.

> 사명이란, 선비가 자기를 덜어내어 해야 할 일에 더하는 것이다.[52]

> 사명이란, 자기 몸이 싫어하는 바를 행함으로써 사람들의 급한 일을 이루어주는 것이다.[53]

이 명제들은 묵가의 구성원들이 자기를 희생하거나 혹은 자기가 싫어하는 일을 해서라도 대의에 맞는 일 혹은 사람들을 위해 시급한 일이라면 반드시 실천해야 함을 분명하게 밝히고 있다. 묵가는 실제로 침략전쟁에 반대한 '비공'의 명제를 실천하기 위해, 다른 나라의 침략을 받은 나라에 묵가 조직원을 파견해 방어 전투를 돕도록 했다.

묵가 집단의 논리학에 이해할 수 없는 대목이 하나 있다. 그것은 "도적을 죽이는 일은 사람을 죽이는 일이 아니다"라는 논리이다.

> 도적은 사람이다. 그러나 도적이 많다는 것은 사람이 많다는 게 아니다. 도적이 없다는 것은 사람이 없다는 건 아니다. [⋯] 도적을 사랑하는 것은 사람을 사랑하는 게 아니다. 도적을

54. 盜, 人也; 多盜, 非多人也; 无盜, 非无人也。[…] 愛盜, 非愛人也; 不愛盜, 非不愛人也; 殺盜, 非殺人也。위의 책, 「小取」(45-9).

55. 이에 관해서는 이상수, 『오랑캐로 사는 즐거움』, 길, 2001, pp. 270-272 참조.

사랑하지 않는 것은 사람을 사랑하지 않는 게 아니며, 도적을 죽이는 것은 사람을 죽이는 것이 아니다.[54]

이것은 분명 논리적 파탄이다. 노예도 똑같이 사람으로 대우해야 한다고 주장한 묵가 집단이라면, 범죄자나 일탈자들 또한 똑같이 사람으로 대우해야 한다고 주장해야 맞을 것이기 때문이다. 이 문제에 대해서는 연구자들 사이에 일치된 견해가 없다.

앞서 말한 것처럼 침략전쟁에 반대한 묵가는 어떤 나라가 다른 나라의 침략을 당하면, 자진해서 방어 전쟁에 참여해 침략당한 나라를 도왔다. 묵가는 이렇게 전쟁을 치르는 무장 집단이었기 때문에 군율(軍律)을 정교하게 만들지 않을 수 없었으며, 군율을 어기는 이들은 최고 사형에 처하기도 했다. "도적을 죽이는 것은 사람을 죽이는 게 아니다"라고 주장한 묵가 집단의 논리는, 이런 맥락에서 이해해야 할 것으로 보인다.[55]

이상에서 살펴본 것처럼 묵가 집단은 하늘의 뜻에 따라야 한다고 주장한 점에서는 노자와 통하지만, 노자와 달리 하늘의 뜻을 논리적이고 과학적인 결론과 동일시했다는 점에서 차별성을 지닌다. 묵가 집단은 일종의 삼단논법과 같은 논리적 판단에 따라 겸애설과 비공설을 주장했다. 이들의 이타행 실천은 논리적 판단에 충실한 결과였다. 이들은 논리적 판단에 따라 절도와 나라의 찬탈과 침략 전쟁이 인류의 해악이며, 인류를 보편적으로 두루 사랑하는 것만이 가장 옳은 실천이라고 주장했다. 묵가 집단은 "도적을 죽이는 것은 사람을 죽이는 게 아니다"라는 예외적 논리를 포함하고 있다는 한계를 지니지만, 이들은 세상 사람들이 서로 두루 사랑하는 세상을 만들기 위해 어떤 희생도 감수하고자 했으며, 실제로 그렇게 실천했다. 그래서 이들의 이타행을 '사회변혁가적 이타행'이라고 불러도 큰 무리는 없을 것이다.

56.『장자(莊子)』,「우언(寓言)」(27-7) 참조. 양주는 제자백가의 글에서 '양자(楊子)'라고 높여 불리기도 하고, '양자거(陽子居)' 혹은 '양생(陽生)' 등으로도 불렸다.

57. 聖王不作, 諸侯放恣, 處士橫議, 楊朱, 墨翟之言盈天下。天下之言不歸楊, 則歸墨。楊氏'爲我', 是無君也, 墨氏'兼愛', 是無父也。無父無君, 是禽獸也。[…] 楊墨之道不息, 孔子之道不著, 是邪說誣民, 充塞仁義也。仁義充塞, 則率獸食人, 人將相食。『孟子』,「滕文公」(下) (6-9).

4. 양주와 장자 : 경물중생(輕物重生)의 모나드적 이타행

유가의 경세가적 이타행, 도가의 구도자적 이타행, 묵가의 사회변혁적 이타행 이외에, 이기주의와 이타주의의 경계에서 매우 독특한 논리를 구성한 양주라는 인물이 있다. 양주는 노자의 제자라는 기록이 있지만[56] 정확한 활동 연대는 확정하기 어렵다. 그의 저작은 남아 있지 않지만, 『맹자』, 『한비자』(韓非子), 『여씨춘추』(呂氏春秋) 등 다른 제자백가의 저작을 통해 그의 사상을 일정하게 재구성해볼 수 있다.

양주는 독자적인 사상가로 알려지는 대신, 맹자의 비판을 받은 것으로 더 유명하다. 공자의 '경세가적 이타행'의 관점을 이어받은 맹자는, 양주를 극단적 이기주의자로 간주하고, 묵적을 극단적 이타주의자로 간주한 뒤, 이들 둘을 함께 거론하며 맹렬한 비판을 가했다.

> 성스러운 왕이 나타나지 않으니 제후들은 자기 멋대로 행동하고, 선비들은 멋대로 의론하여 양주와 묵적의 말이 천하를 가득 채우고 있다. 천하의 언론이 양주의 주장을 따르지 않으면 묵적의 주장을 따르고 있다. 양씨(양주)는 '자기를 위하라(爲我)'고 주장하였으니 이는 임금이 없는 것이다. 묵씨(묵적)는 '두루 사랑하라(兼愛)'고 주장하였으니, 이는 아비가 없는 것이다. 아비가 없고 군주가 없다면 이는 짐승이다. […] 양주와 묵적의 주장이 그치지 않아서 공자의 길이 드러나지 않으니, 이는 삿된 주장이 백성들을 홀려서 어짊과 올바름을 가로막는 것이다. 어짊과 올바름이 가로막히면 짐승을 몰아와서 사람을 잡아먹도록 하는 것이니, 사람들이 앞으로 서로를 잡아먹을 것이다.[57]

> 양자(양주)는 자신을 위하라는 설을 취하였으니, 털 한 오라기를 뽑아서 천하를 이롭게 할 수 있다 하더라도 하지 않았다.

58. 楊子取爲我, 拔一毛而利天下, 不爲也。墨子兼愛, 摩頂放踵利天下, 爲之。위의 책, 「盡心」(上) (13-26).

묵자(묵적)는 두루 사랑할 것을 주장하였으니, 이마를 갈아 발꿈치에 이르더라도 천하를 이롭게 할 수 있으면 하였다.[58]

맹자에 따르면 양주의 위아설과 묵적의 겸애설은 당시 천하를 가득 채울 정도로 많은 사람들의 지지를 받고 있었다. 맹자는 "자기를 위하라(爲我)"고 하는 양주의 주장이 군주제를 부정하며, "두루 사랑하라(兼愛)"는 묵적의 주장이 가부장제를 부정한다고 보았다. 맹자는 인간 사회에 군주와 가부장이 없으면 짐승과 다를 바 없으므로, 양주와 묵적의 사상이 지배하면 사람들이 짐승처럼 서로 잡아먹을 것이라고 주장했다. 이런 주장은 터무니없는 망언이다. 양주와 묵적의 사상은 확실히 군주제와 가부장제를 부정하지만, 군주제와 가부장제를 부정한다고 해서 인류가 짐승으로 변하지는 않는다. 군주제가 부정된 오늘날 인간은 더욱 자유로운 존재가 되었다. 가부장제도 마찬가지다. 인류 사회에서 가부장제가 철저히 부정되면 인간은 지금보다 더욱 자유로운 존재가 될 것이다.

양주와 묵적에 대한 맹자의 비판은 후대에 지대한 영향을 끼쳤다. 맹자는 각 왕조에서 '공자 버금가는 성인'이라는 뜻에서 '아성(亞聖)'으로 추앙되었고, 그의 책 『맹자』는 유학의 '경전' 가운데 하나로 받들어지면서, 양주와 묵적에 대한 맹자의 독단적 비판이 유학자들에게는 정설이 되었다. 이 때문에 양주와 묵적은 가장 오해받은 사상가로 남았다. 오늘날 우리는 맹자가 인류의 지성사에 남긴 해독(害毒)을 해독(解毒)함으로써, 이기주의와 이타주의에 대한 우리의 논의를 좀더 심화시킬 수 있을 것으로 기대한다.

양주의 위아설과 묵적의 겸애설은 비록 내용은 다르지만, 춘추전국시대의 끝없는 겸병 전쟁과 전제군주제로 인해 신음하던 백성들을 고통에서 건져내기 위해 사유했다는 점에서 공통점을 지닌다. 묵가의 사상은 비록 오랜 세월 봉건 왕조로부터 금기시되어 거의 연구가 되지 않았지만 저작은 전해져 오고 있다. 그러나 양주는 저작조차 전해지지 않아 지금까지도 적지 않은 오해를 사고 있는 사상가이다. 묵적의 '사회변혁가적 이타행'의 논리는

59. 陽生貴己。『呂氏春秋』,「不二」.

60. 今有人於此, 義不入危城, 不處軍旅, 不以天下大利易其脛一毛, 世主必從而禮之, 貴其智而高其行, 以爲輕物重生之士也。『韓非子』,「顯學」(50-4). 이 대목에 양주가 언급되지는 않았지만, 평유란(馮友蘭) 등 학자들은 이 대목이 양주의 사상에 관한 것이라고 보고 있다. 馮友蘭,『中國哲學史新編 1』, 人民出版社, 1992, p. 244.

61. 夫弦歌鼓舞以爲樂, 盤旋揖讓以修禮, 厚葬久喪以送死, 孔子之所立也, 而墨子非之。兼愛, 尙賢, 右鬼, 非命, 墨子之所立也, 而楊子非之。全性保眞, 不以物累形, 楊子之所立也, 而孟子非之。『淮南子』,「氾論訓」.

앞에서 살펴보았으므로, 여기서는 양주의 주장에 대해서만 살펴보기로 하자.

맹자는 양주의 위아설이 "털 한 오라기를 뽑아서 천하를 이롭게 할 수 있다 하더라도 하지 않는 것"이라고 이해하고 있다. 맹자만 읽어서는 충분하지 않고, 다른 제자백가서를 함께 읽으면 양주의 본디 모습이 좀더 입체적으로 드러난다. 가령『여씨춘추』는 양주가 "자기를 귀하게 여겼다"[59]라고 했고,『한비자』는 양주와 같은 사상을 "외물을 가볍게 여기고 삶을 무겁게 여긴다"는 뜻에서 '경물중생'의 사상이라고 했다.

> 지금 여기 어떤 사람이 있어 위험한 지역에는 들어가지 않고, 군대에 들어가 전투에 참가하는 일도 하지 않으며, 천하라는 큰 이로움을 주더라도 그것을 자기 정강이의 털 한 올과도 바꾸지 않는다면, 세상의 군주들은 반드시 그를 예우하여 그의 지혜를 귀하게 여기고 그의 행실을 높이며, '외물을 가볍게 여기고 삶을 무겁게 여기는 선비(輕物重生之士)'라고 받아들일 것이다.[60]

또 한나라 때 문헌인『회남자(淮南子)』는 양주의 사상을 "본성을 온전히 하고 참됨을 보존하여 외물이 자기 몸에 걸림이 되지 않도록 하는 것(全性保眞, 不以物累形)"이라고 요약했다.

> 대저 악기를 타고 노래하며 북을 치고 춤을 추는 것으로 음악을 만들고, 배회하고 절하고 겸양하는 것으로 예를 닦으며, 후하게 장례를 치르고 오래 상을 함으로써 죽음을 보내는 것은 공자가 세운 일인데 묵자가 비판했다. 두루 사랑하고 현명한 이를 숭상하며, 귀신을 돕고 운명을 비판하는 것은 묵자가 세운 것인데 양자(양주)가 비판했다. 본성을 온전히 하고 외물이 자기 몸에 걸림이 되지 않도록 하는 것은 양자가 세운 것인데, 맹자가 비판했다.[61]

62. 人人不拔一毛, 人人不利天下, 天下治矣。
『列子』,「楊朱」.

한비자에 따르면 양주는 누가 천하를 주더라도 그것을 이롭게 여길 게 없다고 주장하는 사람이다. 한비자는 이런 사상을 "외물을 가볍게 여기고 삶을 무겁게 여기는" 경물중생의 사상이라고 전하고 있다. 맹자와 한비자는 각각 양주 사상의 한 단면씩을 본 것이다. 양주의 사상은 이 두 가지를 다 포함하고 있다. 양주는 천하를 주더라도 그게 자신에게 이롭다고 여기지 않고, 그 자신 또한 천하를 이롭게 할 생각이 없다. 왜 그럴까? 천하를 가지는 것을 이롭게 여기는 사람이 천하를 가진다면, 그는 반드시 천하를 사사로이 자신의 이익을 위해 쥐락펴락할 것이다. 또 천하를 이롭게 하겠다는 마음을 가진 사람이 있다면, 그는 자신의 대의명분을 내세우며 다른 사람의 삶에 대한 간섭과 개입을 정당화할 가능성이 높다. 그래서 양주는 "사람들마다 자기 털 한 올을 뽑는 것조차 하지 않고, 사람들마다 천하를 이롭게 여기지 않는다면 천하는 다스려질 것이다"[62]라고 했다.

양주의 구상은 모든 사람들이 천하를 이로운 것으로 여기지도 않고, 또 천하를 이롭게 하겠다는 생각도 품지 않은 채 오로지 자기의 삶만을 가꾸며 살아가는 자유인들의 공동체를 만드는 것이다. 모든 사람이 다른 사람의 삶에 대해 개입하지도 않으며, 어떤 사람도 다른 사람에 의해 개입을 당하지 않는다. 모든 사람이 양주처럼 생각한다면, 세상에서 정치권력의 폭압은 사라질 것이다. 이런 점에서 양주의 사상은 무정부주의적인 성향을 지닌다.

비록 실현 가능성이 높지는 않지만, 양주의 이런 구상을 이기주의적인 것이라고 보기는 어렵다. 경물중생의 철학은 어지러운 세상에서 나약한 개인이 세속 안으로 은둔함으로써 자기 삶과 존엄을 지켜내기 위한 고투에서 나온 방법이었다고 할 수 있다. 양주는 사람들이 저마다 경물중생의 철학을 통해 전제군주와 겸병전쟁의 고통에 휩싸이지 않을 수 있기를 기대했다. 양주의 철학은 자기 홀로 경물중생함으로써 마음의 평안을 누리겠다는 것이 아니라, 모든 사람이 경물중생함으로써 전제군주와 겸병전쟁에서 해방되자는 것이었다. 그러므로 이를 '극단적 이기주의'라고 평가한 맹자는 양주를 철저히 오해한 것이다.

63. 또한 『여씨춘추』의 「본생(本生)」, 「중기(重己)」, 「귀생(貴生)」, 「정욕(情欲)」, 「심위(審爲)」 등 여러 편도 양주의 사상과 연관이 있다는 게 정설(평유란, 앞의 책, p. 245 참조)이다. 그러나 이 글에서는 검토하지 않는다.

64. 貴以身爲天下, 若可寄天下; 愛以身爲天下, 若可託天下。『老子』, 13장.

65. 夫支離其形者, 猶足以養其身, 終其天年, 又況支離其德者乎! 『莊子』, 「人間世」 (4-6).

66. 是不材之木也, 無所可用, 故能若是之壽。 위의 책, 같은 편 (4-4).

양주의 철학은 다른 사람을 직접 돕고 구제하는 이타행은 아니지만, 모든 사람이 정치권력으로부터 자유로워질 것을 주창함으로써 자신과 타자의 삶과 존엄을 지키고자 했다는 점에서 결과적으로는 이타행이라고 평가해야 할 것이다.

나는 이를 '모나드적 이타행'이라고 부르고자 한다. 라이프니츠가 존재의 기본 실체를 표현하기 위해 도입한 개념인 모나드는, 각각의 모나드가 소우주로서 서로 소통하지 않지만 신이 미리 정해둔 예정조화에 의해 서로 작용한다. 양주가 생각한 경물중생의 선비들은 직접적인 이해관계로 서로 얽히지 않고 어떤 소통도 하지 않는다. 그러나 바로 그렇게 얽히지 않음을 통해 그이들은 이 세상을 새롭게 구성한다. 그런 점에서 양주의 관점을 '모나드적 이타행' 혹은 '소우주적 이타행'이라고 불러도 좋을 것이다.

양주의 경물중생 사상은 노자와 장자에게도 흔적을 남기고 있다.[63] 노자는 "자기를 위하는 것을 천하를 위하는 것보다 더 귀하게 여기는 사람이라야 천하를 그에게 기대도록 할 수 있으며, 자기를 천하에서 가장 아끼는 사람이라야 천하를 맡길 수 있다"[64]고 했다. 노자의 이 발언은 경물중생의 사유가 바탕에 깔려 있는 것이지만, 경물중생의 철학을 체득한 제왕이 천하를 다스려야 함을 전제로 하고 있기 때문에, 무정부주의적인 성향을 지닌 양주의 철학과는 길이 달라졌다고 보아야 할 것이다.

『장자』에서도 경물중생 사상의 흔적을 곳곳에서 찾아볼 수 있다. 가령 장자는 온몸이 기형으로 생긴 지리소(支離疏)라는 우화적 인물에 대해 말하면서, 그가 겉모습은 기괴하게 일그러졌지만 그 덕분에 군대 징집 등 재앙을 피하고 천수를 누렸다[65]고 얘기한다. 또 목수 장석(匠石)의 이야기에는 거대한 아름드리 사당나무가 나오는데, 이 나무가 베어지지 않을 수 있었던 것은 쉽게 썩고 비틀어져서 "재목으로 쓸 수 없는 나무이어서 쓸모가 없기 때문에 이와 같이 천수를 누릴 수 있었다"[66]라고 말한다. 세상에서 기괴하거나 못났다는 평가를 받더라도 천수를 누리는 게 최고라는 생각에는

67. 山木, 自寇也; 膏火, 自煎也。桂可食, 故伐之; 漆可用, 故割之。人皆知有用之用, 而莫知無用之用也。위의 책, 같은 편 (4-8).

68. 爲善无近名, 爲惡无近刑。緣督以爲經, 可以保身, 可以全生, 可以養親, 可以盡年。위의 책,「養生主」(3-1).

경물중생의 사상이 깔려 있다. 그런 생각은『장자』곳곳에서 찾아볼 수 있다. 장자는 이렇게 말한다.

> 산의 나무는 스스로 도끼를 불러들이고, 기름불은 스스로 타들어간다. 계피나무는 먹을 수 있기 때문에 잘리고, 옻나무는 쓸모가 있기 때문에 베인다. 사람들은 쓸모 있음의 쓸모는 다 알지만 쓸모없음의 쓸모는 알지 못한다.[67]

> 좋은 일을 하더라도 명예를 얻을 정도로 하지는 말 것이며, 나쁜 일을 하더라도 형벌을 받을 정도로는 하지 말 것이다. 중용을 따르는 것으로써 떳떳함을 삼으면 몸을 보존할 수 있고, 삶을 온전히 할 수 있을 것이며, 어버이에게 받은 것을 기를 수 있고, 천수를 다할 수 있을 것이다.[68]

노자는 경물중생의 철학을 제왕학과 결합시킴으로써 길이 달라졌다. 그러나 장자는 경물중생의 철학을 바탕으로 세상의 이해관계를 모두 잊어버리는 '좌망(坐忘)'과, 자신조차 잊어버리는 '상아(喪我)', 그리고 어떤 외물에도 의존하지 않는 '무대(無待)의 소요(逍遙)'를 추구하는 철학을 전개했다. 장자는 털 한 올조차 아끼겠다는 식의 극단적인 수사학을 버리는 대신, 더욱 철저하게 외물에 흔들리지 않고 자기 존엄을 추구하는 소우주의 길을 갔다. 그런 점에서 장자의 철학은 양주와 마찬가지로 '모나드적 이타행' 혹은 '소우주적 이타행'의 범주에 포함시킬 수 있을 것이다.

천하를 이롭게 여기지도 않고, 천하를 이롭게 해주겠다는 생각도 하지 말라는 양주의 철학은 오늘의 우리에게 최소한 두 가지 근본적인 질문을 던진다.

하나는 과연 천하를 가지는 게 당신에게 이로운 일이냐는 것이다. 양주는 누가 천하를 준다고 해도 받지 않는다. 천하와 정강이의 털 한 올을 바꾸자고 해도 바꾸지 않는다. 그에게 천하보다 중요한 것은 하늘로부터 받은 생명과 그로부터 발산하는 자기 존엄,

69. 『누가복음』, 9:25.

바로 그것뿐이기 때문이다. 사실 이런 관점이 그렇게 낯선 것은 아니다. 예수도 같은 이야기를 한 적이 있다. "사람이 온 천하를 얻고도 자기 영혼을 잃으면 무엇이 유익하리오?"[69] 양주 또한 예수의 이 말처럼, 자기 몸 바깥의 어떤 것도 자기 몸보다 더 소중한 것은 없다고 단언한다. 양주는 우리에게 '이롭다'는 것이 과연 무엇인지 성찰하도록 만든다. 재물이나 권력을 가지는 게 과연 자기에게 이로운 일인가?

양주의 두 번째 질문은 당신이 과연 세상을 이롭게 만들 수 있겠느냐는 것이다. 양주는 우리가 근본적으로 타인을 이롭게 하거나 행복하게 해줄 수 있겠느냐는 질문을 던지는 것이다. 타인과 세상을 위한다고 하면서 사실은 자신의 명예욕이나 자존심을 채우거나, 혹은 자신의 편협한 시야에서 내린 결론을 타인에게 강요하는 것은 아닌가? 근본적인 성찰을 요구하는 질문이 아닐 수 없다.

양주와 장자가 전개한 경물중생의 철학을 바탕으로 한 '모나드적 이타행'은 탈중심적인 모델이라는 점에서도 주목할 만하다. 공자는 경세학으로, 노자는 제왕학으로 귀결함으로써 통치자의 중심주의를 벗어나지 못하는 한계를 지닌다. 묵가 또한 묵가 조직의 중심주의를 벗어나지 못했다. 그러나 양주와 장자의 경물중생 사상에는 어디에도 중심이 없다. 천하와 관여하는 창문을 닫아버림으로써 '창문 없는 모나드'적인 소우주를 추구하는 양주와 장자는 이런 점에서 자기중심주의적이지 않은 이타행의 모델이라고 할 만하다.

맺는 말 : 이타행과 자기의 고양

우리는 지금까지 고대 중국의 춘추전국시기에 활동한 제자백가들의 이타주의에 대한 사유를 살펴보았다. 우리는 이를 경세가적 이타행, 구도자적 이타행, 사회변혁가적 이타행, 모나드적 이타행 등으로 정리해보았다. 이런 유형화는 오늘날 이타주의의 다양한 측면을 이해하는 데 도움이 될 것이다.

공자, 맹자, 순자 등 유가는 자기를 닦아 다른 사람을 편안하게 하겠다는 이상을 세웠다. 우리는 이를 '경세가적 이타행'이라고 불렀다. 경세가적 이타행은 자기를 닦는 일을 앞세우기는 했지만 근본적으로 세상을 경영하는 데 뜻이 있으므로, 자신의 행위가 과연 다른 사람을 편안하게 만들 수 있을 것인지에 대한 성찰은 충분하지 않다. 그러나 다른 사람을 이롭게 해주기 위해서라도 자기를 먼저 닦아야 함을 일깨워준 점은 매우 중요하다.

노자의 구도자적 이타행은, 세상의 균형추처럼 작용하는 하늘의 길을 따라 낮은 곳을 높게 하고 약한 자를 강하게 하는 이타행이다. 노자는 자신을 뒤에 두고 자기 몸을 치지도외(置之度外)하지만, 되레 그럼으로써 자신이 앞서게 되고 자신을 지킬 수 있게 된다고 말한다. 구도자적 이타행은 우리가 어떤 이타적인 행위를 하더라도 그 행위의 결과는 자신에게도 이익이 될 수 있음을 보여준다.

묵자의 사회변혁적 이타행은 어떤 예외도 인정하지 않고 대의를 따라 실천해야 함을 강조했다. 묵가는 일반적인 의미에서 이타주의의 정의에 가장 부합하는 사유와 실천을 보여주었다. 묵가의 이타주의를 실천하기 위해서 구성원들은 이 세상에서 자신의 임무가 어떤 힘든 일이나 싫은 일이더라도 세상 사람들에게 이롭다면 해야 했다. 실천하지 않으면 세상은 저절로 좋아지지 않는다. 묵가의 사회변혁적 실험은 그러나 같은 공동체 구성원에 대한 이타행의 강요가 어디까지 가능한가에 대한 반성거리를 제공해준다. 노예를 인간으로 대우해야 한다는 논리적 결론을 내렸던 묵가가 "도적을 죽이는 것은 살인이 아니다"라는 논리적 파탄에 이른 배후에는 '이타행의 강요'라는 문제가 깔려 있다.

마지막으로 양주와 장자의 모나드적 이타행은 타인을 이롭게 한다는 것이 어떤 의미를 지니는지, 나에게 이롭다는 것이 어떤 의미인지, 근본적으로 '이롭다'는 게 어떤 의미인지, 우리가 진정으로 타인을 이롭게 만들 수 있는지 등에 대한 성찰을 촉구한다.

네 가지 서로 다른 방식의 이타행을 살펴봄을 통해, 우리는 다음의 두 가지 명제를 결론으로 얻을 수 있다.

첫째, 행위 주체에게 아무런 보탬이 되지 않는 이타행은 없다. 아무리 행위 주체가 아무런 보상을 원하지 않고 행하는 이타행이라 하더라도, 이타행은 그에게 다양한 방식으로 기쁨, 보람, 명예 등의 보상을 돌려준다. 그래서 역설적으로 이기적인 행동의 최선은 이타행이라고도 할 수 있다.

둘째, 행위 주체가 일정한 수준에 도달하지 않고서도 잘 실천할 수 있는 이타행은 없다. 유가의 경세가적 이타행을 실천하려면 먼저 자기를 닦아서 일정한 수준에 도달해야 한다. 노자의 구도자적 이타행을 실천하기 위해서도 우리는 '하늘의 길'을 본받을 수 있는 일정한 경지에 이르러야 한다. 묵자의 사회변혁적 이타행을 실천하기 위해서도 자기희생의 정신이 일정한 수준에 이르러야 한다. 양주와 장자의 모나드적 이타행 또한 '경물중생'이라는 삶의 태도를 철저하게 닦아야 한다. 요컨대, 자기 자신을 고양시키지 않고서는 어떤 이타행도 제대로 실천할 수 없다.

그래서 우리의 결론은 다음과 같은 두 가지 명제로 귀결된다. 최선을 다해 자신을 이롭게 하고자 하는 지혜로운 사람은, 이타적인 행위를 통해 자신에게 가장 큰 이익이 돌아온다는 사실을 깨달을 것이다. 최선을 다해 이타적인 행위를 실천하고자 노력하는 지혜로운 사람은, 자신의 역량을 고양시키지 않고서는 어떤 이타적인 행위도 제대로 실천할 수 없음을 깨달을 것이다.

더 읽을거리

- 펑유란, 『중국철학사』(상), 박성규 역, 까치글방, 1999.
- 앤거스 그레이엄, 『도의 논쟁자들』, 나성 역, 새물결, 2015.
- 이강수, 『노자와 장자』, 길, 2005.

묵자(묵적)는 기록이 부족해 생존 시기를 알 수 없지만, 공자 사망 전후에 태어나 활동하다 맹자 이전에 사망한 것으로 추정한다. 백가쟁명의 시대에 묵자의 사상은 맹자가 "천하의 학설이 양주에게로 돌아가지 않으면 묵적(묵자)에게로 돌아간다"고 적을 만큼 널리 유행했다. 이렇게 유가를 위협할 만큼 사랑받았기에 양주와 함께 맹자의 강력한 비판대상이 되었다.

그의 출신에 대해서도 다양한 이설이 있지만 노동자 계층인 목수 출신으로 알려졌으며, 단편적 행적에서도 기술자로의 면모를 보여주는 사례가 많다. 처음에는 유교를 공부한 것으로 알려졌으나 이후 유교의 차별적 성격을 비판하고 독자적 사상을 구축했다.

그의 사상은 실용적이며 실천적 성격을 띠는데, 허례허식을 비판하고 노동의 가치를 옹호하는 등 당시로서는 혁신적인 주장들을 했다. 동양의 전통적 사고와는 결을 달리하는 지점이 많으며, 본문처럼 서양의 논리학, 공리주의와 통하는 지점들이 있다.

차별 없는 사랑인 '겸애'와 침략전쟁을 반대하는 '비공'은 묵자의 대표적 주장인데, 여기에 얽힌 논리적 역설이 흥미롭다. 본문의 "도적을 죽이는 일은 사람을 죽이는 일이 아니다"로 묵자가 '겸애'의 논리적 모순에 처한 것처럼, 역시 유명한 반전주의자였던 영국의 버트런드 러셀 역시 더 큰 핵전쟁을 막기 위해 소련을 선제공격해야 한다고 주장했다. 묵자와 러셀이 처했던 딜레마는 이타주의를 현실에 적용시킬 때 얼마나 많은 어려움이 있는지 단적으로 보여준다. 묵자의 '이타행의 강요'와 '예방전쟁'의 정당성 문제는 오늘날에도 여전히 유효하며 많은 고민거리를 던져준다.

3장

내 행동이 세상을 바꿀 수 있을까?

우리에게 타인은 어떤 존재일까요? 누군가는 이방인으로 경계를 하고 누군가는 새로운 동료로 환대합니다. 이방인과 동료 사이에서 우리는 타인을, 그리고 타인의 고통을 어떻게 바라보고 있을까요?

오늘날 지구 한쪽에서는 풍요 속에 살고 있으며, 시리아와 아프리카에서는 전쟁과 지독한 가난에 시달리면서 최소한의 인간다운 삶의 기회조차 누리지 못하는 이들이 존재합니다. 우리는 이 사람들이 겪는 고통에 대해 무엇을 해야 하고, 무엇을 할 수 있을까요?

많은 미디어와 구호단체에서는 이들의 고통에 공감할 것을 호소합니다. 남을 돕는 행위의 동력을 동정심에서 찾고 있는 것입니다. 그러나 우리는 타인의 고통에 직접적으로 공감을 해야만, 그들에게 동정심을 느껴야지만 도울 수 있는 걸까요? 실상을 보면 타인에게 동정심을 느끼면서도 돕지 않는 경우가 자주 있고, 더욱이 동정심에 기반하여 남을 돕는 행위가 실제로 그들을 위한 행위가 되지 않는 경우를 우리는 종종 목격합니다.

이 장에서 이진우 선생님은 우리에게 익숙한 동정심이 아닌, 이성에 기반한 이타주의를 소개합니다. 이를 통해 동정심이 아니라, 최대 다수의 최대 행복이라는 원칙과 이를 실행할 수 있는 이성적인 판단을 통해서도 진정으로 타인을 위할 수 있음을 제안합니다.

효율적 선행이 세상을 바꾼다
— 감성적 이타주의와 이성적 이타주의

이진우

이기주의 시대에 이타주의는 가능한가?

우리는 진정한 삶과 자유를 실현하기 위해서 어쩔 수 없이 타인과 관계를 맺어야 한다. 이러한 사회적 관계가 설령 우리를 억압하고 구속한다고 할지라도 우리는 이 관계를 떠나서는 살 수 없다. 우리 삶의 전제 조건인 관계를 맺는 이유는 다양하지만, 타인을 대하는 우리의 태도는 근본적으로 두 가지로 분류된다. 하나는 자기 자신의 이익을 위해 타인과 관계를 맺는다는 이기주의적 입장이고, 다른 하나는 타인과 인류 전체에 대한 배려가 바람직한 사회적 관계의 출발점이라는 이타주의적 관점이다.

이기주의와 이타주의가 서로 대립적인 개념으로 사용되고 있기는 하지만, 대부분의 인간은 양면을 다 갖고 있다고 보는 것이 오히려 타당할 것이다. 구체적 현실 속에서 우리는 어느 정도는 이기적이고 또 어느 정도는 이타적이다. 아무리 이기적인 사람이라도 궁지에 빠진 사람을 보면 동정심을 갖게 마련이고, 아무리 이타적인 사람이라도 궁극적으로 완성해야 하는 것은 자신의 삶이기 때문이다. 그렇기 때문에 이기주의와 이타주의를 인간 본성에 관한 양자택일의 문제로 보는 것은 바람직하지도 않고 의미도 없다. 이기주의를 전제할 경우에도 그에 바탕을 둔 사회관계가 타인을 어떻게 대하느냐가 오히려 문제이며, 이타주의를 추구할 경우에도 그 도덕적 이상을 실현하기 위해서는 개인의 부인할 수 없는 이기적 속성을 어떻게 해결할 것인가가 관건이기 때문이다.

이 글을 쓰기 시작한 2017년 연말에 어려운 이웃을 돕는 기부문화의 축소를 걱정하는 목소리가 많이 들리고 있다. 이러한 현상은 장기적인 경기불황으로 각박해진 사회분위기와 함께 최근 복지단체의 기부금 횡령과 '어금니아빠 사건' 보도 등으로 인해 기부에 대한 불신감까지 더해진 영향 탓이라고 한다. "어금니로 새우깡을 먹게 해주겠다는 게 과욕인가요"라는 말을 해서 어금니아빠로 알려진 이영학은 2006년도 연말 전 세계에 6명뿐인 희귀난치병 백악종을 앓고 있는 딸의 이야기로 많은 사람의 마음을

1. 애덤 스미스, 『도덕감정론』, 박세일·민경국 역, 비봉출판사, 2012, p. 3.

2. 이에 관해서는 David Sloan Wilson, *Does Altruism Exist? Culture, Genes, and the Welfare of Others*, New Haven and London: Yale University Press, 2015, p. 3을 참조할 것.

3. Auguste Comte, *The Works of Auguste Comte: System of Positive Polity or Treatise on Sociology*, Editions Anthropos, 2007, vol. 1, pp. 7–10. Matthieu Ricard, *Altruism. The Power of Compassion to Change Yourself and the World*, New York, Boston, London: Back Bay Books, 2016, p. 15에서 재인용.

4. Thomas Hobbes, *Leviathan*, 1651, Chapter 13.

울렸다. 그는 지난 10년간 각종 언론매체에 등장하여 딸의 치료비 명목으로 12억 원에 달하는 기부금을 거둬들였지만 대부분을 외제차량 구매, 문신 비용 등으로 사용하였을 뿐만 아니라 중학생 딸의 친구를 성추행한 뒤 살해한 살인마로 드러나 전 국민을 충격에 빠뜨렸다. 그뿐만 아니라 지난 2017년 8월에는 결손아동 돕기 단체인 '새희망씨앗'이 소외계층 후원 명목으로 기부받은 128억 원 중 2억 원만 실제 불우아동을 돕고 나머지는 직원들이 호화 관광, 고가 수입차, 아파트 구매 등으로 횡령한 사건이 공분을 불러일으켰다.

만약 고통을 당하는 사람을 보면 자연스럽게 공감과 동정심을 갖고 자선을 베푸는 것이 부인할 수 없는 인간의 본성이라면, 우리는 이타주의의 존재 자체를 부정할 수는 없다. 애덤 스미스가 말하는 것처럼 "우리가 타인의 슬픔을 보고 흔히 슬픔을 느끼게 되는 것은 그것을 증명하기 위해 예를 들 필요조차 없는 명백한 사실이다. 왜냐하면 이런 감정은, 인간의 본성 중의 기타 모든 원시적인 감정들과 마찬가지로, 결코 도덕적이고 인자한 사람에게만 있는 것은 아니기 때문이다."[1] 단순한 친절부터 영웅적인 자기희생에 이르기까지 정도의 차이가 있을지는 모르지만 이타적인 행위는 언제든지 어디에서나 일어난다. 이타주의의 존재에 철학적으로 이의를 제기하는 사람들조차 겉보기에 이타적인 행위가 있다는 것을 부정하지는 않는다.[2] 그들은 이타적으로 보이는 행위의 동기가 과연 이타적인지 의심할 뿐이다. 이 용어를 처음 만들어낸 콩트에 의하면 이타주의는 "이기적 욕망과 자기중심주의의 제거와 타인의 복지에 헌신하는 삶"[3]을 포함한다.

그러나 우리가 살고 있는 21세기의 현대사회는 근본적으로 이기주의와 개인주의에 기반을 두고 있다. 자유민주주의 질서의 밑바탕에는 자유롭고 평등한 개인의 권리를 당연시하는 개인주의가 뿌리를 깊게 내리고 있으며, 우리의 삶을 결정하는 자본주의적 논리는 사적 이익을 최대화하려는 개인의 이기주의를 당연한 것으로 전제한다. 시민사회가 발전되기 이전의 자연 상태를 "만인에 대한 만인의 투쟁 상태"[4]로 서술한 홉스의 인간관이 오늘날 널리 퍼져

5. 프리드리히 니체, 『즐거운 학문』, 안성찬·홍사현 역, 책세상, 2005, p. 91.

6. Adam Smith, *An Inquiry into the Nature and Causes of the Wealth of Nations*, ed. Kathryn Sutherland, Oxford: Oxford University Press, 1993, p. 22. 애덤 스미스, 『국부론』(상), 김수행 역, 비봉출판사, 2013, p. 19.

7. 위의 책, p. 292.

있다는 것은 의심의 여지가 없어 보인다. 홉스가 가설적으로 그리는 사악하고 이기적인 인간은 자연 상태에만 국한되는 것이 아니라 시민사회에서도 적용된다. 우리 모두는 자기 자신을 위해 행위를 한다. 설령 그것이 타인에게 이익이 되는 이타적 행위라고 할지라도 궁극적으로는 자기만족과 자기이익을 위해 이루어진다는 것이다.

이타주의와 동정의 윤리를 가장 신랄하게 비판한 니체는 한 걸음 더 나아가 이타주의를 약자의 징표로 파악한다. 니체에 의하면 자신의 삶을 고양시키는 것은 미덕이고 자신의 삶을 해치는 것은 악덕임에도 불구하고 사람들은 이제까지 어떤 행위를 사회적 결과에 따라 판단해왔다고 비판한다. "어떤 사람의 덕을 선(善)하다고 부를 때, 이는 그것이 그 사람 자신에게 미치는 영향이 아니라, 그것이 우리와 사회에 미치는 영향을 전제로 하는 것이다. 사람들은 예전부터 덕을 칭송함에 있어 결코 '사심이 없거나', '비이기적'이었던 것은 아니다."[5]

우리의 행위가 사회와 공동체에 미치는 효과를 고려하면, 이기적인 전제조건으로부터 출발하는 것이 훨씬 더 사회에 유익할 수 있다. 개인이 이기적일수록 오히려 사회의 공동선은 증대될 수 있다는 관점은 근대철학의 출발점이라고 해도 과언이 아니다. 1776년 『국부론』을 출간한 애덤 스미스는 이 점에서 대표적이다. "우리가 매일 식사를 마련할 수 있는 것은 푸줏간 주인과 양조장 주인, 그리고 빵집 주인의 자비심 때문이 아니라 그들 자신의 이익을 위한 그들의 고려 때문이다. 우리는 그들의 자비심에 호소하지 않고 그들의 자애심(self-love)에 호소하며, 그들에게 우리 자신의 필요를 말하지 않고 그들 자신에게 유리함(advantage)을 말한다. 거지 이외에는 아무도 전적으로 동포들의 자비심에만 의지해서 살아가려고 하지 않는다."[6] 애덤 스미스의 이 말보다 이기주의의 사회적 효과를 더 잘 표현할 수는 없을 것이다. 애덤 스미스는 공공선보다 개인의 이익에 우선성을 부여한다. "개인은 자신의 이익을 추구함으로써 종종 사회의 이익을 실제로 추구하고자 할 때보다 훨씬 더 효과적으로 사회 이익을 증진시킨다."[7] 애덤 스미스에게는 사적 이익을 추구하는

8. 애덤 스미스, 앞의 책, p. 67.

것이 바로 공공선을 증진시키는 일이다. 이기주의가 결국 사회적 이타주의를 야기하는 것이다.

개인의 상호이익을 통해 사회적 이익이 증대된다는 개인주의적 입장을 취한 애덤 스미스도 이타주의의 존재와 가능성을 부인하지 않는다. 부모가 어린아이를 돌보고, 친족에 대해 친밀감을 느끼고, 공동체에 대한 책임감을 느낀다는 것은 자연스러운 도덕적 감정이다. 아담 스미스는 그의 또 다른 주저『도덕 감정론』에서 "관대, 인자, 친절, 동정, 상호 간의 우정과 존중 등 모든 우호적이고 자애로운 격정들"을 강조하면서 이타주의가 공동체의 번영을 위해 필요하다고 주장한다. 인간 사회의 모든 구성원들은 서로 다른 사람의 도움을 필요로 한다. 그들은 똑같이 상호 피해에 노출되어 있기 때문에 사랑, 감사, 우정과 존경에서 호혜적 지원이 제공되는 곳에서는 사회가 번영하고 행복하다.[8] 결국, 주위에 있는 이웃에 관심을 갖고 돌보는 것이 모두에게 이익이 된다는 것이다.

여기서 우리는 이타주의가 항상 이기주의와 짝이 되어 논의된다는 점에 주목할 필요가 있다. 우리의 행위는 이기적일 수도 있고 이타적일 수도 있다. 이타적인 행위가 이기적인 동기에서 이루어질 수도 있고, 이기주의가 이타적인 결과를 가져올 수도 있다. 콩트가 1851년 이타주의라는 개념을 주조하기 이전에도 분명 이타적 행위가 존재하였다는 점을 감안하면, 우리는 그가 이타주의를 이기주의와의 연관관계에서 사용하고 있다는 점을 고려하여 이렇게 물어야 한다. 사람들의 자연스러운 이타심마저 이기적으로 오용되는 이기주의 시대에 과연 이타주의는 가능한가? 사람들의 선행은 사회를 선한 방향으로 바꿀 수 있는가? 우리의 삶과 사회의 선을 증대시키려면, 우리는 어떤 종류의 이타주의를 실행해야 하는가?

우리는 이타주의를 도덕적 관점에서 논의하고자 한다. 여기에서 도덕적 관점은 '이타주의가 사회의 공동선에 기여하는가?', '이타주의는 우리가 살고 있는 세계를 더 좋게 만들 수 있는가?'라는 물음으로 압축된다. 이타주의에 관한 다양한 정의들이 있지만

9. Thomas Nagel, *The Possibility of Altruism*, Princeton: Princeton University Press, 1970, p. 79.

10. Daniel C. Batson, *Altruism in Humans*, New York: Oxford University Press, 2011, p. 20.

11. Matthieu Ricard, *Altruism. The Power of Compassion to Change Yourself and the World*, New York, Boston, London: Back Bay Books, 2016, p. 19.

12. David Sloan Wilson, *Does Altruism Exist? Culture, Genes, and the Welfare of Others*, New Haven and London: Yale University Press, 2015, p. 3.

13. 위의 책, 같은 곳.

모두 타인의 문제로 압축된다. 미국의 철학자 토머스 네이글(Thomas Nagel)은 이타주의를 "숨은 동기가 없이 타인의 이해관계를 고려하여 자진해서 행위를 하려는 자세"[9]로 규정한다. 심리학자 대니얼 뱃슨(Daniel Batson)에 의하면 이타주의는 "다른 사람의 복지를 증대시키려는 궁극적 목표를 가진 동기적 상태"[10]이다. 네이글은 행위의 내면적 동기를 고려하지 않고 어떤 고려가 우리를 이타적 행동으로 이끄는가에 관심이 있다면, 뱃슨은 행위의 결과보다는 동기에 우선성을 부여한다. "우리의 동기가 아직 행위로 이행되지 않았다고 하더라도, 타인의 복지를 위하는 욕망이 우리의 궁극적 목표를 구성하는 한 이타주의는 진정한 것으로 간주될 수 있다"[11]는 것이다. 동기와 결과를 도외시한다면, 이타주의는 간단하게 "타인의 복지를 목적 자체로서 배려하는 것"[12]으로 정의할 수 있다.

다양한 정의에서 알 수 있는 것처럼 이타주의는 궁극적으로 타인과 관계가 있다. 이타주의는 '다른 사람들'을 의미하는 라틴어 어원 '알테리(alteri)'와 이탈리아어 '알트루이(altrui)'에서 유래한다. 문제는 타인을 위한 행위가 자기희생을 수반할 수 있다는 것이다. "타인의 복지를 향상시키는 것은 종종 시간, 에너지와 위험의 면에서 비용을 요구한다. 누군가를 위해 문을 열어주는 단순한 행위조차도 시간과 아주 작은 시간과 에너지의 지출을 요구한다. 반대 극단에서 생명을 구하는 일은 종종 자기 자신의 생명에 대한 상당한 위험을 요구한다."[13] 이타주의는 어느 정도의 자기희생을 요구하기 때문에 '자기이익을 절대화하는 이기주의 시대에 과연 이타주의가 가능한가?'라는 물음이 필연적으로 제기되는 것이다. 우리는 이타주의가 항상 이기주의와의 연관관계 속에서 논의될 수밖에 없다는 점에서 출발하여 이타주의를 본성과 동기보다는 행위와 결과의 관점에서 고찰하고자 한다. 이 과정에서 이타주의는 타인을 어떻게 파악하고 있으며, 또 타인과의 관계를 통해서 어떻게 사회의 복지에 기여하는가를 살펴보고자 한다.

14. Jeremy Bentham, *The Principles of Morals and Legislation* (1789), New York: Prometheus Books, 1988, Ch I, p. 1.

15. 이에 관해서는 Kristen Renwick Monroe, *The Heart of Altruism: Perceptions of a Common Humanity*, Princeton: Princeton University Press, 1996, p. 6을 참조할 것.

이타주의의 판단근거: 동기와 결과

이타주의자란 간단히 말해 다른 사람의 복지를 진중하게 염려하고, 그들의 삶을 개선하기 위해 노력하는 사람들이다. 이타주의자들이 선한 행위를 하는 목적은 두말할 나위 없이 타인의 복지이다. 우리의 대부분은 남을 돕는 행위를 선한 것으로 판단한다. 어떤 행위를 보고 옳고 그름을 판단할 수 있는 능력이 없다면, 우리는 결코 도덕적일 수 없다. 그렇지만 이런 능력만으로는 도덕적 행위가 어디에서 오는지 설명할 수 없다. 왜 사람들은 이기적이거나 잔인하게 행동하는 대신에 친절하고 이타적으로 행동하는가? 무엇이 우리로 하여금 타인을 배려하고, 타인의 선을 위해서 행동하도록 만드는가?

우리는 대체로 행위의 도덕적 옳고 그름을 두 가지 관점에서 판단한다. 하나는 행위의 결과를 도덕적 판단의 기준으로 삼는 '결과주의(consequentialism)'의 입장이고, 다른 하나는 행위의 옳고 그름을 판단하는 기준이 행위자의 동기라고 주장하는 '의무론(deontology)'의 입장이다. 대표적인 공리주의자인 제러미 벤담(Jeremy Bentham)은 "자연은 인류를 두 독립적 주인, 즉 고통과 쾌락의 통치 아래 두었다"[14]고 말하면서 그것은 행위의 옳음과 그름, 원인과 결과의 기준이라고 주장한다. 공리주의에 의하면 우리 행위의 결과가 고통을 감소시키거나 쾌락을 증대시킨다면 도덕적으로 옳은 것이다. 그렇지만 이러한 결과주의와 대립되는 의무론은 행위의 결과보다는 동기에 주목한다. 칸트에 의하면 도덕적 행위는 오로지 선의지에 따른 행위일 뿐이다. 결과가 설령 좋다고 할지라도 동기가 선하지 않다면, 그 행위는 도덕적 정당성을 상실한다.

이타주의는 대체로 행위의 결과보다는 동기를 우선하는 것처럼 보인다. 자신에 대한 위험을 무릅쓰고서도 타인의 복지를 위해 수행된 행위가 이타적이기 때문이다. 이타적인 행위는 타인의 복지에 기여한다는 특정한 목적을 가져야 하기 때문에 선한 의도와 동기는 필수적이다. 이런 맥락에서 이타주의는 행위의 결과보다는 행위의 동기를 더 중요하게 생각하는 경향이 있다.[15] 그렇지만 많은 경우에

16. 이에 관해서는 David Sloan Wilson, 앞의 책, pp. 7–8.

행위들은 그 안에 들어 있는 동기를 확실하게 드러내지 않는다. 어떤 행위가 설령 바람직하지 않거나 예기치 않은 결과를 초래한다고 할지라도, 우리가 다른 사람의 선을 의도한 행위의 이타적 동기를 의심할 수 있는 것은 아니다. 이타적으로 행동하고 싶지만 우리가 통제할 수 없는 이유와 장애로 인해 실질적으로 행위로 옮기지 못하였다고 해서 무조건 행위 동기의 이타적 성격을 부정할 수 있는 것도 아니다. 타인을 공감하고 배려하는 도덕적 감정을 갖고 있는 사람이 실제로 이타적 행위를 할 것이라는 자연스러운 추론에도 불구하고, 우리는 무엇이 우리를 행위로 이끌었는지를 정확하게 알 수는 없다.

우리가 이타주의를 정확하게 평가하려면 두 가지 차원을 구별해야 한다. 하나는 사람들이 어떻게 '행위(actions)'하는가에 초점을 맞춘 행위 또는 행위 결과의 차원이다. 다른 하나는 이타주의자들이 이타적으로 행동하도록 만든 '생각과 감정(thoughts and feelings)', 즉 동기의 차원이다.[16] 이타주의가 타인의 복지를 증진시킴으로써 우리가 살고 있는 세상을 개선하는 것이라면, 이타주의자들은 당연히 사람들이 어떻게 생각하고 느끼는가보다는 그들이 행동하는 것에 더욱 주목한다. 그들은 다른 사람에게 해를 끼치는 상해, 강간, 살인, 강도와 같은 행동을 도덕적으로 매도하고, 다른 사람에게 친절하고 도움을 주는 자선 행위를 칭찬한다. 그들은 인간적인 삶이 불가능한 어려운 상황에 빠진 사람들을 구할 수 있는 구체적인 방법에 관심을 갖고 전쟁과 기아와 같은 인위적인 악이 이 세상에서 사라지기를 바란다. 이와 같은 종류의 행위들을 참조하지 않고서는 결코 세상을 더 나은 장소로 만드는 이타주의에 관해 말하는 것은 불가능하다.

다른 한편으로 이기적인 사람들로 가득 찬 현대사회에서 과연 타인의 복지와 사회의 공동선에 기여할 수 있을까를 우려하는 사람들은 자기중심적 생각과 느낌보다는 타인지향적 생각과 느낌이 필요하다고 주장한다. 타인의 복지에 기여하는 이타적 행동은 궁극적으로 이타적인 마음과 동기에서 나온다고 생각하기 때문이다.

17. Kristen Renwick Monroe, 앞의 책, p. 3.

18. Charles Taylor, *Sources of the Self: The Making of the Modern Identity*, Cambridge: Harvard University Press, 1989, p. 14.

행위의 동기를 강조하는 사람들은 행위의 현상만으로는 이타적 행동과 이기적 행동을 구별할 수 없다고 주장한다. 차에 치일 뻔한 아이를 구하기 위해 아이를 길가로 밀치는 행위 자체는 폭력적일 수 있지만 그 행위는 아이를 위한 것이다. 어떤 사람이 상당히 친절하고 미소를 지으며 도와줄 것처럼 다가오는 행위의 배후에는 사기의 의도가 숨어 있을 수 있다. 어떤 행동이 표면적으로는 호의적이고 이타적인 것처럼 보일지라도 그 동기와 의도는 명백하게 이기적일 수 있다.

이런 맥락에서 순수한 이타주의는 우연적인 공감과 동정 및 자선을 넘어선다. 동기 지향적 이타주의는 우리가 영향을 줄 수 있는 모든 사람들의 공동선을 위한 욕망, 우리 모두가 자선을 베풀 수 있도록 강력하게 권고하고 인류의 복지를 증진시킬 수 있는 방법을 올바로 배우도록 인도하는 욕망이다. 이타주의자에게 선과 선행은 단순한 도덕적 원칙이 아니라 삶의 방식이다. "이타주의자는 그야말로 사물을 보는 다른 방식을 갖고 있는 것이다. 나머지 사람들이 낯선 이방인을 보는 곳에서 이타주의자는 동료 인간을 본다."[17] 찰스 테일러(Charles Taylor)가 지적하고 있는 것처럼 이타주의는 '다른 사람에 대한 의무'로 이해되는 도덕성을 넘어서는 다른 문제를 건드린다. 그것은 "어떤 종류의 삶이 살 만한 가치가 있는가라는 주제를 건드리는 문제들로서 나의 삶을 어떻게 살아갈 것인가의 문제들이다."[18] 많은 현대 도덕철학이 선한 삶의 본성보다는 올바른 행위가 무엇인가에 초점을 맞추고 있다면, 이타주의는 도덕적으로 선한 삶과 선한 행위로 인도할 수 있는 동기를 우선적으로 고려한다.

우리 모두가 순수한 이타주의자가 된다면 좋은 삶과 좋은 사회의 유토피아가 이루어지겠지만, 구체적 현실에서 이루어지는 우리의 행동은 훨씬 더 복잡하다. 우리 사회에 이기적인 사람과 이타적인 사람이 섞여 있는 것처럼 이기적이고 이타적인 다양한 동기들이 우리의 마음속에도 공존한다. 우리가 우리 자신의 이해관계와 타인의 이해관계를 동시에 고려할 때에는 '동기적 갈등'이 발생한다. 우리가 다른 사람에게 이익이 되는 행동을 할 경우에도 그 원인은 이기적일 수도 있고 이타적일 수도 있으며, 단순한

19. 이에 관해서는 David Sloan Wilson, 앞의 책, p. 8을 참조할 것.

20. 진화론적 관점에서 보면 행위자의 생각과 느낌, 즉 동기는 집단 차원의 이타적 행위와 별 관계가 없다는 것을 보여주기 위해 윌슨은 세 가지 심리적 동기를 구별하고 있다. 여기서 윌슨은 집단적응 극대화를 하나의 유형으로 설정하고 있지만, 우리는 편의상 이타적 동기도 상대적 관점과 절대적 관점의 두 가지로 분류할 수 있다고 생각한다. 이에 관해서는 위의 책, pp. 66-67을 참조할 것.

의무감이나 법 준수의 차원에서 이루어질 수도 있다. 다른 사람을 도와줄 경우 다양한 동기와 이유를 생각할 수 있다.[19] 1) 나는 그것이 옳은 일이라고 생각한다. 2) 나는 다른 사람의 기쁨에서 커다란 기쁨을 느낀다. 3) 나는 그렇게 하면 나중에 천국에 간다고 믿는다. 4) 나는 그렇게 나에 대한 평판을 향상시키려 한다. 5) 다른 사람이 나에게 고마운 마음을 지니도록 한다. 6) 나는 그렇게 해야 할 빚을 지고 있다. 이 중에서 어떤 것이 가장 이타적인 동기인지는 명백하지 않다. 1)의 경우처럼 남을 돕는 것이 이성적·도덕적으로 판단하여 옳은 것이라고 생각하는 것과 2)의 경우처럼 남을 돕는 데서 기쁨을 느끼는 것 사이에 어떤 차이가 있는가? 이기적인 동기가 명백한 4)~6)이 오히려 1)~3)의 자발적 이타주의보다 결과적으로는 훨씬 더 효율적으로 작동하는 것은 아닌가?

여기서 우리는 이타적 행동을 야기하는 다양한 동기들을 이기주의와 이타주의 두 가지로 단순화시킬 필요가 있다. 왜냐하면 표면적으로 이타적으로 보이는 행동들도 어떤 것은 순수한 이타적 동기에서 유래하고 또 어떤 것은 이기적 동기에서 기인할 수도 있기 때문이다. 이기적 동기와 이타적 동기는 타인 또는 타인의 복지를 목적 자체로 보는가의 여부에 따라 구별될 수 있다. 이런 관점에서 보면 우리는 대체로 네 가지 유형의 행동패턴을 구별할 수 있다. 첫째, 우리는 타인을 전혀 고려하지 않고 철저하게 이기적으로 행동할 수 있다. 둘째, 우리는 이기적으로 행동하지만 타인을 고려할 수 있다. 셋째, 우리는 타인의 복지 증진을 위해 행동하면서 자신의 삶을 완성하려 한다. 넷째, 우리는 다른 사람의 복지라는 목적을 위해 어떤 자기희생도 감수한다.

아무리 이기적이고 이타적인 사람이라도 사회와 공동체 속에서 자신의 이기적이고 이타적인 동기를 실현한다. 사회적 관점에서 보면 이타주의는 타인의 복지 증진을 통해 사회의 공동선에 기여하는 것이다. 우리는 사회와 공동체라는 공유재(coomon-pool resources)를 사용하면서 자신의 이익을 도모한다.[20] 첫째 유형의 행위자는 그가 사용할 수 있는 공유재의 양은 전혀 고려하지 않고 다른 사람보다 더

많이 갖고자 한다. 그는 다른 사람을 단지 자신의 이익을 극대화하는 데 이용할 수 있는 수단으로 생각한다. 그는 간단히 말해 '상대적 개인적응 극대화(relative individual fitness maximization)'를 추구한다. 둘째 유형의 행위자는 다른 사람이 그보다 많이 갖든 아니면 적게 갖든 가능한 한 많이 갖고자 한다. 만약 그가 가질 수 있는 절대량이 많아질 수 있다면, 그는 다른 사람의 복지를 고려할 수도 있는 것이다. 그는 '절대적 개인적응 극대화(absolute individual fitness maximization)'를 추구한다. 셋째 유형의 행위자는 자신의 몫이 어떻든 간에 공동체의 이익을 극대화하고자 한다. 그는 공동체의 관점에서 자신의 삶의 목적을 설정한다. 그는 '절대적 집단적응 극대화(absolute group fitness maximization)'를 추구한다. 끝으로, 넷째 유형의 행위자는 공동체 전체의 이익을 고려하지 않고 타인의 복지를 증대시키려 하며 이 과정에서 생길 수 있는 희생을 감수한다. 그는 자기가 속해 있는 집단 구성원을 우선적으로 배려한다는 점에서 '상대적 집단적응 극대화(relative group fitness maximization)'를 추구한다고 할 수 있다.

첫째 유형은 장기적으로 사회와 공동체를 유지할 수 없기 때문에 '반사회적 인격(sociopath)'이며, 넷째 유형은 타인을 위해 자신을 희생시킬 수 있는 영웅이거나 성인일 수 있다. 엄격히 말해 이 두 유형이 사회를 필요로 하지 않는다는 점을 감안하면, 사회에서 일어나는 행위는 대체로 두 가지로 압축된다. 하나는 이기적이긴 하지만 자신의 이익을 위해 타인을 고려할 수밖에 없는 행위이고, 다른 하나는 이타적이긴 하지만 타인과의 관계를 통해 올바른 사회를 실현하고자 하는 행위이다. 이들의 결과만을 놓고 본다면 둘째 행위자가 심리적 이기주의자이고 셋째 행위자는 심리적 이타주의자라는 사실은 커다란 영향을 주지 않는다. 한 생명체가 생존하려면 다양한 기관들을 효율적으로 조직해야 하는 것처럼, 사회와 공동체 역시 구성원들을—그들이 이기적이든 아니면 이타적이든 관계없이—공동의 목적을 위해 효과적으로 조직해야 한다. 우리는 사회적 존재로서 혼자서는 이룰 수 없는 것을 공동으로

21. 위의 책, p. 8.

22. Alson Gopnik, *The Philosophical Baby: What Children's Minds Tell Us About Truth, Love, and the Meaning of Life*, New York: Farrar, Strauss and Giroux, 2009를 참조할 것.

성취하기 위해 서로 도울 수밖에 없다. 그렇다면 이타주의에서 중요한 것은 그것이 실제로 타인의 복지를 증진시키고 동시에 사회의 공동선에 기여하는 결과를 초래하는가이다. "다른 사람에 대한 특정한 생각과 느낌을 선호하는 것은 일차적으로 그것이 생산하는 행위에 기반을 두고 있다."[21] 어떤 행위가 다른 사람에 대한 생각과 느낌과는 상관없이 그에게 이익이 된다면, 그것은 이타적인 행위인 것이다.

이타적 자기희생의 의미와 한계

이타주의는 자기 이익보다는 타인의 이익을 목적으로 한다는 점에서 종종 자기희생으로 이해된다. 물론 이타주의가 반드시 개인의 희생을 요구하는 것은 아니다. 이타적 행위가 개인적 이익을 생산한다고 할지라도, 그것이 궁극적 목표로 추구된 것이 아니라 단순히 부수적 효과에 지나지 않는다면 이타적 진정성을 상실하지 않는다. 기부의 효과와는 상관없이 본인이 기부하고 있다는 사실 자체에 뿌듯함을 느끼는 소액 기부자들처럼 자신의 이익을 심각하게 훼손하지 않는 사람들부터 다른 사람의 생명을 구하기 위해 자신의 목숨을 무릅쓰는 도덕적 영웅에 이르기까지 이타적 행위의 결과가 자신과 타인에게 미치는 영향은 그 폭이 상당히 넓다.

이타주의가 자기희생을 반드시 요구하는 것은 아니라고 할지라도 이타적 행위는 동기적 충돌을 수반한다. 이기적인 충동과 욕망에도 불구하고 타인의 복지를 목적으로 하는 행동을 할 때, 우리는 이타주의라는 도덕적 평가를 내린다. 이러한 종류의 이타주의를 가장 잘 대변하는 것이 자식을 위한 엄마의 희생이다. 어떤 여자가 자신의 아이에 대해 무심하고 기꺼이 희생할 마음을 보이지 않고 마치 낯선 사람 대하듯 한다면, 대부분의 사람들은 그녀를 부도덕하다고 비난할 것이다. 그 사람이 엄마가 아니라 아버지라고 하더라도 정도의 차이가 있겠지만, 우리는 도덕적 반감과 혐오감을 느낄 것이다.[22] 이처럼 이타주의는 어느 정도의 자기희생을 전제한다.

23.『孟子』,「공손추편」, 이기석·한용우 역해, 홍신문화사, 1994, pp. 122–123.

24. Peter Singer, “Famine, Affluence, and Morality”, *Philosophy & Public Affairs*, Vol. 1, No. 3 (Spring), 1972, pp. 229–243 중에서 p. 231.

그렇지만 우리는 가족에 대한 배려와 지원이 자기희생을 요구할지라도 그것을 이타주의로 보기보다는 오히려 '가족' 이기주의의 한 유형으로 보는 경향이 있다. 우리가 스스로를 희생하면서까지 도와야 할 대상이 전혀 상관이 없는 낯선 타인의 경우에만, 우리는 순수한 이타주의라고 생각한다. 이기주의와 이타주의 사이의 동기적 갈등이 발생하는 것은 우리가 관계를 맺는 것이 타인이기 때문이다. 타인의 복지를 위한 자기희생은 왜 이타주의를 도덕적으로 정당화하는가? 그렇다면 우리는 어느 정도까지 타인을 위해 희생할 수 있는가? 맹자의 '측은지심(惻隱之心)'이 말해주는 것처럼 어린아이가 막 우물에 빠지는 것을 보면 누구나 다 놀라고 불쌍한 마음을 가진다. 그 아이가 설령 자신의 자식이 아닐지라도 우리는 본능적으로 자연스럽게 그 아이에게 달려가 구하려고 한다. 이런 이타적 행위는 그 어린아이의 부모와 사귀려 함도 아니며, 마을 사람들과 벗들에게 칭찬을 받기 위하여 그러는 까닭도 아니며, 그 원성을 듣기 싫어서 그렇게 하는 것도 아니라고 하여, 이타적 행위가 우리의 선천적 도덕적 본성에 기인하고 있음을 강조한다. 맹자에 의하면 남의 불행과 고통을 차마 그대로 봐 넘기지를 못하는 어진마음(不忍人之心)이 없으면 사람이 아니다.[23]

물론 아이를 구하는 행위에 공감과 동정심이 선행하지도 않고 이기적 계산도 선행하지 않을 수도 있다. 중요한 것은 분명 아이를 구하려는 행위가 이루어졌다는 것이다. 그러나 이러한 이타적 행위에는 결과적으로는 반드시 자기희생이 따른다. 피터 싱어(Peter Singer)는 이러한 행위를 수반하는 동기적 갈등을 이렇게 서술한다. "만약 내가 얕은 웅덩이를 지나가고 있는데 그곳에 한 어린아이가 빠져 있는 것을 보았다면, 나는 물속으로 뛰어들어가 그 아이를 끄집어내야 한다. 이로 인해 나의 옷은 진흙투성이가 될 것이지만, 그것은 대수롭지 않다. 어린아이의 죽음은 짐작건대 매우 나쁜 일일 것이기 때문이다."[24] 여기서 이타적 행위자가 치르는 자기희생은 웅덩이의 물이 얕아서 생명의 위협이 없기 때문에 옷을 더럽히는 정도이다. 이 경우는 결코 도덕적 딜레마를 야기하지 않는다.

25. Peter K. Unger, *Living High and Letting Die: Our Illusion of Innocence*, New York: Oxford University Press, 1996. Peter Singer, "The Singer Solution to World Poverty", *New York Times Magazine*, Septemper 5, 1999에서 재인용.

26. P. Foot, "The Problem of Abortion and the Doctrine of the Double Effect", 1967, *Virtues and Vices*, ed. Phillipa Foot, Oxford: Basil Blackwell, 1978. J.J. Thompson, "Killing, Letting Die, and the Trolley Problem", *Monist* 59, 1976, pp. 204–217.

우리는 이 문제를 트롤리 딜레마를 통해 서술할 수도 있다. 철학자 피터 웅어(Peter Unger)는 제어되지 않는 기차의 다른 버전을 제시한다.[25] 어느 날 봅이 매우 비싸고 멋있는 명품 차 부가티(Bugatti)를 타고 드라이브를 나갔다가 선로의 대피선 끝에 차를 세우고 선로를 따라 산책을 하고 있었다. 그 때 봅은 아무도 탑승하지 않은 제어되지 않은 기차가 굴러 내려오고 있는 것을 발견하였다. 그런데 저 아래 선로 위에서 한 아이가 놀고 있는데 기차를 세우지 않으면 죽을 공산이 컸다. 그는 기차를 멈출 수도 없고, 아이가 너무 멀리 떨어져 있어 경고할 수도 없다. 그렇지만 그는 스위치를 전환시켜 기차를 자신의 부가티가 주차해 있는 곳으로 돌릴 수 있다. 그러면 아이는 살고 그의 부가티는 완전히 파손될 것이다. 그 멋진 차를 소유하고 있는 기쁨과 그것이 대변하는 재정적 보장을 생각하고, 봅은 스위치를 전환시키지 않았다. 아이는 죽었고, 봅은 오랫동안 자신의 부가티를 즐겼다.

우리는 모두 자신의 사치스러운 삶을 위해 아이를 구하지 않은 행위가 부도덕하다는 것을 잘 알고 있다. 신발과 옷을 더럽히지 않고 싶어서, 귀찮은 일에 휘말리고 싶지 않아서, 또는 나 외에도 아이를 구할 수 있는 사람이 많이 있어서 우리는 아이를 구하지 않거나 그런 상황을 외면할 수 있다. 그렇지만 우리의 자연적인 도덕성은 아이를 구하지 않은 행위를 어떤 이유에서도 정당화하지 않는다. 인간의 생명은 결코 옷과 신발, 그리고 부가티 같은 명품 차와 동일시될 수 없기 때문이다.

자기희생의 한계는 분명 인간의 생명이다. 우리는 다른 사람의 생명을 구하는 행위로 인해 자신의 생명을 위험에 빠뜨릴 수 있지만, 타인의 생명을 구하는 목적으로 자신의 생명을 결코 수단으로 삼지는 않는다. 트롤리 딜레마를 서술하는 두 시나리오는 이 점을 분명히 한다.[26] 한 시나리오(선로변환 스위치 시나리오)에 의하면 기차는 5명이 묶여 있는 선로를 향해 달려서 다른 선로로 변환하지 않으면 모두가 죽을 수밖에 없다. 그런데 불행히도 다른 선로에는 1명이 묶여 있다. 스위치를 돌려야 하는가 아니면 아무것도 해서는

27. 이에 관해서는 Paul Bloom, *Just Babies: The Origins of Good and Evil*, New York: Crown Publishers, 2013, p. 166 이하를 볼 것.

28. Immanuel Kant, *Grundlegung zur Metaphysik der Sitten, Werke in zehn B nden*, Bd. 6, Darmstadt: Wissenschaftliche Buchgesellschaft, 1983, p. 61.

안 되는가? 다른 시나리오(교량 시나리오)에서는 선로변환 스위치가 교량 위에 있는 거구의 낯선 사람으로 대체된다. 5명을 구할 수 있는 유일한 방법은 이 사람을 교량에서 밀쳐 떨어뜨려 기차를 세우는 길 뿐이다. 그 사람을 밀쳐야 하는가 아니면 아무것도 해서는 안 되는가? 1명을 희생시켜 5명의 생명을 구한다는 것은 동일하지만 우리는 상이한 도덕적 감정을 갖는다. 대부분의 사람들은 선로변환기를 조작하는 것은 옳다고 생각하지만, 사람을 밀쳐 떨어뜨리는 것은 옳지 않다고 생각한다.

타인의 생명을 구하는 행위는 의심할 여지없이 이타적 행위이다. 그런데 우리는 왜 한 사람을 희생시켜 다수의 사람을 구하는 것은 똑같지만 어떤 것은 비난하고, 어떤 것은 정당화하는가? 도덕적으로 허용될 수 있는 더 많은 선을 실현하는 과정에서, 비의도적 결과로서 어떤 사람에게 상해를 입히거나 죽이는 것과 도덕적으로 허용되지 않는 더 많은 선을 산출하기 위해 어떤 사람을 의도적으로 해치거나 죽이는 것 사이에는 커다란 차이가 있다. 우리는 이를 '이중 효과 원칙(Doctrine of Double Effect)'이라고 한다.[27] 이에 의하면 전쟁을 조기에 종식시키기 위해 적진을 폭격하는 과정에서 죄 없는 민간인들이 희생되는 것과 적을 항복시키기 위해 무고한 사람들을 의도적으로 살해하는 것은 엄연히 다르다. 두 행위의 결과가 모두 전쟁을 끝냄으로써 더 많은 사람들의 생명을 구했다고 할지라도 전자는 유감스러운 부산물인 데 반해 후자는 무고한 사람들의 죽음이 목적을 위한 수단이기 때문이다.

이타적 자기희생의 한계는 생명이다. 타인의 복지를 목적 자체로 보는 것이 이타주의라고 한다면, 이타주의는 자기 자신도 목적으로 대해야지 결코 수단으로 생각해서는 안 된다. 이런 관점에서 보면 칸트의 정언명법은 윤리적 이타주의를 대변한다 해도 과언이 아니다. "너의 인격뿐만 아니라 다른 사람의 인격에서도 인류를 언제나 동시에 목적으로서 사용해야지 결코 단순히 수단으로 사용하지 않도록 행위하여라."[28] 우리가 생명 자체를 목적으로 본다면, 다른 사람의 생명을 구하는 일은 언제나 도덕적으로 옳은 일이다.

29. Peter Singer, 앞의 책, p. 231.

그렇다면 심각한 도덕적 자기희생을 치르지 않고서도 다른 사람의 생명과 복지에 기여할 수 있다면, 이타주의는 인류 역사상 그 어느 때보다 더 요청되는지도 모른다. 왜냐하면 극도로 양극화된 사회에서 선진국의 부유한 사람들은 커다란 희생을 치르지 않고서도 가난한 사람들의 생명을 구하고 그들의 삶을 향상시킬 수 있기 때문이다. 싱어는 옷이 더럽혀지는 것을 상관하지 않고 웅덩이에 빠진 아이를 구하는 것과 약간의 물질적 희생이 있더라도 구호단체에 기부금을 내는 것 사이에는 아무런 차이가 없다고 주장한다. 다른 사람을 도울 수 있는, 다시 말해 다른 사람에게 일어날 수 있는 악과 불행을 막을 수 있는 힘이 있다면, 그리고 그 과정에서 우리에게 다른 도덕적 악이 발생하지 않는다면, 우리는 다른 사람을 도와야 한다. 그것이 도덕적 이타주의의 명령이다. 피터 싱어는 자기희생과 관련하여 이타주의를 이렇게 간단하게 정의한다. "만약 나쁜 일이 일어나지 않도록 할 수 있는 힘이 우리에게 있으며 또 그 과정에서 비슷하게 도덕적으로 중요한 무엇인가를 희생하지 않아도 된다면, 우리는 도덕적으로 그렇게 해야만 한다."[29] 이타주의로 인해 우리 자신에게 심각한 도덕적 피해를 입지 않는다면, 우리는 이타적으로 행동해야 한다.

감성적 이타주의와 이성적 이타주의

낯선 사람보다는 가까운 사람에게 호의를 느끼고 이타적으로 행동할 경향이 크다. 그것은 우리가 도와주어야 할 사람과 감정적으로 결합되어 있기 때문이다. 웅덩이에 자기 자식과 다른 아이가 함께 빠져 있는데 한 사람만 구할 수 있다면, 자기 자식을 먼저 구하는 것은 당연한 이치이다. 이처럼 감정적 유대가 이타주의에서 중요한 역할을 한다는 것은 부인할 수 없다. 우리는 고통스러운 상황에 처해 있는 타인을 공감하지 않고서는 쉽게 이타적 행위를 할 수 없다.

그렇다면 이타주의는 정서적 공감을 얼마나 필요로 하는가?

30. Paul Bloom, 앞의 책, p. 39.

31. Peter Singer, *The Most Good You Can Do: How Effective Altruism Is Changing Ideas About Living Ethically*, New Haven and London: Yale University Press, 2015. 피터 싱어, 『효율적 이타주의자』, 이재경 역, 21세기북스, 2016, p. 18.

여기서 완벽한 사이코패스를 상상해보는 것이 도움이 된다. 많은 사이코패스들처럼 그는 지능도 좋고, 다른 사람들과 좋은 관계를 맺을 수 있는 사회성도 뛰어나다. 그는 욕망과 호기심처럼 보통 사람들이 갖고 있는 동기들을 보유하고 있다. 그에게 결여되어 있는 것은 오직 타인의 고통에 대한 정상적 반응이다. 그는 사회적 인정을 받았을 때의 감사도, 사회적 규범을 훼손했을 때의 수치심도 느끼지 않는다. 그는 물론 성장 과정에서 사회의 규범과 관습을 배웠기 때문에 웅덩이에 빠진 아이를 구하는 것이 옳으며, 여성에 대한 성적 폭행이 나쁘다는 것을 알고 있다. 그가 알지 못하는 것은 이런 행위와 연관되어 있는 도덕적 감정들이다. 사이코패스의 "핵심적 결함은 다른 사람들의 고통에 대한 무관심이다. 사이코패스에겐 동정심이 결여되어 있다."[30]

사이코패스는 다른 사람을 해치는 자신과 자신을 해치는 다른 사람이 동등하다고 생각하기 때문에 다른 사람과의 어떤 감정적 유대도 맺지 않는다. 이에 반해 다른 사람의 복지를 염려하는 이타주의자들은 공감(empathy), 동감(sympathy)과 동정심(compassion) 같은 도덕적 감정으로부터 출발한다. 물론 이타주의는 타인의 고통을 감소시키고 선과 행복을 증대시키는 결과를 초래해야 한다. 여기서 우리는 '감성적 이타주의'와 '이성적 이타주의'를 구별할 수 있다. 전통적 의미의 이타주의는 모든 인간이 행복하기를 바라는 '보편적 사랑(universal love)'과 다른 사람의 고통을 제거하고자 하는 동정심(compassion)을 추구한다. 이에 반해 이성적 이타주의는 도덕적 감정과는 관계없이 세상을 더 좋게 만들기 위하여 타인의 삶을 의미 있게 변화시키고자 한다. 이런 의미에서 "세상을 개선하는 가장 효율적인 방법을 이성과 실증을 통해 모색하고 실천하는 철학이자 사회운동"[31]인 '효율적 이타주의(effective altruism)'는 이성적 이타주의를 대변한다.

감성적 이타주의는 동정심과 같은 도덕적 감정이 타인을 위한 행위를 야기한다고 생각한다. "공감은 다른 사람의 감정과 정서적으로 공명할 수 있고 또 그의 상황을 인지적으로 알 수 있는 능력이다.

32. Matthhieu Ricard, 앞의 책, p. 26.

33. 피터 싱어, 앞의 책, p. 108.

34. Steven Pinker, *The Better Angels of Our Nature. Why Violence Has Declined*, New York: Viking, 2011, p. 576.

공감은 우리로 하여금 특별히 다른 사람이 경험하는 고통의 본성과 강도를 의식하게 만든다. 우리는 공감이 이타적 사랑을 동정심으로 변하도록 촉진시킨다고 말할 수 있다."[32] 감성적 이타주의는 타인의 고통을 함께 느낄 수 있는 공감 능력이 동정심을 발전시키고, 동정심이 타인을 위한 이타적 행위를 야기한다고 생각한다. 이 경우 이타주의는 종종 동정심과 동일시된다.

이에 반해 이성적 이타주의는 공감이 이타적 행동을 가져올 수는 있지만 반드시 필요한 것은 아니라고 주장한다. "효율적 이타주의는 (인식 가능한) 개인을 향한 정서적 공감을 필요로 하지 않는다. 오히려 정서적 공감이 이끄는 결정에 반하는 결정을 내린다."[33] 공감이 동정심을 유발할 수는 있지만, 동정심이 반드시 도덕적인 것은 아니라는 것이다. 독일 심리학자 로베르트 피셔(Robert Vischer)가 최초로 사용한 독일어 용어 'Einf hlung'에서 유래하는 공감(empathy)는 다른 사람의 감정에 자신을 투사할 수 있는 능력을 의미한다. 공감은 대체로 정서적 공감과 인지적 공감으로 구성된다. 정서적 공감은 타인에 대한 연민을 경험하는 '공감적 관심'과 타인의 감정에 반응해서 마음이 괴로워지는 '개인적 고통'을 포함하고, 인지적 공감은 타인의 관점을 수용하는 '관점 전환'과 타인의 감정과 행동을 자신의 경험으로 결부시켜 상상하는 '동일시 상상'으로 구성된다.

이성적 이타주의는 이타적 행위를 위해서는 인지적 공감은 필요하지만, 정서적 공감이 반드시 이타적 행위로 이어지는 것은 아니라고 강조한다. 도덕적 동정심을 유발하기 위해 공감이 반드시 필요한 것은 아니다. 웅덩이에 빠진 어린아이를 보고 반드시 그의 입장에 공감할 필요는 없다. 우리는 어린아이가 겪고 있는 고통에 공감을 해서 그를 구하는 것이 아니라 아무런 생각 없이 그를 구한다. 이러한 상황을 심리학자 스티븐 핑커는 이렇게 서술한다. "어떤 아이가 짖어대는 개에 겁을 먹고 깜짝 놀라서 울부짖고 있다면, 나의 동정적 반응은 그 아이와 함께 깜짝 놀라 울부짖는 것이 아니라 그 아이를 진정시키고 보호하는 것이다."[34]

35. Frans de Waal, *Primates and Philosophers*, Princeton: Princeton University Press, 2006, p. 53.

36. 피터 싱어, 앞의 책, p. 104.

37. https://en.wikipedia.org/wiki/Effective_altruism. '효율적 이타주의'의 사상과 이론적 배경에 관해서는 Peter Singer, "Famine, Affluence, and Morality", *Philosophy & Public Affairs*, Vol. 1, No. 3 (Spring), 1972, pp. 229–243; *The Life You Can Save: Acting Now to End World Poverty*, New York: Random House, 2009; *The Most Good You Can Do: How Effective Altruism Is Changing Ideas About Living Ethically*, New Haven and London: Yale University Press, 2015를 참조할 것. 효율적 이타주의 운동에 관해서는 Willian MacAskill, *Doing Good Better. How Effective Altruism Can Help You Help Others, Do Work that Matters, and Make Smarter Choices About Giving Back*, New York: Avery, 2016을 참조할 것.

공감이 없는 동정심도 가능하지만, 동정심이 없는 공감도 있을 수 있다. 타인의 고통을 함께 느낄 수 있고 또 그로 인한 괴로운 감정을 제거하고 싶지만, 우리는 그의 고통을 완화시키는 대신에 그 사람으로부터 거리를 두는 해결 방법을 선택할 수도 있다. 고통을 당하는 사람들을 보면 고통스럽기 때문에 가능한 한 그런 사람들과 접촉하고 싶어 하지 않는 사람들도 수없이 많다. 설령 고통을 당하는 사람에 대해 동정심을 느낀다고 하더라도, 그것이 바로 도덕성으로 연결되는 것도 아니다. 어려운 가정 형편 때문에 제대로 공부하지 못하는 학생의 사정에 공감하고 동정심을 느낀다고 하더라도, 우리는 그에게 좋은 성적을 줄 수는 없다. 그것은 다른 도덕적 원칙을 침해하는 것이기 때문이다. 우리가 진정으로 다른 사람의 복지를 염려한다면, 우리는 그를 도울 수 있는 효율적 방법을 이성적으로 모색할 필요가 있다.

이처럼 이성적 이타주의는 공감과 동정심이 끝나는 곳에서 비로소 시작한다. 감성적 이타주의는 공감과 동정과 같은 정념들이 이타적 행동을 야기한다고 생각하지만, 이성적 이타주의는 이러한 이타적 행위가 세상을 바꾸는 데는 한계가 있다고 지적한다. 가족, 친족, 민족처럼 자신과 연고가 있는 사람들에 대한 공감과 배려와 사랑은 진화론적으로도 설명된다. 그렇지만 진화론자 프란스 드 발(Frans de Waal)이 말하는 것처럼 "보편적으로 인간은 자기 공동체의 구성원보다 이방인에게 훨씬 모질다면",[35] 이타주의와 같은 도덕성은 오직 동류집단 내에서만 적용된다. 다양한 인정과 종족들이 함께 살아가는 글로벌 사회에서 공감과 동정심만으로는 사회를 바꿀 수 없다. 이성적 이타주의는 기부와 자선과 같은 이타적 행위가 가져올 결과와 효율성을 중시한다. "효율적 이타주의자는 자선단체가 기부할 때 정서적 호소에 반응해서 기부하기보다 비용 효과적으로 생명을 살리고 고통을 줄인다고 검증된 단체에 기부한다."[36] 이성적 이타주의는 다른 사람을 돕는 가장 효율적인 방법을 결정하기 위하여 이성과 증거를 사용한다는 점에서 '효율적 이타주의'[37]로 불리기도 한다. 감성적 이타주의가 이성만으로는

38. David Hume, *A Treatise of Human Nature,* New York: Oxford University Press, 2007, p. 415: "Reason is, and ought only to be the slave of the passions."

39. 피터 싱어, 앞의 책, p. 115.

40. 피터 싱어, 앞의 책, p. 20.

행위를 야기하지 못하기 때문에 "이성은 열정의 노예이고 또 노예여야만 한다"[38]는 데이비드 흄의 명제를 따른다면, 이성적(효율적) 이타주의는 "이성이 감정 또는 열정을 낳는다"[39]고 전제한다.

효율적 이타주의는 타인의 고통에 공감하는 동정심보다는 그 결과를 중시한다. 예컨대 두 살 때 백혈병 진단을 받고 3년째 항암치료를 받으며 투병 중인 어떤 어린아이의 소원이 배트키드(Batkid)가 되는 것이라는 이야기를 들었다고 가정하자.[40] 대부분의 사람들은 이 이야기에 공감하고 동정심을 느낀다. 어떤 비영리기관이 이 아이의 소원을 들어주기 위해 대대적 이벤트를 마련하면, 사람들은 훈훈한 감동을 받고 선뜻 기부금을 낼 것이다. 희귀병을 앓고 있는 딸에게 새우깡을 먹게 해주고 싶다는 '어금니아빠'의 말이 상당한 액수의 기부금을 모은 것처럼 말이다. 그런데 배트키드가 되고 싶다는 아이의 소원을 들어주는 데 들어가는 평균비용이 약 7,500달러로 말라리아 예방에 쓰면 최소한 어린이 세 명 또는 그보다 많은 생명을 구할 수 있다면, 우리는 어떤 행동을 선택해야 하는가?

효율적 이타주의는 정서적 공감의 결과가 어처구니없이 불합리하다면, 그런 공감은 없느니만 못하다고 생각한다. 효율적 이타주의는 이타주의가 공감이 아닌 이성에서 비롯되기 때문에 잠재수혜자의 수를 중시한다. 이런 관점에서 보면 한 생명을 구하는 데 5,000달러의 비용을 쓰는 자선단체보다는 2,000달러를 쓰는 자선단체에 돈을 보내는 것이 훨씬 더 효율적인 것이다. 이러한 예에서 볼 수 있듯이 이성적(효율적) 이타주의는 몇 가지 점에서 감성적 이타주의와 구별된다.

첫째, 효율적 이타주의는 이타적 행위의 결과를 공리주의적으로 계산한다. 반면, 감성적 이타주의는 행위의 잘잘못을 결과에 상관없이 판단한다.

둘째, 효율적 이타주의는 공감보다는 논거에서 동기를 부여받는다. 그렇기 때문에 이타적 행위는 개인을 향한 정서적 공감을

41. 피터 싱어, 앞의 책, p. 108.

42. 피터 싱어, 앞의 책, p. 123.

43. Peter Singer, "Famine, Affluence, and Morality", *Philosophy & Public Affairs*, Vol. 1, No. 3 (Spring), 1972, p. 242.

필요로 하지 않을 뿐만 아니라 "오히려 정서적 공감이 이끄는 결정에 반하는 결정을 내린다."[41]

셋째, 효율적 이타주의는 '특정인 돕기'보다는 '도울 수 있는 사람의 수'를 고려한다. 그렇기 때문에 효율적 이타주의자는 비용 대비 최대의 선을 행하는 효율적 자선단체를 찾아서 기부한다.

넷째, 효율적 이타주의는 "사유능력을 통해 감정을 억제하거나 재설정하는 것"[42]이 윤리적 삶을 가능하게 한다고 믿는다.

감성적 이타주의나 이성적 이타주의는 모두 타인의 복지를 목적으로 한다는 점에서 공통점을 갖고 있다. 감성적 이타주의가 타인과의 공감과 동정심을 전제로 윤리적 사회를 구현하고자 한다면, 이성적 이타주의는 세상을 실제로 개선할 수 있는 효율적 방법에 관심을 갖는다. 효율적 이타주의자들이 이타적으로 행동하는 이유가 그렇게 행동하지 않는 사람들보다 정서적 공감 능력이 유별나게 높지 않다는 사실은 많은 것을 시사한다.

그러나 감성적 이타주의와 이성적 이타주의 사이의 많은 차이점에도 불구하고 변하지 않는 사실이 있다. "고통이 존재한다는 사실은 논란의 여지가 없다."[43] 우리 사회에는 여전히 수많은 사람이 지진, 홍수와 같은 자연적인 재해와 기아와 전쟁과 같은 인위적인 악으로 고통을 받고 있다. 인류사회가 장기적인 관점에서 보면 평등한 사회로 발전했다고 하지만, 세계는 남북 갈등, 양극화 사회처럼 심각한 불평등으로 인한 사회적 고통을 증대시키고 있다. 간단히 말하면 어떤 사람들은 풍요 속에 살고 있으며, 어떤 사람들은 지독한 가난에 시달리고 있을 뿐만 아니라 인간다운 삶의 기회조차 박탈당하고 있다. 우리는 이러한 사람들의 고통에 대해 어떻게 행동해야 하는가? 타인의 고통이 문제가 된다면 우리는 이타적일 수밖에 없다.

풍요 속의 빈곤이 일반화된 사회에서 이타주의는 필연적이다. 피터 싱어가 말하는 것처럼 이런 상황은 의무와 자선 사이의 경계를 변화시킨다. 전통적으로 가난한 사람을 돕거나 돈을 기부하는 자선행위는 칭찬을 받아왔지만, 그렇다고 자선을 베풀지 않는 사람이

44. 피터 싱어, 앞의 책, p. 8.

도덕적으로 비난받지는 않았다. 우리가 세계 난민기구나 구호기금에 기부금을 내는 대신에 명품 옷과 새로운 차에 돈을 쓴다고 해서 죄책감을 느끼거나 수치스러워하지는 않는다. 선진국의 대부분의 사람들은 그렇게 살고 있다. 몸을 보호하기 위해 옷을 사는 것은 필요하지만, 멋있게 보이기 위해 명품 옷을 사는 것이 꼭 필요한 것인가? 명품 옷을 사는 대신에 그 돈을 기아로 죽어가는 사람들의 생명을 구할 수 있다면, 우리는 어떻게 행동해야 하는가? 이기주의가 팽배한 현대사회에서 어떤 것이 과연 윤리적 삶인가? 피터 싱어의 효율적 이타주의는 우리로 하여금 이러한 물음을 묻도록 촉구한다.

"효율적 이타주의는 아주 단순한 개념에 기초한다. 각자 할 수 있는 선에서 선(善)을 최대화하는 것이다. 이제는 남의 것을 훔치거나, 남을 속이거나, 해치거나 죽이지 않는 기본 도덕률을 준수하는 삶만으로는 부족하다. 적어도 물질적 풍요라는 행운은 누리는 사람들, 본인과 가족에게 의식주를 제공하고도 돈과 시간이 남는 사람들에게는 더욱 그렇다. '최소한도로 윤리적인 삶'은 잉여 재원의 상당 부분을 세상을 더 나은 곳으로 바꾸는 데 쓰는 삶이다. '충분히 윤리적인 삶'은 선의 최대화를 목표로 살아가는 것이다."[44]

더 읽을거리

— 애덤 스미스, 『도덕감정론』, 박세일·민경국 공역, 비봉출판사, 2012.
— 피터 싱어, 『효율적 이타주의자』, 이재경 역, 21세기북스, 2016.
— 피터 싱어, 『더 나은 세상』, 박세연 역, 예문아카이브, 2017.

공리주의와 효율적 이타주의

공리주의는 산업혁명 시대 영국에서 출발한 사상적 조류로 개인의 이기심과 자유를 중요시한다. 공리주의는 개인의 자유를 가장 중요시하나 사회에서 개인과 개인의 자유가 부닥치게 되었을 때 이를 해결하기 위한 '개인의 사회적 행위에 대한 가치 및 행동원리'로 발전했다. 벤담과 제임스 밀, 스튜어트 밀이 대표적인 사상가들이다.

공리주의자들은 행위 평가와 가치 판단의 척도로 행복을 상정한다. 곧 어떤 행위의 옳고 그름은 그 행위가 인간의 이익과 행복을 늘리는 데 얼마나 기여하는가 하는 유용성과 결과에 따라 결정된다고 본다. 공리주의자들은 '최대 다수의 최대 행복'이라는 말을 통해 공공의 이익이라는 관점을 새롭게 만들어냈다. 이처럼 모든 사안을 효용을 기준으로 판단하려는 공리주의의 시도는 비판과 조롱의 대상이 되기도 했으나 공리주의가 갖는 유용성이라는 미덕은 오늘날에도 유효하다.

이런 공리주의적 전통에서 가장 최근에 나온 흐름이 효율적 이타주의이다. 효율적 이타주의는 원리를 이성적 판단에 근거하여 실천하고자 한다. 이러한 이타주의는 이타주의적 행동의 동기보다는 결과의 유효성에 주목한다. 대표적인 학자인 피터 싱어는 타인을 돕는 데 있어서 이제는 더 이상 "감정이 아닌 이성적인 판단을 해야 한다"고 말한다. 타인의 생명과 고통이 자신의 것과 동등한 수준의 가치를 지닌다는 인식을 이성적으로 이해할 때, 세상에 더 많은 '선'이 실현된다는 것이다. '감정적' 기부의 단점을 지적하고, 진정으로 '착한 행동'이 무엇인지 새롭게 정의하는 것이 현대 공리주의자들이 목표하는 효율적 이타주의의 신념이다.

4장

이타주의자는 어떻게 살아남았을까?

극단적으로 자신만을 위하는 사람을 우리는 동물보다 못한 인간이라고 부릅니다. 실제로 인간이 보이는 타인에 대한 착취와 잉여분의 축적과 같은 이기적 행위는 동물의 세계에서 볼 수 없는 일입니다. 그러나 반대로 타인을 위해 자기 목숨을 희생하는 것과 같은 극단적인 이타적 행위도 찾아보기 힘듭니다. 극단적으로 이기적일 수 있는 인간은 어떻게 다른 동물보다 더 이타적일 수 있게 된 것일까요?

김준홍 선생님은 인간에게서 볼 수 있는 특유의 이타성을 인간의 '초사회성'에서 찾고자 합니다. 무리 짓는 동물이나 집단을 이루고 있는 곤충들에게서도 어느 정도의 사회성을 볼 수 있습니다. 그러나 인간은 혈연이 아닌 이방인들과도 집단을 이루고 산다는 점에서 '초사회성'을 가지고 있습니다. 따라서 진화 과정에서 인간이 어떻게 서로 모르는 타인과 협동하면서 거대한 사회를 이루게 되었는가를 살펴보는 과정이야말로 이타성의 기원을 살펴보는 일이 될 것입니다.

인간은 왜 다른 동물보다 더 이타적인가?

김준홍

1. Matthew C. O'Neill *et al.*, "Chimpanzee super strength and human skeletal muscle evolution", *Proceedings of the National Academy of Sciences* 114, 2017.

인간 vs 침팬지

인간의 가장 가까운 친척인 침팬지와 인간의 차이는 어마어마하다. 먼저 육체적인 능력부터 보자. 최근의 연구에 따르면 침팬지의 평균적인 힘은 인간에 비해 1.35배 정도 더 강력하며, 근육의 구성도 달라서 침팬지의 근육은 동적이고 순간적인 힘에 적합한 근육이 많은 데 비해 인간의 근육은 피로에 잘 견디는 근육이 다수를 차지한다.[1] 걷는 자세는 어떨까? 침팬지는 아주 가끔 두 발 걷기를 하지만 대부분의 이동을 손가락 관절 걷기(knuckle walking)로 한다. 반면 인간은 대부분 두발 걷기(bipedalism)를 하는데, 인간의 두발 걷기는 캥거루나 조류의 두발걷기와는 완전히 다른 종류의 두발 걷기이다. 예를 들어, 이 지구상의 생명체 중에 인간만이 컵에 물을 가득 담고 한 방울도 흘리지 않으며 이동할 수 있다. 그 이유는 두 팔이나 날개(조류), 꼬리(캥거루)를 이용하여 균형을 잡을 필요가 없으며, 두 발로만 이동하더라도 상체가 상당히 안정적이기 때문이다.

인간과 침팬지의 차이는 육체적인 차이에서 끝나지 않는다. 정신적인 능력과 문화에서도 상당한 차이가 있다. 침팬지는 아직도 열대 우림을 벗어나지 못한 반면, 인간은 열대 우림과 사막, 극지방에 동시에 거주하는 이 지구상에서 유일한 생명체이다. 문화는 어떤가? 놀랍게도 침팬지 사회에서는 지역 간 문화의 변이가 존재하며, 각 지역이 보유한 독특한 문화 목록이 수십 개 가까이 된다. 예를 들어 서아프리카의 침팬지들은 바위 또는 나무를 망치와 모루로 이용해서 견과류를 깨먹지만, 동아프리카의 침팬지들은 도구로 쓸 수 있는 나무와 돌 그리고 견과류가 흔한데도 똑같은 행동을 하지 않는다. 반대로 동아프리카의 침팬지들은 적당한 나뭇가지를 고르고 다듬어서 개미굴에서 개미를 사냥하지만, 서아프리카의 침팬지들은 개미와 나뭇가지가 흔한데도 개미를 먹지 않는다. 다시 말해서 어디 출신인지 정보를 알 수 없는 침팬지도 무엇을 할 수 있고 무엇을 할 수 없는지, 습관이 무엇인지를 자세히 관찰한다면 출신

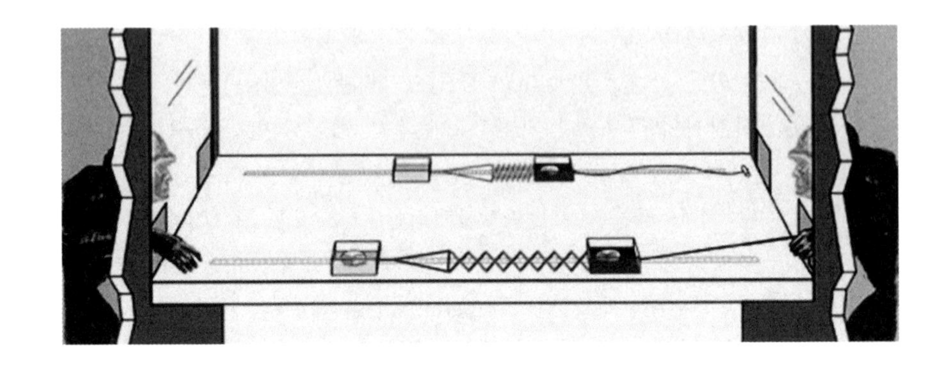

그림 1: 침팬지를 대상으로 한 친사회성 테스트(Prosocial Test)
(출처: Krause KW, “Doubting Altruism”, *Skeptic* 14(3), 2009.)

이 실험 결과에 따르면 실험에 참가하는 침팬지들은 상대편의 이익에 무관심하다(자세한 내용은 본문 참조).

2. 김준홍, 「동물의 “문화”와 인간문화의 고유성」, 『한국문화인류학』 47, 2014.

3. Mercader J *et al.*, “4,300-Year-old chimpanzee sites and the origins of percussive stone technology”, *Proceedings of the National Academy of Sciences* 104, 2007.

4. Silk JB *et al.*, “Chimpanzees are indifferent to the welfare of unrelated group members”, *Nature* 437, 2005.

지역을 알아내는 것이 가능하다는 뜻이다. 반면 인간 사회의 집단 간 문화의 변이는 침팬지의 그것을 훌쩍 뛰어넘으며, 인간의 문화에는 침팬지 문화에는 없는 고유성이 있다.[2]

예를 들어 인간 사회에서는 암묵적인 규범이 있으며 그 규범을 어긴 자에 대한 공공기관 또는 제3자의 처벌이 발생하는 반면, 침팬지 사회에서는 개인적인 보복은 존재하지만 규범을 어긴 자에 대한 제3자의 처벌은 존재하지 않는다. 또한 인간 사회에서는 기존의 문화가 시간이 지남에 따라 조금씩 혁신이 더해지며 더 나은 상태를 향해 나아가는 누적적인 문화가 존재하지만, 침팬지 사회에서는 그러한 혁신의 누적은 발생하지 않는 것으로 보인다. 예를 들어 4,300년 전의 침팬지가 사용하던 망치와 모루가 발견된 적이 있는데, 현대의 침팬지가 사용하는 그것과 거의 비슷한 형태이다.[3] 더구나 침팬지가 사용하는 어떤 기술도 침팬지 한 개인이 한평생 동안 시행착오를 통해서 발명하기 어려울 만큼 복잡한 것은 없다.

이 장의 주제인 협동과 관련되는 본성과 사회구조는 어떠한가? 우선 침팬지와 인간의 이타성에 대한 연구부터 살펴보자. 사육 상태에 있는 침팬지에 대한 여러 실험 결과에 따르면, 침팬지는 다른 개체가, 심지어 그 개체가 같은 집단의 구성원이더라도, 이익을 얻는지 얻지 않는지에 거의 관심이 없다.[4] 예를 들어, 캘리포니아 대학교의 인류학자 조앤 실크(Joan Silk)와 그 동료들의 실험에 의하면(그림 1), 침팬지들은 상대편의 이익에 전혀 관심이 없는 것으로 드러났다. 독재자 게임의 한 변형인 실험의 디자인은 다음과 같다.

사육 상태에 있는 침팬지는 두 가지의 선택 옵션 중 하나를 선택할 수 있는데, 한쪽 손잡이를 당기면 자신이 바나나를 하나 획득할 수 있고 반대편 침팬지는 아무것도 획득하지 못하는 반면(편의상 1/0 옵션이라고 하자. 〈그림 1〉에서 위쪽 손잡이), 다른 쪽 손잡이를 당기면 자신과 상대편 둘 다 바나나를 하나씩 획득할 수 있다(편의상 1/1 옵션이라고 하자. 〈그림 1〉에서 아래쪽 손잡이). 두 손잡이 중 어떤 것을 당겨도 자신이 획득할 수 있는 바나나의 양은 같음에도 선택할 수 있는 위치에 있는 침팬지들(〈그림 1〉에서

5. Vonk J *et al.*, "Chimpanzees do not take advantage of very low cost opportunities to deliver food to unrelated group members", *Animal Behavior* 75, 2008.

6. Brosnan SF *et al.*, "Chimpanzees (*Pan troglodytes*) do not develop contingent reciprocity in an experimental task", *Animal Cognition* 12, 2009.

7. House BR *et al.*, "The ontogeny of human prosociality: behavioral experiments with children aged 3 to 8", *Evolution and Human Behavior* 33, 2012.

8. Hill K, Barton M, and Hurtado AM, "The Emergence of Human Uniqueness: Characters Underlying Behavioral Modernity", *Evolutionary Anthropology* 18, 2009.

9. Pennington, R., "Hunter-gatherer demography" in C. Panter-Brick, R.H. Layton, and P. Rowley-Conwy (eds), *Hunter-Gatherers: An Interdisciplinary Perspective*, Cambridge University Press, 2001, pp. 170–204.

오른편에 있는 침팬지)은 1/0 옵션과 1/1 옵션을 거의 동일한 비율로 선택했다. 이 동일한 비율은 상대편이 없을 때에도 동일하게 유지되었다. 심지어 상대편에 있는 침팬지가 1/1 옵션을 선택하라는 명시적인 신호를 주거나,[5] 역할을 서로 바꾸어서 실험을 진행함[6]에도 불구하고 두 가지 옵션의 선택비율은 변하지 않았다. 이처럼 자신에게 비용이 들지 않는 이타주의가 침팬지 사회에서 관찰되지 않는 것에 비추어볼 때, 자신의 손해를 감수하여 남에게 이득을 주는 진정한 이타주의는 더욱더 드물 것으로 예측할 수 있다. 실제 실험이나 야생 상태의 행동 관찰도 비슷한 결론을 내고 있다. 야생 상태에서 협동을 관찰할 수 있는 주요한 지표 중의 하나가 음식 공유인데, 침팬지의 경우 어미와 자식 간의 음식 공유와 원숭이 사냥 후에 이루어지는 음식 공유 외에는 거의 공유가 이루어지지 않는다. 더구나 원숭이 사냥 후에 이루어지는 음식 공유는 자발적인 공유라기보다는 떼를 써서 얻어내는 것에 가깝다.

반면 인간은 침팬지와는 달리 남의 복지에 대단히 민감할 뿐만 아니라 대체로 관대하다. 예를 들어 〈그림 1〉의 친사회성 테스트와 비슷한 게임이 3세에서 8세에 이르는 어린이들을 대상으로 수행되었는데, 인간 아이들은 침팬지보다 훨씬 더 친사회적이었다.[7] 아이들은 반대편에 아무도 없을 때보다 누군가가 앉아 있을 때 1/1 옵션을 선택하는 비율이 1/0 옵션을 선택하는 비율보다 월등히 높았다.

수렵채집 사회의 음식 공유에 대한 연구 결과를 보더라도 인간의 높은 협동성을 엿볼 수 있다.[8] 우선 인간 수렵채집 사회의 평균 출산율은 침팬지와 비교해보면 비교적 더 높다는 것을 알 수 있다(침팬지의 추정치는 3~4명인 데 반해 인간 수렵채집 사회의 경우 출산율의 변이는 2.6명에서 8명 정도이며, 평균은 약 6명 정도로 추정된다).[9] 아이가 많은 것은 가족에 챙겨야 할 식솔이 더 많다는 것을 뜻한다. 더구나 아이를 기르는 비용은 인간 아이가 침팬지 아이에 비해서 훨씬 더 많이 든다. 침팬지는 젖을 떼자마자 식량 수집량과 소비량이 거의 비슷하지만(즉, 스스로 먹을 것을 거의 혼자 힘으로

10. 피터 리처슨·로버트 보이드, 『유전자만이 아니다: 문화는 어떻게 인간 진화의 경로를 바꾸었는가』, 김준홍 역, 이음, 2009.

구하며), 인간은 십대 후반에 이르기까지 주변 어른들에게 많은 부분을 의존한다.

이를 고려하면 딸린 식구가 많은 30대 초반에서 40대 중반에 이르는 부모는 온전히 자신만의 힘으로 아이들의 식량을 감당할 수가 없다는 계산이 나온다. 사냥을 하는 남성은 때로 운이 없을 때도 있으며, 몸이 아프거나 부상을 당해서 사냥에 못 나갈 때도 있을 것이다. 이러한 부모의 불운과 아이들의 수요를 감당할 수 있는 방법은 혈연의 도움뿐만 아니라 다른 어른들(즉, 총각이나 딸린 식구가 별로 없는 사냥꾼, 아이를 성장기까진 다 키운 할머니 및 할아버지)의 도움을 받는 것이다. 실제로 주요한 수렵채집 사회를 조사한 바에 따르면 30대 초반에서 40대 중반에 이르는 딸린 아이가 많은 부모는 같은 집단의 어른들로부터 많은 도움을 받으며, 다른 어른들은 아이가 많은 부모들을 위해서 부가적으로 생산하며 자신들이 소비하고 남는 부분을 저장해놓기도 한다.

침팬지뿐만 아니라 이 지구상에 있는 다른 동물에서도 관찰할 수 없는 이러한 협동성 덕분에 인간은 커다란 집단을 이루고 갈등을 해결하며 살아간다. 동물의 경우 벌, 개미, 벌거숭이 두더지 쥐를 비롯한 진사회성 동물(eusocial animals)을 제외하고는 집단에 속한 개체 숫자가 80이 넘는 경우는 거의 없으며, 진사회성 동물들의 협동은 혈연 간의 협동으로 설명 가능하다. 인간은 혈연이 아닌 사람들 심지어 외집단의 이방인과도 협동할 뿐만 아니라 협동 집단의 규모도 침팬지보다 훨씬 크다.[10] 침팬지가 친족이 아닌 집단 구성원들과 협동을 전혀 하지 않는 것은 아니다. 예를 들어 침팬지들은 함께 콜로부스 원숭이를 사냥하고, 사냥한 고기를 나눠먹기도 하며, 지위 경쟁에서 동맹을 맺기도 한다. 하지만 침팬지의 협동은 이타적이라기보다는 자신의 이익을 얻기 위한 도구이거나 끊임없는 요청에 못 이겨서 허용하는 것에 가깝다. 반면 우리는 가족과 친구를 넘어서 우리 사회 다른 구성원들로부터 많은 도움을 주고받으며 살고 있다. 우리는 음식과 주요한 자원을 서로 공유할 뿐만 아니라, 지구 반대편에 있는 외부집단과 활발한 교역을

하고, 다른 사람들의 아이 기르기를 도와주기도 하며, 유용한 정보와 지식을 공유하며, 생명을 무릅쓰고 친구나 심지어 이방인을 구하기도 한다. 일부 학자들은 인간의 이러한 큰 규모의 협동을 일컬어 '초사회성(ultrasociality)'이라고 명명한다. 그렇다면 과연 이러한 초사회성은 어떻게 진화하게 되었을까?

비교문화적 패턴

초사회성에 대한 진화론의 설명방식에 대해서 다루기 이전에 인간 사회에서 실제로 이방인에 대한 이타성이 존재한다는 근거에 대해 살펴보자. 덧붙여 그러한 이타성은 문화마다 다른 정도로 나타나며 그 변이를 설명할 수 있는 변수에 대해서도 살펴보겠다.
그 근거는 세계 여러 민족을 대상으로 이루어진 경제적 실험(economic experiment)의 결과다. 경제적 실험은 본래 고전경제학에서 제1전제인 이기적 인간(Homo economicus) 외에도 다른 선호가 있음을 보여주기 위해 1980년대에 대니얼 카너먼(Daniel Kahneman)과 그의 동료들에 의해 고안된 실험이다. 고전경제학에서는 경제 활동을 할 때 모든 사람들은 자신의 효용성(utility)을 최대화하기 위해서 합리적으로 행동한다고 가정한다. 그런데 1980년대 이후 이루어진 경제적 실험 결과에 의하면 사람들에게는 이기적인 선호뿐만 아니라 공평함에 대한 선호, 사회성에 대한 선호가 있다는 것이 드러났다.

경제적 실험 중에 가장 대표적인 두 개는 최후통첩 게임(ultimatum game)과 독재자 게임(dictator game)이다. 두 게임 모두 무기명으로 이루어지며 (즉 다른 참가자들이 누구인지 모른 상태에서 게임을 하며), 단 1회만 게임을 한다. 무기명으로 하는 이유는 상대가 누구인지 알게 되면 게임 결과를 해석하는 데 고려해야 할 변수가 너무 많아지기 때문이며(예를 들어 참가자 간의 과거 상호작용이 게임의 결과에 영향을 미칠 수 있다), 일회성으로 게임을

하는 이유는 게임을 연속적으로 같은 사람과 할 경우 참가자들이 호혜성에 영향을 받을 수 있기 때문이다.

먼저 독재자 게임은 독재자와 수혜자 2인이 참여하며, 독재자와 수혜자는 무작위로 역할이 선정된다. 게임이 시작되면 독재자에게는 얼마간의 돈(밑천)이 배당되는데, 여기서는 이해를 돕기 위해 액수가 1만 원이라고 해보자. 능력에 따른 것이 아닌 무작위로 독재자와 수혜자가 정해지고, 1만 원은 실험자로부터 주어지기 때문에 게임 참여자의 입장에서는 갑자기 하늘로부터 떨어진 돈으로 느껴질 것이다. 독재자는 이 1만 원을 내키는 대로 수혜자와 나눌 수 있다. 다시 말해서 1만 원을 수혜자에게 다 줄 수도 있으며, 한 푼도 주지 않을 수 있다. 고전경제학의 예측에 따르면 독재자는 어떻게 행동할까? 합리적이고 이기적인 행위자라면 상대편, 즉 수혜자에게 아무런 결정 권한이 없고, 자신이 누구인지도 드러나지 않는 무기명 게임이기 때문에 한 푼도 주지 않아야 한다. 실제로 게임 결과도 그러할까? 놀랍게도 서구 사회에서 주로 대학생을 상대로 이루어진 게임 결과에 의하면 평균 할당 금액이 밑천의 20에서 30퍼센트 정도 되며, 최빈값이 0퍼센트 또는 50퍼센트에서 형성된다.

최후통첩 게임은 독재자 게임과 마찬가지로 2인이 1조를 이루어 게임을 하며, 수혜자가 수동적이지 않고 제안자의 제안을 거부할 수 있다는 점에서 독재자 게임과 차이를 보인다. 수혜자는 제안자의 제안을 거부할 수 있기 때문에 최후통첩 게임에서는 응답자라고 불린다. 설명을 돕기 위해 제안자에게 떨어지는 밑천이 1만 원이라고 하자. 제안자는 자신이 내키는 대로 제안할 수 있지만, 응답자가 그 제안을 거부할 경우에 두 사람이 받는 돈이 모두 0원이 되기 때문에 응답자의 선호를 고려할 수밖에 없는 구조이다. 반면 얼마를 제안하든 응답자가 제안을 받아들이면 응답자는 제안된 금액을 받고 제안자는 1만 원에서 제안한 금액을 제한 금액을 갖는다. 고전경제학의 예측에 따르면 응답자의 입장에서는 제안액이 0원이 아닌 이상 약간의 효용성이라도 얻을 수 있기 때문에 무조건 그 제안을 받아들여야 한다. 응답자의 이러한 선호를 예측하는 제안자의

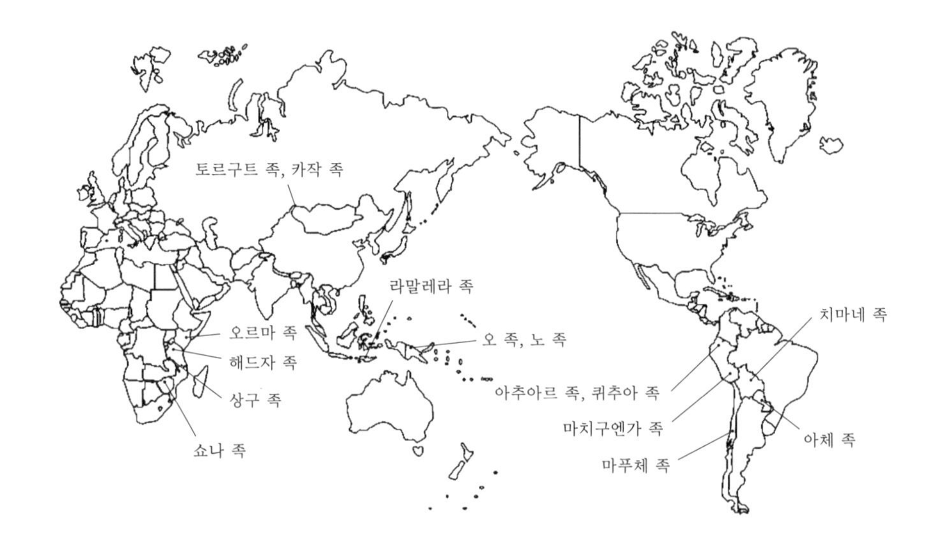

그림 2: 조지프 헨리히와 그의 동료들이 경제적 게임을 수행한 부족들 (출처: Henrich, J. *et al.*, "'Economic man' in cross-cultural perspective: Behavioral experiments in 15 small-scale societies", *Behavioral and Brain Sciences* 28, 2005.)

11. Henrich, J., "Does Culture Matter in Economic Behavior? Ultimatum Game Bargaining among the Machiguenga of the Peruvian Amazon", *The American Economic Review* 90, 2000.

입장에서는 자신이 획득할 수 있는 최대 효용성을 위해서 아주 작은 금액만 제안해야 한다. 실제 사람들이 최후통첩 게임을 하면 이 예측대로 행동할까? 물론 아니다. 주로 서구 사회의 대학생을 대상으로 한 실험 결과에 의하면 평균 제안액은 30에서 40퍼센트 정도이며, 최빈값은 50퍼센트이다. 25퍼센트 이하의 제안은 대략 50퍼센트의 확률로 거부당했다.

독재자 게임과 최후통첩 게임의 실험 결과는 실험참가자들이 전부는 아니더라도 상당수가 이타적이라는 것을 암시한다. 모든 학자들이 여기에 동의하는 것은 아니지만, 대다수의 학자들은 두 실험 결과를 다음과 같이 해석한다. 독재자 게임의 제안액은 거절의 위험과 호혜성이 제거된 상황에서 상대편에게 돈을 건네주는 것이기 때문에 순수한 이타주의로 해석할 수 있으며, 최후통첩 게임의 제안액은 거절에의 두려움과 순수한 이타주의가 복합적으로 작용한 결과로 해석할 수 있다. 이러한 시각에서 보면 거절에의 두려움이 있는 최후통첩 게임의 제안액이 더 높은 것을 이해할 수 있다.

1980년대 초반에 고안된 이 두 가지 게임은 서구 및 개발 도상국의 대학생 및 성인을 대상으로 수없이 실행되었고, 실험 결과는 거의 비슷하게 나왔다. 따라서 1990년대까지 축적된 경제적 실험 결과는 인류 사회의 보편으로 여겨졌다. 하지만 1990년대 말 남아메리카 페루의 마치구엔가(Machiguenga) 족을 대상으로 박사논문을 위한 현장 연구를 하던 조지프 헨리히(Joseph Henrich)가 행동경제학자들의 경제학적 실험을 마치구엔가 족을 대상으로 수행하였고 보통의 패턴과는 다른 결과에 놀라게 된다. 예를 들어 최후통첩 게임의 제안자로 선택된 마치구엔가 족은 평균 제안액이 밑천의 26퍼센트였으며, 밑천 25퍼센트 이하의 제안에 대한 거부율이 10퍼센트밖에 되지 않았다.[11]

적어도 이 실험 결과를 놓고 볼 때 마치구엔가 족은 서구의 대학생들보다 이기적이라고 예측할 수 있다. 실험 결과에 고무된 조지프 헨리히는 당시 박사과정 지도교수인 로버트 보이드(Robert Boyd) 교수에게 이 실험 결과를 알렸고, 로버트 보이드 교수는 즉각

부족

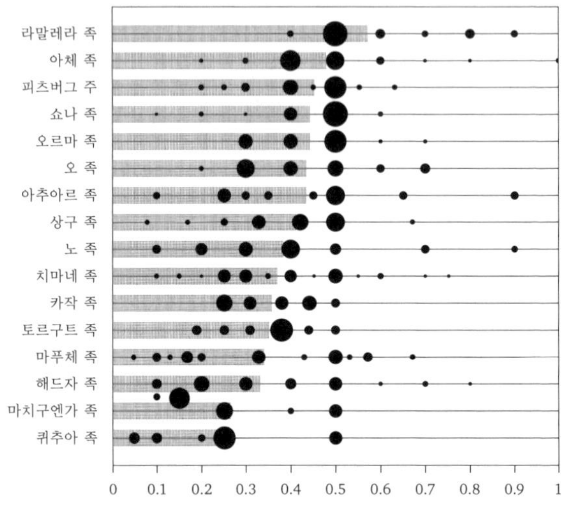

그림 3: 15개의 소규모 사회 및 미국 피츠버그에서 진행한 최후통첩 게임 결과 (출처: Henrich, J. *et al.*, "'Economic man' in cross-cultural perspective: Behavioral experiments in 15 small-scale societies", *Behavioral and Brain Sciences* 28, 2005.)

각 원의 크기는 각 제안액을 제안한 사람들의 비율을 의미한다. 막대 끝의 값은 평균 제안액을 의미한다. 즉, 라말레라 족(인도네시아의 고래잡이가 주요 생산방식인 부족)은 50퍼센트의 제안을 가장 많이 했으며 평균 제안액이 58퍼센트 정도라는 것을 알 수 있다.

12. Henrich, J. *et al.*, 앞의 책.

현장 연구를 하는 동료 인류학자 및 경제학자로 구성된 팀을 조직하여 조지프 헨리히와 함께 비교문화적 프로젝트를 진행하였다.[12] 이들이 실험을 수행한 집단(그림 2)은 수렵 채집 사회 또는 원예농(horticulturalist), 초기 농경 사회, 초기 목축 사회들로, 기존에 실험이 수행되었던 서구의 교육받고 산업화되고 부유하며 민주화가 이루어진 사회[이를 지칭하는 영어의 첫 글자를 따서 'WEIRD(기이한) 사회'라고 부르기도 한다]의 참가자들과는 전혀 다른 사회적 및 생태적 배경의 사람들이다. 12인의 연구진이 공통의 프로토콜로 진행한 실험 중 최후통첩 게임의 결과는 왼쪽의 〈그림 3〉과 같다.

우선 평균 제안액의 변이가 기존 서구 사회에서 실험 결과보다 훨씬 크다는 것을 알 수 있다. 제안액의 변이는 퀴추아(Quichua) 족의 25퍼센트부터 라말레라(Lamalera) 족의 57퍼센트까지 상당히 다양하다는 것을 알 수 있다. 뿐만 아니라 피츠버그에서의 실험 결과에서 볼 수 있는 것처럼 기존의 실험 결과에서 최빈값은 대개 50퍼센트였는데(다시 말해서 실험 참가자의 다수가 공평한 분배를 선호했다), 최빈값의 분포 또한 부족 별로 다양하다는 것을 알 수 있다. 마지막으로 그 어떤 사회도 고전경제학의 제1전제인 이기적 인간이 대다수인 사회가 없다는 것을 알 수 있다.

헨리히와 그 동료들은 사회 간의 이러한 변이를 설명하는 변수가 무엇인지도 분석하였다. 우선 그들은 개인 간의 변수, 예를 들어, 성별, 나이, 교육 정도, 재산 정도가 제안액의 개인 간 변이를 설명할 수 있는지 살펴보았다. 하지만 그 어떤 변수도 상관관계가 없는 것으로 드러났다. 그다음으로 그들이 살펴본 것은 집단 수준에서의 변수들이 집단 간 제안액의 변이를 설명할 수 있는가였다. 그들이 고려한 변수들 중에서 가장 설명력이 높은 변수는 두 가지다.

첫째, 그들의 경제 생활이 가족과 가까운 친족 외의 사람들과의 협동에 얼마나 의존하고 있는가이다. 예를 들어 라말레라 족의 경우에는 대규모 고래잡이를 할 때 마을 단위의 협동에 기대는 부분이 크기 때문에 이 수치가 가장 높게 책정되었다. 둘째, 그들의 생활이

13. Jablonski N.G., "The Evolution of Human Skin and Skin Color." *Annual Review of Anthropology* 33, 2004.

얼마나 시장에 의존하고 있는가를 측정한 시장 통합지수(aggregate market integration)이다. 연구자들은 각 가정이 섭취하는 총 칼로리 중에서 스스로 재배하거나 사냥 및 채집을 통해 취득한 것이 아닌 시장에서의 구매를 통해 섭취한 칼로리의 비율로 시장 통합 지수를 계산했다. 예를 들어 현대 한국 사회의 도시 거주자는 스스로 텃밭을 가꾸어 농사를 짓지 않는 한 거의 대부분의 칼로리를 시장에 의존할 것이다. 따라서 현대 한국 사회 도시 거주자의 시장 의존도는 100퍼센트에 가깝게 나올 것이다. 협동 정도와 시장 통합 지수는 전체 제안액 변이의 47퍼센트를 설명하였다. 종합하면 실험 참가자들의 개별적 특성은 제안액의 크기를 전혀 예측하지 못하는 반면, 그 참가자들이 속한 사회의 일부 특성들, 그중에서도 협동 정도와 시장 통합지수는 상당히 설명력이 높았다. 앞서 언급한 독재자 게임의 할당 금액에 대한 통계적 분석도 비슷한 결론에 이르렀다.

경제적 실험 결과뿐만 아니라 인간 사회의 집단 간의 행동과 선호도의 변이는 상당하다. 경제적 실험의 역사에서 볼 수 있는 것처럼 'WEIRD' 사회에서의 연구 결과를 갖고 인간성의 보편성을 왈가왈부하기에는 인간성의 범위는 상당히 넓다. 그렇다면 인간 집단 간의 행동 변이를 가장 잘 설명할 수 있는 인자는 유전자, 환경, 문화 이 세 가지 인자 중 어떤 것일까? 우선 새로운 종으로 진화하게 된 지 약 20만 년이 된 현생 인류[호모 사피엔스(Homo sapiens)라는 하나의 종]는 집단 간 유전자 변이가 그리 크지 않다. 인간의 친척인 침팬지와 보노보(피그미 침팬지)만 하더라도 집단 간 유전자 변이는 인간에 비해 10배에서 50배 정도이다. 뿐만 아니라 대부분의 유전자 변이는 집단 간의 경계를 따라 급격히 달라지는 것이 아니라 지리적으로 연속적인 분포를 보인다. 예를 들어 각 지역 원주민들의 피부색 변이는 자외선의 세기와 강한 양의 상관관계를 보인다.[13] 그렇다면 환경은 어떨까? 이는 진화사회과학(진화론을 기반으로 인간의 본성과 사회현상을 연구하는 분야)의 한 분과 학문인 인간행동생태학(Human Behavioral Ecology) 분야의

14. Hill, K., "Animal 'Culture'?" In Kevin N. Laland and Bennett G. Galef (eds.), *The Question of Animal Culture*, Harvard University Press, 2009, pp. 269–287; pp. 270–271 인용.

15. Bell AV, Richerson PJ and McElreath R., "Culture rather than genes provides greater scope for the evolution of large-scale human prosociality", *Proceedings of the National Academy of Sciences* 106, 2009.

대표 학자인 킴 힐(Kim Hill)의 최근 발언에서 미루어 짐작할 수 있다. 인간행동생태학의 주요한 전제 중의 하나가 인간 행동의 다양성은 환경의 차이에서 비롯된다는 것이다.

> 현대 수렵채집인들에 대한 종합적인 비교를 위해서 자료를 분석할 때마다 나는 반복적인 문제에 부딪혔다. 행동생태학적 모델은 수렵채집인에 대한 민족지에서 수많은 흥미로운 패턴을 설명할 수 있는 잠재적 능력이 확실히 있지만, 내가 분석한 바에 따르면 그러한 사실을 입증하기 위해서는 통계적으로 제어하는 것이 필요했다. 좀더 구체적으로, 수렵 채집 사회 비교 연구를 위해 내가 수집한 데이터베이스에 대한 사전 분석에 따르면 수렵 채집 사회 패턴—그것이 일부다처제 정도, 영아살해율, 전쟁, 음식 터부, 결혼 이후의 거주 패턴, 양육 관습, 사춘기 의례, 문신이든 간에 관계없이—에 대한 가장 강력한 예측인자는 민족 및 언어였다. 같은 어족에 속한 집단의 사람들은 심지어 서로 다른 생태적 환경에 거주하거나 멀리 떨어져서 거주하더라도 몇몇 차원에서는 믿기 어려울 만큼 놀랍도록 비슷하다(현대에 세계 여기저기로 이주한 집단을 살펴보아도 동일한 결론을 얻을 수 있다). 마찬가지로, 서식지 형태와 관계없이 특정한 행동을 예측할 수 있는 강력한 인자는 지리적 인접성이다. […] 이처럼 생태적 환경이 행동에 미치는 영향을 검증하기 위해서 어족과 지리적 인접성을 통계적으로 제어해야 한다는 분명한 사실 때문에 나는 인간 행동에 있어서 문화의 역할을 재고하기 시작했다.[14]

킴 힐이 고백하다시피 환경 혹은 본성의 차이가 집단 간의 차이를 만들어내는 것이 아니라면 문화가 주요한 원인이라고 예측할 수 있다. 뿐만 아니라, 집단 간 유전자 변이와 문화적 변이를 비교한 한 연구에 의하면, 집단 간 문화 변이는 집단 간 유전자 변이보다 집단 간 행동의 변이를 적어도 20배 이상 더 설명할 수 있다.[15] 종합하면

16. 개체주의자들과 문화적 집단 선택론자들의 논쟁의 쟁점을 알고 싶다면 다음의 누리집을 참고하라. https://www.edge.org/conversation/steven_pinker-the-false-allure-of-group-selection

17. 개체주의자들의 대표적인 입장은 다음 논문을 참고하라. West SA, Griffin AS, and Gardner A., "Social semantics: altruism, cooperation, mutualism, strong reciprocity and group selection", *Journal of Evolutionary Biology* 20, 2007.

인간 사회의 집단 간 변이를 만든 주요한 원인은 문화일 가능성이 상당히 높다.

인간의 초사회성에 대한 설명들

앞서 예측했듯이 만약 집단 간 행동의 차이를 만든 주요한 원인이 문화라면, 집단 간의 협동성의 차이의 원인도 문화일 것이다. 헨리히와 그 동료들의 실험 결과도 이를 방증한다. 그들이 최후통첩 게임에서의 제안액에 대한 예측변인으로 대입하였던 후보 중에서 오직 집단 수준에서 협동의 중요성, 시장 통합지수만이 유의미했으며, 이 두 변수는 그 사회의 문화와 깊은 관련이 있다. 우선 경제 및 생산 행위에서 협동 규범이 얼마나 중요한지 상상하기는 어렵지 않다. 예를 들어 라말레라 족의 고래잡이에서 가장 마지막 단계가 작살을 들고 고래에 덤벼드는 것인데 상당한 위험을 감수해야만 가능한 일이다. 만약 모든 라말레라 고래 사냥꾼이 자기 몸을 사리느라 나서지 않는다면 고래 사냥은 성공할 수 없다. 한편 시장에 통합된 정도는 무기명 혹은 이방인과의 거래에 대한 신뢰의 정도와 상관성이 있다. 현대 자본주의 사회에서 대부분의 거래는 돈의 가치, 상대방과의 신용, 물건의 가치에 대한 믿음이 있어야지만 가능하다. 이러한 문화적 규범의 차이로 인해 인간 협동성의 보편성과 다양성이 진화했다는 가설이 이 장에서 주장하는 문화적 집단 선택론이다.

인간의 '초사회성'이 어떻게 진화했는가에 대해서 모든 진화 사회과학자들이 문화적 집단 선택론을 지지하지는 않는다. 크게 보아 두 개 진영으로 나뉘어 논쟁 중이며 그 논쟁은 지금도 끝나지 않았다.[16] 문화적 집단 선택론자들(cultural group selectionists)의 반대편은 개체주의자들(individualists)로 불리우며, 전통적인 진화이론인 혈연선택과 호혜성으로 인간의 협동이 모두 설명될 수 있다는 입장이다.[17] 개체주의자들에 따르면 인간 사회의 대부분의 협동은 자신과 이타적 유전자를 공유하는 가까운 혈연 또는 자신이

18. 문화적 집단 선택론자들의 대표적인 입장은 다음 논문을 참고하라.
Richerson *et al.*, "Cultural group selection plays an essential role in explaining human cooperation: A sketch of the evidence", *Behavioral and Brain Science* 39, 2016.

베푼 이타적 행위를 높은 확률로 되갚을 가능성이 있는 친구에 대한 협동이라는 뜻이다. 이에 더하여 개체주의자들은 호혜성의 효율을 위해서 사람들에게는 호혜자(즉, 친절을 되갚는 자)와 무임승차자를 구분하는 능력이 진화했다고 주장한다.

반면 문화적 집단 선택론자들은 혈연선택과 호혜성이 인간의 협동에서 여전히 작용하긴 하지만, 적어도 대규모의 집단 수준에서 혈연이 아니거나 상호작용이 빈번하지 않은 사람들과 이루어지는 협동을 설명하기 위해서는 문화적 집단 선택론이 동원되어야 한다고 믿는다.[18] 문화적 집단 선택론자들은 인간에게는 인류의 등장 이전부터 존재했던 혈연과 가까운 친구에 친절을 베푸는 오래된 본능 위에 대규모 집단의 구성원들과 협동할 수 있는 새로운 본능이 문화적 집단 선택으로 진화했다고 믿는다. 앞서 살펴본 경제적 게임의 경우가 후자에 해당하는 대표적인 실험 사례이다. 상대편이 누구인지도 모르며, 일회성의 게임이므로 호혜성의 기회도 차단되기 때문이다.

그렇다면 문화적 집단 선택론은 초사회성을 어떻게 설명할까? 이 가설의 핵심은 인류진화사에서 특정 시점부터 같은 집단 구성원에 대한 이타성을 장려하는 문화적 규범이 집단 간에 다른 정도로 존재했다는 것이다. 그 특정한 시점은 아마도 인간 사회에서 사회적 학습이 상당한 수준으로 이루어졌던 시점일 것이며, 인류진화사에서 비교적 최근일 것으로 추측된다. 이타성과 관련이 있는 문화적 규범의 변이는 집단 간 이타성의 변이로 나타나게 되고, 오랜 시간에 걸쳐서 이타성이 높은 집단이 그렇지 않은 집단에 비해서 경쟁에서 유리했다면 현대 인간 사회에서는 집단 구성원들 간의 이타성을 장려하는 문화적 규범뿐만 아니라 그 규범을 내재화하고 따르려는 본성, 규범을 어기는 자에 대한 처벌 등이 넓게 확산되었을 것이라고 예측할 수 있다.

반면 인간을 제외한 동물의 경우, 이타성을 포함한 대부분의 형질이 유전자에 의해서 결정되며, 암컷이나 수컷 중 한 성은 성체가 되면 다른 집단으로 모두 이주해야 하기 때문에 집단 간 이타성의 변이가 발생하기 어렵다. 이주에 의해서 집단 간 변이가 사라진다면

집단 선택은 강력한 힘이 되지 못한다. 하지만 인간의 이타성은 유전자뿐만 아니라 문화적인 규범의 영향을 받는다. 인간 사회에서 문화적 규범의 집단 간 변이는 대개 이주에 의해서 사라지지 않는다.

여기에는 크게 세 가지 문화 진화의 메커니즘이 개입한다. 첫째, 사람들은 집단의 다수가 따르는 규범을 순응하는 경향이 있다(로마에 가면 로마법을 따르라). 따라서 집단 내 규범의 변이가 줄어들며, 이웃 집단에서 이주가 발생하더라도 집단 내 문화적 규범의 균질성은 유지된다. 둘째, 사람들은 집단 구성원들 중 누군가가 집단의 규범에 반하는 행동을 할 경우 그 행동을 제지하거나 처벌을 가한다. 따라서 확립된 규범에서 벗어나는 규범이 확산되기 어려우며, 본성적으로 이기주의적인 사람들도 남들의 시선과 자신의 명성 때문에 이타적으로 행동하는 경우가 있다. 뿐만 아니라 처벌이 발생할 때 문화적 규범으로 인해 처벌받는 자의 손해는 증가하고 처벌하는 자의 비용은 감소한다. 셋째, 규범을 따르는 자들은 같은 종족적 표지, 즉, 같은 방언, 같은 옷 입는 방식, 같은 헤어스타일 등을 지닌 사람들(따라서 동일한 규범을 공유하는 자들)과 상호작용하려는 경향이 있다. 다시 말해서 같은 문화적 규범을 지닌 사람들끼리의 유유상종이 발생한다. 사람들은 같은 종족적 표지를 공유하는 사람과 상호작용을 선호함으로써 상이한 규범이 충돌할 때 발생하는 사회적 상호작용의 비용을 줄일 수 있다.

문화적 집단 선택으로 인해 인류는 가까운 혈족과 소수의 친구를 넘어서는 사람들과 큰 집단을 이루고 비교적 조화롭게 살 수 있게 되었다. 하지만 문화적 집단 선택론에는 어두운 면도 존재한다. 집단 내 구성원에 대한 이타성은 집단 외의 사람들에 대한 적개심 또는 자민족중심주의로 변질될 수 있다. 왜냐하면 집단 내 구성원에 대한 이타성은 이기적인 무임승차자에 대한 방어를 필요로 하는데, 그 수단은 앞서 언급한 같은 문화적 표지를 공유한 사람들과의 유유상종이며, 자신과 다른 규범을 지닌 외집단에 대한 적개심이기 때문이다. 만약 문화적 집단 선택이 강력하게 작용할 경우, 내집단에

19. Bowles S, "Did Warfare Among Ancestral Hunter-Gatherers Affect the Evolution of Human Social Behaviors?", *Science* 324, 2009.

20. Sapolsky RM, *Behave: The Biology of Humans at Our Best and Worst*, Penguin Press, 2017.

대한 유대감은 상승하고, 다른 한편으로는 전쟁으로 인한 멸망이 빈번했을 것이라고 예측할 수 있다. 대표적인 문화적 집단 선택론자인 새뮤얼 볼스(Samuel Bowles)는 수렵채집 사회에 대한 고고학적 및 유전학적 자료를 분석하여 집단 간 폭력으로 희생된 인구가 전체에서 14퍼센트 정도 될 것이라고 추정한다.[19] 이는 현대사에서 전쟁이 빈번하던 시기의 사망률보다도 높은 수치이다. 하지만 고고학적 자료에서 집단 단위의 폭력에 대한 가장 오래된 명백한 증거는 14,000년 전에 불과하다.[20] 14,000년이라는 기간은 문화적 집단 선택으로 보편적인 인간성(이타성)을 진화시키기에는 너무 짧은 기간이다. 그 짧은 시간 동안 문화적 집단 선택 모델이 요구하는 만큼 집단의 흥망이 빈번하게 발생했을 가능성은 상당히 낮기 때문이다. 만약 최초의 집단 간 전쟁이 14,000년 전 즈음에 발생했다면 집단 간의 전쟁 뿐만 아니라 집단 내 규범에 대한 순응성, 성공한 집단의 규범을 모방하는 행위, 규범을 어기는 자에 대한 처벌 등 문화적 집단 선택의 다른 기제들이 동등한 정도로 혹은 더 강하게 작용했을 가능성이 있다.

더 읽을거리

— 피터 리처슨·로버트 보이드, 『유전자만이 아니다—문화는 어떻게 인간 진화의 경로를 바꾸었는가』, 김준홍 역, 이음, 2009.
— 허버트 긴티스·새뮤얼 보울스, 『협력하는 종—경쟁하는 인간에서 협력하는 인간이 되기까지』, 최정규·전용범·김영용 역, 한국경제신문, 2016.
— 케빈 랠런드, 『다윈의 미완성 교향곡—문화가 인간 정신을 어떻게 형성시켰는가』, 김준홍 역, 동아시아, 2018년 말 출간 예정.

유전자 - 문화 공진화 이론

유전자는 우리가 살아가는 세계에 대한 정보를 담아서 후손에게 전달한다. 마찬가지로 문화 역시 어떤 방식으로든지 세계에 대한 정보를 후손에게 전달한다. 유전자와 문화는 각기 전달하는 정보의 성격이 다르다는 점에서 서로 자율성을 갖지만, 동시에 느슨하게 연결되어 있기도 하다. 이처럼 진화 과정에서 유전자와 문화의 상관관계를 탐구하는 방식을 유전자 - 문화 공진화 이론이라고 한다.

유전자 - 문화 공진화 이론이 기존의 진화론보다 문화를 강조하지만, 그렇다고 문화가 인간의 삶을 결정한다고 보지 않는다. 시대와 지역에 따라 문화에는 다양한 변이가 있을 수 있지만 그렇다고 유전자의 이득을 해칠 정도로 자유로울 수는 없는 것이다. 예를 들어 순장이나 자살 문화 같은 것은 개체의 생존에 큰 손해를 입히기 때문에 지속되기 어렵다. 역으로 유전자도 문화에 의해서 강하게 영향을 받는다. 예를 들어 언어를 사용하는 문화가 정착한 후에는 후두를 높게 위치시키는 유전자가 대단히 불리해진다. 후두의 위치가 높아지면 기도로 음식이 넘어가는 것을 예방하는 생존에 대단히 유리한 조건을 만듦에도 불구하고, 이렇게 변이가 생기면 말을 하기가 어렵다. 인간에게 언어라는 문화가 생겨나면서 높은 후두 유전자는 적응할 수 없게 되는 것이다. 이처럼 유전자 - 문화 공진화 이론은 문화의 진화 과정을 추적하여 유전자의 진화 과정과의 상호 간의 영향관계를 바라본다.

유전자-문화 공진화 이론의 등장으로 인해 유전자를 보존하기 위한 생존과 번식의 관점에서 이해하기 어려웠던 협동의 진화 과정을 설명하기가 용이해졌다. 예컨대 협동하지 않는 자를 처벌하는 것은 자신에게 손해라도 집단으로 볼 때는 이득이기 때문에 그러한 규범이 생존할 수 있었다는 방식으로 설명할 수 있다. 유전자 - 문화 공진화 이론에 따르면 개체 수준에서 손해를 보라도 집단 수준에서 이득이 될 경우 인간이 종종 보이는 이타성은 이러한 문화적 집단 선택에 따르는 결과로 설명한다. 이는 본문에서도 설명한 것처럼 인간이 어째서 다른 동물보다 이타적일 수 있는지 (혹은 반대로 극단적인 집단 이기주의가 될 수도 있는지)를 설명해준다.

5장

이타성은 본능일까?

많은 사람들은 남들에게 인정받기를 원합니다. 친구 사이의 관계와 같은 수평적 관계부터 고용주와 피고용주의 수직적 관계까지, 인정을 갈망하는 힘은 도처에서 발견됩니다. 최근에는 SNS의 확산으로 '좋아요'라는 인정을 과도하고 요구하는 사용자들이 있고, 이를 비난한 따봉충이라는 말도 생겨났습니다. 그런데 인정욕구는 이렇게까지 비난을 받아야 마땅한 이기적인 욕구라고 할 수 있을까요?

김학진 선생님은 인정욕구와 이타주의라는 전혀 달라보이는 두 가지가 어떻게 연결되어 있는지 뇌과학을 통해 밝힙니다. 최신 연구를 통해 드러난 사실은 우리의 뇌 안에서는 인정욕구와 이타적 행위의 순수한 선의를 구분하기 어렵다는 것입니다. 이러한 새로운 발견을 기반으로 일상에서 경험하는 인정욕구로부터 어떻게 이타적인 행위로 이어나갈 수 있을지에 대해 고민하고자 합니다.

이타주의를 추구하는 이기적인 뇌

김학진

1. 김학진, 『이타주의자의 은밀한 뇌구조』, 갈매나무, 2017.

"당신은 나를 더 좋은 사람이 되고 싶게 해요."

위 문구는 영화 〈이보다 더 좋을 순 없다〉에서 오랫동안 극도의 이기주의자로 살아왔지만 캐롤을 만난 뒤로 타인을 향해 마음을 열게 된 멜빈이 그녀에게 사랑을 고백하며 건넨 감동적인 대사다. 이 대사가 주는 감동은 누군가에게 잘 보이기 위해 남을 돕는 행위를 불순한 동기로 규정하곤 하는 우리를 매우 혼란스럽게 한다. 아마도 대부분의 사람들에게 인정욕구과 이타성은 반대말에 가까울 정도로 서로 어울리기 어려운 단어들일 것이다. 지금까지 필자는 인정욕구와 이타성을 하나로 묶는 견해에 대해 노골적으로 불쾌해하는 사람들을 어렵지 않게 만날 수 있었다. 위기에 처한 사람을 구하기 위해 일말의 망설임도 없이 목숨을 던진 이수현과 같은 영웅들의 순수한 이타성을 어떻게 인정욕구로 폄훼할 수 있냐는 것이다. 또한 어려운 사람을 도왔을 때의 뿌듯함 그리고 즐거움은 과연 어떻게 설명할 수 있느냐라는 다소 감정 섞인 표현들도 쉽게 들을 수 있었다.

이처럼 우리는 이타성에 비해 인정욕구에 대해 다소 부정적인 편견을 보이고 있다. 하지만 뇌과학은 이러한 편견 속에 감춰져 있는 인간 본성을 드러내는 데 도움을 줄 수 있다. 최근 뇌과학 연구들은 이타성의 기저에 타인으로부터 인정받고자 하는 욕구가 숨겨져 있음을 보여주고 있다.[1] 따라서 이타성을 이해하기 위해 먼저 우리의 편견을 걷어내고 인정욕구의 뇌과학적 원리를 살펴볼 필요가 있다. 또한, 이타성뿐 아니라 인정욕구가 인정중독으로 이어질 때 나타날 수 있는 다양한 부적응적인 사회적 행동들에 대해 살펴보고 이를 극복하기 위한 뇌과학적 방법들에 대해서도 알아볼 것이다.

생존에 필수적인 행동에 관여하는 뇌의 영역들: 측핵과 편도체

흔히 감각신호라 하면 우리는 시각, 청각, 그리고 촉각을 떠올리기 쉽다. 이러한 감각신호들은 모두 나의 신체 외부로부터 오는 외부감각

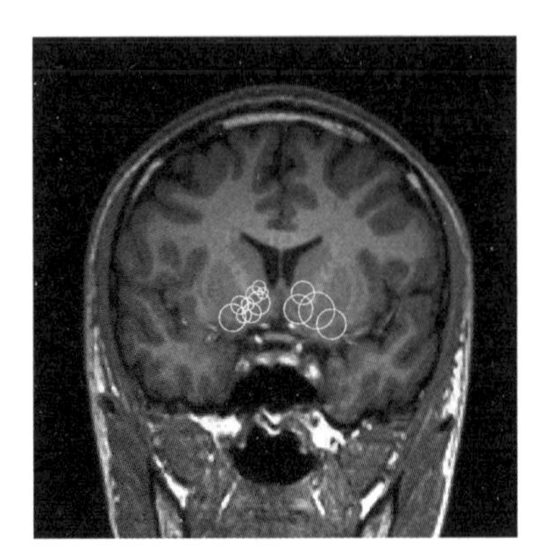

그림 1: 측핵의 위치

2. Critchley, H. D., & Harrison, N. A., "Visceral influences on brain and behavior", *Neuron* 77, 2013, pp. 624–638.

3. Ikemoto, S. & Panksepp, J., "The role of nucleus accumbens DA in motivated behavior: A unifying interpretation with special reference to reward-seeking", *Brain Research Reviews* 31, 1999, pp. 6–41.
Olds, J. & Milner, P., "Positive reinforcement produced by electrical stimulation of septal area and other regions of rat brain", *Journal of Comparative and Physiological Psychology*, 1954, pp. 419–427.

신호들이다. 하지만 우리의 뇌는 이러한 외부감각신호 외에도 많은 양의 신호들을 우리 신체 내부로부터 끊임없이 받고 있으며, 이를 내부감각신호(Interoception)[2]라고 부른다. 그렇다면 이렇게 뇌로 끊임없이 전달되는 방대한 내부감각신호들은 어떤 기능을 담당하고 있을까?

뇌가 담당하는 가장 중요한 기능은 우리 신체의 항상성을 유지하는 것이다. 내부감각신호를 통해 우리 뇌는 끊임없이 신체의 상태를 모니터링하고 신체항상성의 불균형이 감지되면 이를 다시 균형 상태로 되돌리기 위한 적절한 행동을 만들 수 있다. 예를 들어 외부로부터의 자극이 신체 조직을 파괴하여 신체항상성이 깨지게 되면 이는 통증이라는 신호를 통해 뇌로 전달되고, 우리 뇌는 이 자극을 회피하는 행동을 통해 다시 신체항상성의 균형을 회복하고자 한다. 또한 체내 영양 상태의 불균형이 감지되면 이는 식욕이라는 신호를 통해 뇌로 전달되고 우리 뇌는 음식에 접근하는 행동을 통해 다시 신체항상성의 균형을 회복하고자 한다. 이렇게 접근 행동과 회피 행동은 우리 신체의 항상성을 유지하는 데 매우 중요한 두 가지 행동 반응으로 볼 수 있다.

뇌에는 접근 행동과 회피 행동에 비교적 전문화되어 있는 뇌구조들이 있다. 먼저 접근 행동에 중요하게 관여하고 있는 뇌구조로 측핵(Nucleus accumbens)이라는 부위를 꼽을 수 있다. (그림 1) 측핵은 사람에게서 음식이나 이성의 사진 혹은 돈과 같은 보상 자극들을 만날 때 강한 반응을 보인다. 카지노에서 무심코 당긴 슬롯머신에서 잭팟이 터졌을 경우를 상상해보라. 아마도 동전들이 쏟아져 내리는 경쾌한 소리가 들릴 것이다. 이 순간 우리 뇌 한복판에 위치한 측핵이라는 부위의 활동이 급증하고, 이때 우리는 강한 쾌감을 느끼며 도박에 빠져들게 된다. 최근 연구들에 따르면 측핵이 돈뿐만 아니라 고급 스포츠카, 매력적인 얼굴 등 다양한 보상들에 대해 즉각적으로 반응하고 그 보상을 얻기 위한 행동을 강화시키는 부위임을 보여주고 있다.[3]

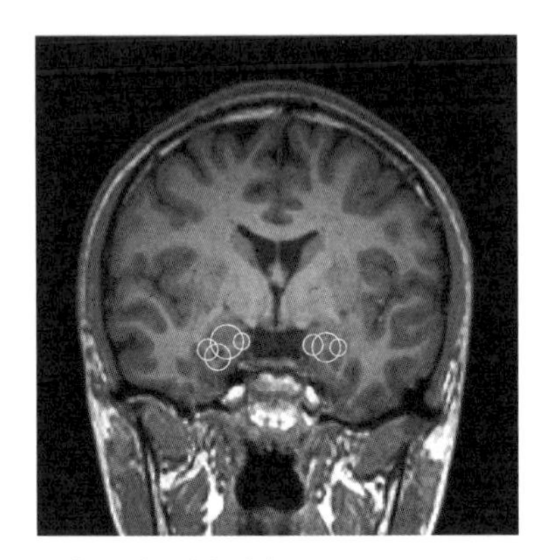

그림 2: 편도체의 위치

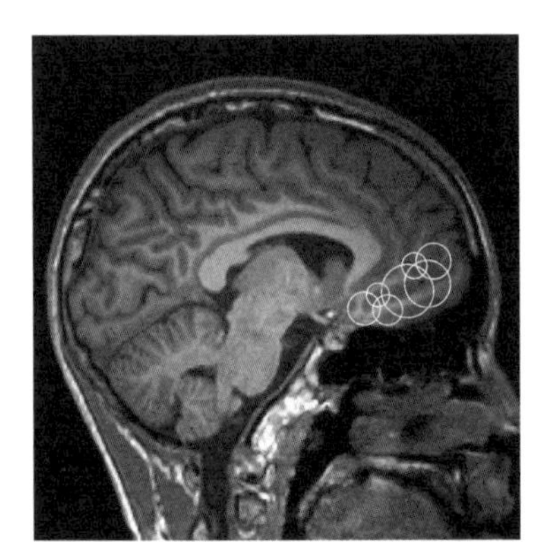

그림 3: 복내측 전전두피질의 위치

4. Whalen, P. J., Kagan, J., Cook, R. G., Davis, F. C., Kim, H., Polis, S. *et al.*, "Human amygdala responsivity to masked fearful eye whites", *Science* 306, 2004, p. 2061.

측핵과는 대조적으로, 회피 행동에 보다 중요하게 관여하고 있는 뇌구조는 편도체(Amygdala)라는 부위다. (그림 2) 아몬드와 같은 크기와 형태를 가진 이 부위는 양쪽 측두엽 안쪽 부분에 하나씩 위치하고 있다. 주로 동물 연구들을 통해 공포 기억을 형성하는 데 중요한 기능을 담당하는 것으로 잘 알려진 이 부위의 기능을 보여준 흥미로운 뇌 영상 연구가 하나 있다. 이 연구에서는 심리학에서 자주 사용되는 시각적 차폐(visual masking)라는 기법을 사용하여 참가자들에게 공포에 질린 표정의 얼굴사진을 30분의 1초라는 짧은 시간 동안 보여주고 바로 그 뒤에 유사한 무표정의 얼굴 사진을 보여주었다.[4] 이렇게 하면 참가자들은 처음에 제시된 공포에 질린 표정의 얼굴 사진을 의식적으로 지각하지 못하지만, 뇌 영상 자료를 통해 확인해보면 참가자들의 편도체는 무의식 중에 제시된 공포에 질린 표정에 대해서 높은 반응을 보인다는 것이 확인되었다. 이러한 결과는 우리가 의식하지 못하더라도 편도체는 주변의 위협적인 대상을 빠르게 탐지해서 회피 행동을 준비하도록 도와줄 수 있음을 알려준다.

그렇다면 만약 보상에 대해 자동적으로 강한 접근 반응을 촉발시키는 측핵과 위협적인 자극에 대해 반사적으로 회피 반응을 만들어내는 편도체가 서로 상충하는 상황에서는 과연 어떤 일이 벌어질까? 이해를 돕기 위해 호감이 가는 누군가에게 마음을 고백하려는 상황을 떠올려 보자. 측핵은 상대방에게 다가가서 고백하라고 재촉하지만 혹시라도 불쾌해할 상대방의 반응을 상상하면 선뜻 다가가기 쉽지 않다. 우리 뇌는 과연 이러한 갈등 상황을 어떻게 해결할까? 이 경우 중요한 역할을 담당하는 부위는 바로 복내측 전전두피질(Ventromedial prefrontal cortex)이다. (그림 3)

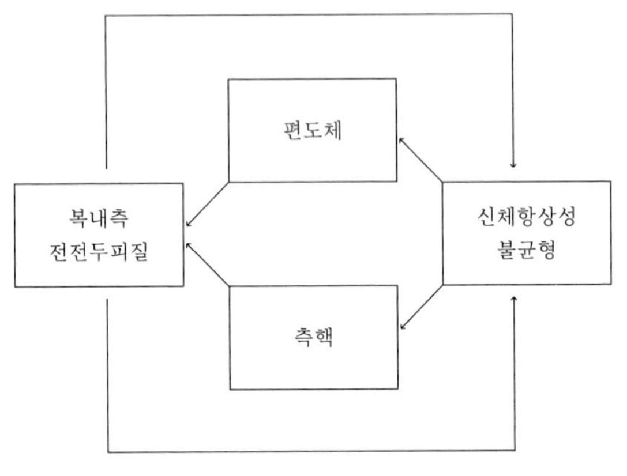

그림 4:
복내측 전전두피질은 편도체와 측핵을 통해
신체항상성의 불균형을 감지하여 회피행동과
접근행동을 촉발하는 직관적 가치를
학습하고 저장한다.

가치를 계산하는 복내측 전전두피질의 메커니즘

복내측 전전두피질은 미간보다 약간 높은 지점의 이마로부터 약 5센티미터가량 뒤쪽에 위치하고 있다. 이 부위는 접근 반응을 촉발하는 측핵과 회피 반응을 촉발하는 편도체 모두와 강하게 연결되어 있으며 두 부위로부터 강한 신호들을 받는다. 고통을 유발하는 자극은 신체의 항상성을 불균형 상태로 이끌고 편도체는 다시 균형 상태로 되돌리기 위해 복내측 전전두피질로 신호를 보내 회피 반응을 촉발시킨다. 또한 음식을 보고 강하게 끌리는 이유는 체내영양 상태의 불균형을 감지한 측핵이 다시 균형 상태로 되돌리기 위해 복내측 전전두피질로 신호를 보내 음식을 향한 접근 행동을 촉발시켰기 때문으로 볼 수 있다. 이렇듯 우리 뇌가 추구하는 가장 중요한 목적인 신체항상성 유지를 위해 복내측 전전두피질의 역할은 매우 중요하다. 측핵과 편도체 모두로부터 끊임없이 재촉받는 복내측 전전두피질은 접근과 회피 간의 균형을 아슬아슬하게 유지하면서 조심스럽게 줄을 건너가는, 마치 외줄을 타는 곡예사에 비유할 수 있다. (그림 4)

우리는 태어나는 순간부터 일생 동안 수많은 크고 작은 접근과 회피 간의 갈등을 경험하게 된다. 그리고 이 경험들을 통해 체득된 접근과 회피 간의 절묘한 균형적 전략들이 반복되면서 점차 자동화되어 우리 뇌 속에 각인되어 저장된다. 이렇게 자동화된 삶의 전략들을 우리는 직관이라고 부르며, 복내측 전전두피질은 바로 이러한 직관들이 저장된 뇌 부위라 할 수 있다. 우리가 이전에 경험했던 갈등 상황과 유사한 상황에 놓이게 되면 복내측 전전두피질에 저장된 직관이 활성화되고, 이를 통해 우리는 이전보다 훨씬 더 수월하게 접근과 회피 간의 갈등을 해결할 수 있게 된다.

이렇게 경험들을 통해 습득되어 자동화된 직관적 행동 전략들은 우리의 선택에 직접적으로 영향을 미치게 되고, 이때 이러한 직관들을 우리는 가치(value)라는 이름으로 부르기도 한다. 우리가 두 선택지 간에 하나를 선택할 수 있는 이유는 선택된 것의 가치가

상대적으로 높기 때문이며, 우리가 일상에서 하게 되는 대부분의 선택들은, 우리가 의식하건 의식하지 못하건, 과거의 수많은 경험을 통해 뇌 속에 형성되고 각인된 직관 혹은 가치의 결과로 볼 수 있다.

우리의 뇌가 수많은 가치를 형성하고 계산함으로써 추구하고자 하는 궁극적인 목표는 물론 신체항상성의 유지다. 하지만 이러한 목표에 도달하는 것은 쉬운 일이 아니며, 이 목표를 방해하는 가장 큰 장애물은 바로 끊임없이 변화하는 주변 환경이라 할 수 있다.
만약 필요한 모든 정보를 매번 충분히 고려해서 최적의 선택을 할 수 있다면, 아무리 환경이 변하더라도 우리는 별 문제 없이 항상성을 유지할 수 있을 것이다. 하지만 안타깝게도 최적의 선택을 위해 필요한 정보의 양은 거의 무한대에 가까운 반면, 우리 뇌가 가진 정보 정리 용량은 심각할 정도로 제한되어 있다. 설령 우리 뇌가 충분한 용량을 갖추고 있더라도 때로는 이 많은 정보를 고려할 만큼 충분한 시간이 주어지지 않을 경우도 있다. 따라서 목표와 현실 간의 간극을 극복하기 위해 우리 뇌는 새로운 전략을 찾아야만 했는데, 이 전략의 핵심은 자극들을 범주화·추상화시킴으로써 처리해야 할 정보를 최대한 단순화시키는 것이었다. 다시 말해서 범주화·추상화 과정은 우리의 뇌가 최소의 비용과 노력으로 신체항상성을 유지할 수 있는 방법을 끊임없이 고안해낸 결과라 할 수 있다.

범주화·추상화 과정을 거치면서 우리의 뇌는 최소의 비용과 노력으로 최대의 효과를 얻을 수 있는 보상을 찾고자 끊임없이 노력하고, 이러한 과정에서 이전에는 없었던 새로운 가치들을 만들어 낸다. 그리고 이 과정에서 음식이나 물과 같은 일차적 보상들을 대체할 수 있는 이차적 보상들이 생겨난다. 돈은 이러한 이차적 보상의 대표적인 예라 할 수 있다. 음식과 물과 같은 수많은 일차적 보상들을 개별적으로 추구할 때에는 많은 시간과 노력이 요구되지만, 일차적 보상 대신 다양한 종류의 일차적 보상들로 쉽게 교환될 수 있는 돈이라는 이차적 보상을 얻는 방법에 주력하게 되면 내가 가진 자원을 획기적으로 절감할 수 있다. 따라서 이차적 보상은 일차적 보상보다 훨씬 매력적인 보상이 될 수 있다.

5. Kim, H., Shimojo, S., & O'Doherty, J. P., "Overlapping responses for the expectation of juice and money rewards in human ventromedial prefrontal cortex", *Cereb Cortex* 21, 2011, pp. 769–776. Lin, A., Adolphs, R., & Rangel, A., "Social and monetary reward learning engage overlapping neural substrates", *Soc Cogn Affect Neurosci* 7, 2012, pp. 274–281.

돈만큼, 아니 돈보다 훨씬 더 강력한, 우리가 간과하고 있는 또 다른 중요한 이차적 보상이 있다. 바로 '사회적 보상'이다. 타인으로부터의 인정, 호감, 그리고 존중 등을 포함하는 사회적 보상도 돈과 유사하게 우리 뇌의 범주화·추상화 과정에서 자연스럽게 탄생된 이차적 보상이다. 사실, 사회적 보상은 발달 과정에서 돈보다 훨씬 먼저 학습하게 되는 이차적 보상이며, 그 어떤 보상보다 더 강력한 보상으로 성장할 수 있다. 페이스북의 '좋아요' 심볼은 극도로 단순화·추상화된 강력한 이차적 보상인 사회적 보상의 상징이다. 더 적은 노력으로 더 많은 보상을 얻을 수 있는, 다시 말해서 더 효율적인, 이차적 보상을 경험하게 되면, 우리 뇌는 그전까지 추구하던 일차적 보상들 대신 이 새로운 이차적 보상을 좇는 데 주력하게 된다.

인간은 거의 출생과 동시에 타인의 감정을 파악하고 구분하여 이를 보상으로 환산하는 가치 계산 기제를 발달시켜 왔다. 바로 복내측 전전두피질은 타인의 인정·호감·존중이라는 사회적 가치들을 저장하고 있는 중요한 뇌부위다. 최근 뇌 영상 연구들은 복내측 전전두피질이 돈 그리고 타인으로부터의 칭찬과 인정 등과 같은 다양한 종류의 이차적 보상들에 공통적으로 반응한다는 사실을 보여주고 있다.[5] 이러한 발견들은 경제학 분야에서 오랫동안 찾아온 공동통화(common currency)라는 개념의 신경학적 실체를 보여준 중요한 발견이다. 이러한 신경학적 공동통화 덕분에 우리는 각기 다른 보상들 간에 비교를 매우 빠르고 정확하게 해낼 수 있다. 예를 들어, 이러한 공동통화를 통해 우리는 타인의 비난을 감수하면서 돈을 선택하기도 하고, 때로는 돈을 포기하면서까지 타인의 호감을 얻고자 하는 이타적인 행동을 하기도 한다.

복내측 전전두피질이 손상된 사람의 극적인 행동 변화

실제로 이타적인 사람들이 타인을 도울 때 복내측 전전두피질이 사용될까? 최근에 필자의 연구실에서는 타인을 돕는 이타적 행동의

6. Sul, S., Tobler, P. N., Hein, G., Leiberg, S., Jung, D., Fehr, E., & Kim, H., "Spatial gradient in value representation along the medial prefrontal cortex reflects individual differences in prosociality", *Proceedings of the National Academy of Science* 112, 2015, pp. 7851–7856.

7. Sauer, H., "Educated intuitions. Automaticity and rationality in moral judgement", *Philosophical Explorations: An International Journal for the Philosophy of Mind and Action* 15, 2012, pp. 255–275. Stich, S., Doris, J. M., & Roedder, E., "Altruism" In T. M. P. R. Group (Ed.), *The Moral Psychology Handbook*, Oxford University Press, 2010.

8. Burns, J. M., & Swerdlow, R. H., "Right orbitofrontal tumor with pedophilia symptom and constructional apraxia sign", *Arch Neurol* 60, 2003, pp. 437–440.

가치를 학습하는 데 관여하는 뇌 부위를 알아본 연구를 수행한 바 있다.[6] 이 연구에서 참가자들은 자신 혹은 타인이 받게 될 고통스러운 경험을 줄이기 위해 노력해야 하는 일종의 게임을 수행했다. 참가자들이 게임을 수행하는 동안 뇌 반응을 측정한 결과, 이타적인 참가자들은 자신과 타인을 위해 선택할 때 모두 복내측 전전두피질을 사용하는 것으로 나타났으나, 이기적인 참가자들은 자신을 위해 선택할 때만 복내측 전전두피질을 사용하는 것으로 나타났다. 다시 말해서, 이기적인 사람들과 달리 이타적인 사람들은 타인을 위한 선택의 가치가 내재화·자동화되어 복내측 전전두피질에 직관적 가치로 저장되어 있음을 보여주는 증거이다.[7]

그렇다면 복내측 전전두피질이 손상된 사람은 정상인과 어떻게 다를까? 100년 전에 미국에 살았던 피니어스 게이지(Phineas Gage)라는 뇌 손상 환자의 사례는 이 질문에 좋은 답변을 제공한다. 철로 작업 노동자였던 게이지는 쇠막대기가 뇌를 관통하는 끔찍한 사고를 당하게 되었고, 사고 직후 바로 응급실로 이송되었다. 그런데 놀랍게도 사고 후에 게이지의 대부분의 인지 기능은 거의 정상 수준으로 회복했다. 하지만 좀더 시간이 흐른 뒤 사람들은 게이지의 성격이 완전히 바뀌어 버렸음을 알게 되었다. 사고 전에는 따뜻한 성품으로 동료들로부터 존경받던 게이지였지만, 사고 이후에 그는 폭력적이고 무례한 사람으로 바뀌어 버렸다. 이 때문에 결국 직장도 잃고 여기저기 떠돌다 비교적 젊은 나이에 쓸쓸히 생을 마감한 것으로 알려져 있다.

이와 유사한 최근 사례가 있다. 약 15년 전 학술지에 발표된 한 논문에서 자신의 의붓딸을 성폭행하려다 부인에게 발각된 한 40대 남성의 사례가 보고된 바 있다.[8] 그 후 성 중독 치료를 받게 된 이 남성은 치료 도중에도 성도착적 행동을 보였고 급기야 감옥에 갈 상황에까지 처하게 된다. 그런데 형 집행을 기다리는 동안 이 남성은 극심한 두통을 호소하게 되고, 급히 병원으로 옮겨 MRI 촬영을 받은 결과 전두엽, 특히 복내측 전전두피질 부근에서 거대한 종양을 발견하게 된다. 곧바로 종양 제거 수술을 받은

9. Kang, P., Lee, Y. S., Choi, I., & Kim, H., "Neural evidence for individual and cultural modulation of social comparison effect", *The Journal of Neuroscience* 33, 2013, pp. 16200–16208.

그 남성은 수술 후 약 7개월간에 걸쳐 성공적으로 성 중독 프로그램을 완수하게 되고 다시 일상으로 복귀하게 된다. 그러나 이 남성은 수술 후 약 10개월 뒤 다시 두통을 호소하며 아동 포르노를 수집하기 시작하다 발각된다. 다시 MRI 촬영을 해본 결과, 놀랍게도 이 남성 뇌의 동일한 부위에 다시 종양이 자라 있는 것이 발견되었다. 이 사례는 복내측 전전두피질 기능이 손상될 경우, 한 사람의 윤리적 행동이 극적으로 바뀔 수 있음을 보여주는 놀라운 증거를 제공한다.

지금까지 복내측 전전두피질의 기능이 손상된 사람들의 사례에 대해서 언급했지만, 반드시 복내측 전전두피질의 물리적 손상에 의해서만 사회적 행동의 문제가 발생하는 것은 아니다. 접근 행동과 회피 행동 간의 균형점을 유지하는 복내측 전전두피질의 기능에 문제가 생길 경우, 접근 혹은 회피 중 한쪽 방향으로 편향된 반응을 초래하는 가치 계산의 불균형에 의해서도 사회적 행동의 문제는 발생할 수 있다. 우리가 일상생활에서 만나게 되는 많은 부적응적인 성향의 사람들이 보이는 사회적 행동들은 바로 이러한 접근-회피 간 불균형으로부터 비롯된 것일 수 있다.

과도한 인정욕구를 발생시키는 접근 편향

내가 주어진 환경에 잘 적응하고 있는지를 항상 살피는 일은 생존을 위해 매우 중요하다. 이를 위해 쉽게 사용할 수 있는 방법은 바로 나와 타인을 비교하는 것이다. 내 주위 사람들과 나를 비교하면서 그들보다 더 높은 보상을 얻고자 끊임없이 노력하는 심리를 사회비교(social comparison)라 부르며, 이는 접근 행동의 과도한 발현으로 볼 수 있다. 그렇다면 이러한 사회비교는 우리 뇌에서 어떻게 만들어지며 우리의 행동에 어떠한 영향을 미치게 되는 걸까?

이 질문에 답하기 위해 필자의 연구실에서는 최근에 간단한 도박 게임을 고안했다.[9] 이 게임에서 참가자들은 매 시행마다

3장의 카드 중 하나를 선택하게 되고, 그 결과로 금전적 이익 혹은 손실을 경험할 수 있다. 그리고 옆방에서는 이 실험에 참여하는 또 다른 파트너가 동일한 게임을 수행하고 있었고, 참가자는 자신의 결과를 확인한 뒤 바로 파트너가 얻은 결과도 확인할 수 있었다. 이때 참가자의 결과는 절대적으로는 이득이지만 파트너와 비교해서 상대적으로는 손실일 수 있고, 반대로, 절대적으로는 손실이지만 상대적으로는 이익일 수 있도록 만들었다. 참가자는 자신이 얻은 결과가 만족스러우면 결과를 받아들일 수 있고, 만족스럽지 못하면 거절하고 나중에 다시 한번 새로운 게임을 할 기회를 선택할 수 있었다.

이 실험에는 한국인들과 미국인들이 참가자로 참여하였는데, 실험 결과를 보면 한국인과 미국인 간에 큰 차이가 있음을 알 수 있다. 미국인들은 상대적인 결과보다는 절대적 결과에 의해 수용·거절을 선택하는 경향성이 높았던 것에 비해, 한국인들의 선택은 절대적인 결과보다 상대적인 결과에 의해 더 많은 영향을 받은 것으로 나타났다. 그렇다면 이러한 사회 비교 경향성에서의 문화적 차이는 뇌 반응에서도 관찰될 수 있을까?

실제로 뇌 반응을 관찰한 결과, 문화 간 차이를 가장 크게 보인 뇌 부위는 복내측 전전두피질로 나타났다. 다시 말해서 이 부위의 활동 수준은 미국인들의 경우 상대적인 결과보다는 절대적인 결과에 따라 달라진 반면에, 한국인들의 경우는 이 부위가 절대적인 결과보다 상대적인 결과에 더 반응한 것으로 관찰되었다. 그리고 흥미롭게도 이 부위는 접근 행동을 촉발시키는 부위로 알려진 측핵과 증가된 기능적 연결 강도를 보였다. 또한 측핵과 복내측 전전두피질 간의 기능적 연결 강도가 증가할수록 절대적 결과보다 상대적 결과에 의해 영향 받는 정도, 즉 사회 비교 경향성이 높은 것으로 나타났다. 이 연구 결과는 경쟁적 사회 비교의 기저에, 측핵이 복내측 전전두질의 계산 과정에 과도하게 영향을 끼쳐서 생기는 편향된 접근 동기가 자리잡고 있음을 보여준다. 뿐만 아니라 이러한 사회 비교 경향성은 개인이 속한 문화에 따라 크게 달라질 수 있음을 알 수 있다.

10. Motzkin, J. C., Newman, J. P., Kiehl, K. A., & Koenigs, M., "Reduced prefrontal connectivity in psychopathy", *The Journal of Neuroscience* 31, 2011, pp. 17348–17357.

11. Bateson, M., Nettle, D., & Roberts, G., "Cues of being watched enhance cooperation in a real-world setting", *Biol Lett* 2, 2006, pp. 412–414.

복내측 전전두피질의 가치 계산 과정에 편도체보다는 측핵의 영향력이 커지면서 접근-회피 간 균형 상태가 깨지게 되면, 나와 타인 간의 상대적 보상의 차이에 극도로 민감해지고 나의 선택이 초래할 처벌, 비난, 손실 등에 둔감해지게 되면서 타인에 비해 상대적으로 우월한 위치에 도달하고자 하는 과도한 권력욕이 표출될 수 있다. 최근 주위에서 많은 이슈가 되고 있는 갑질 행동이나 분노조절장애 등도 어쩌면 과도하게 타인의 인정을 얻고자 노력하는 접근 회로에 비해 상대적으로 위축된 회피 회로 때문일 수도 있다. 타인으로부터의 존중과 감사의 신호를 과도하게 받게 될 경우, 일상적인 수준의 감사에는 오히려 무시당했다는 느낌을 받게 될 수 있다. 과도한 인정욕구는 타인으로부터 예상되는 비난에 의해 억제될 수 있으며, 타인으로부터의 비난을 더 이상 염려하지 않게 될 때 인정욕구는 무절제하게 표출될 수 있다.

이러한 접근-회피 간 불균형은 타인의 비난이나 고통이 주는 불편함을 느끼지 못하고 자신의 욕구 충족에만 몰입하는 싸이코패스를 연상시키기도 한다. 흥미롭게도 최근 뇌 영상 연구에 따르면, 정상인에 비해 싸이코패스들에게서 복내측 전전두피질과 편도체 간 기능적 연결성이 현저하게 저조한 것으로 밝혀졌다.[10] 이러한 뇌기능의 차이를 유전적인 요인으로만 볼 수 있을까? 끔찍한 범죄행위를 저지른 싸이코패스들 중에 상당수가 어린 시절 극심한 아동학대를 경험한 적이 있다는 사실은 매우 중요한 시사점을 지닌다. 어린 시절에 경험한 극심한 정서적 고통이, 타인의 고통에 공감하고 이를 회피하기 위해 필요한 신경회로를 거의 영구적으로 손상시키는 것은 아닐까?

앞서 얘기한 바와 같이, 접근 회로에 비해 회피 회로가 과도하게 작동할 경우에도 복내측 전전두피질의 가치 계산 과정은 불균형 상태로 빠질 수 있다. 그 결과로 보상을 얻고자 하는 접근 동기는 타인으로부터의 비난을 피하기 위한 과도한 회피 동기에 의해 억눌려 버릴 수 있고, 지나치게 타인의 시선을 의식하여 비난을 회피하기 위한 충동적인 사회적 행동으로 이어질 수 있다.[11] 그렇다면 복내측

12. Jung, D., Sul, S., Lee, M., & Kim, H. Social Observation Increases Functional Segregation between MPFC Subregions Predicting Prosocial Consumer Decisions. Scientific Reports 8, 2018, p. 3368.

전전두피질의 가치 계산 기능이 회피 회로로 편향될 경우는 어떤 일들이 일어날까?

강한 내집단 문화를 만드는 회피 편향

처음에 프리우스라는 하이브리드 자동차가 시장에 나왔을 때 전문가들은 이 자동차의 미래를 다소 비관적으로 예견했다. 과연 얼마 안되는 연료비를 아끼기 위해 값비싼 자동차를 구매할 소비자가 있을지 회의적이었던 것이다. 하지만 기대와는 달리 프리우스는 대성공을 거두었다. 소비자들에게 구매 이유를 물어보았을 때 흥미로운 답변을 들을 수 있었다. 소비자들이 비싼 가격에도 불구하고 프리우스를 구매하는 이유는 그 자동차가 바로 '나 자신에 대해 잘 드러내주는 제품'이라는 것이었다. 다시 말해서 자신이 환경을 생각하는 사려 깊은 사람이라는 메시지를 전달하기에 아주 효과적인 물건이라는 것이었다.

이처럼 이타적 행동과 사회적 평판 간의 관련성을 보다 과학적으로 살펴보기 위해 최근 필자의 연구실에서는 타인이 관찰하는 상황에서 윤리적인 행동이 증가하는 현상을 뇌 영상 기법을 통해 연구한 바가 있다.[12] 이 과제에서 참가자들은 매 시행마다 제시되는 간단한 음식 상품의 사진과 가격을 보고 구매할 것인지 아닌지를 선택하였다. 제시되는 상품들은 크게 사회적 기업과 일반 기업 제품들로 구분되었으며, 이는 사진과 함께 제시되는 브랜드 로고를 통해 확인할 수 있었다. 실험 결과, 예상대로 타인이 관찰할 때 일반 기업 제품에 비해 사회적 기업 제품의 구매 확률이 증가했다. 그리고 관찰 상황에서 참가자들이 사회적 기업 제품을 구매하는 순간, 복내측 전전두피질의 활성화 수준이 증가했으며, 이 부위와 편도체 간의 기능적 연결 강도 역시 순간적으로 증가했다. 타인이 지켜볼 때, 우리는 타인을 위해 배려하라는 무언의 사회적 압력을 느낄 수 있고, 이때 느끼는 불안감은 증가된 편도체의 활동을 통해 복내측

13. Izuma, K., Saito, D. N., & Sadato, N., "The roles of the medial prefrontal cortex and striatum in reputation processing", *Soc Neurosci* 5, 2010, pp. 133–147.

14. De Dreu, C. K. W., Greer, L. L., Van Kleef, G. A., Shalvi, S., Handgraaf, M. J. J., "Oxytocin promotes human ethnocentrism", *Proc Natl A Sci USA* 108, 2011, pp. 1262–1266.

15. Sripada, C. S., Phan, K. L., Labuschagne, I., Welsh, R., Nathan, P. J., Wood, A. G., "Oxytocin enhances resting-state connectivity between amygdala and medial frontal cortex" *Int. J. Neuropsychopharmacology*, 2012, pp. 1–6.

전전두피질의 가치 계산 기능을 편향시켜 관찰자의 비난을 회피하기 위한 충동적인 타인 배려 행동을 촉발시킬 수 있다.[13]

타인으로부터의 비난을 피하려는 동기는 역설적으로 또 다른 타인을 향한 공격적인 행동으로도 이어질 수 있다. 그리고 이는 한국 사회에서 빼놓을 수 없는 중요한 사회적 문제인 집단 간 편 가르기 문화와도 관련될 수 있다. 다시 말해서, 타인을 향한 험담·비난·질투·시기심 등은 생존을 위협하는 대상이나 상황으로부터 비롯된 불안감을 해소하기 위한 행동으로 볼 수 있다. 이와 관련해서, 최근에 옥시토신이라는 신경전달물질을 합성한 약물을 스프레이 형태로 만들어 코를 통해 주입하는 기술을 응용한 흥미로운 연구가 있다.[14] 네덜란드에서 수행된 이 실험에서는 옥시토신을 투여받은 집단과 플라시보(위약)를 투여받은 집단으로 나뉜 참가자들에게 도덕적 딜레마에 대해 판단하도록 요구했다. 예를 들어 달려오는 기차가 이름 없는 5명을 죽일 수 있을 때, 선로 스위치를 변경해서 1명만 희생시키고 5명을 살릴 것인지의 판단이었다. 이때, 한 조건에서는 희생시켜야 하는 한 사람을 같은 나라인 네덜란드 사람으로 제시했고, 다른 조건에서는 아랍 사람으로 제시했다. 실험결과, 희생시킬 한 사람이 네덜란드인일 때보다 아랍인일 때 그 한 사람을 희생시키겠다고 답변하는 경향성이 높았고, 이러한 경향성은 플라시보 집단에 비해 옥시토신 집단에서 현저하게 증가했다. 이처럼 옥시토신은 자신이 속한 내집단에 대한 충성심을 증가시키고 내집단과 경쟁하는 외집단에 대한 공격성을 증가시킨다는 많은 연구결과들이 이어지고 있다.

그렇다면 이처럼 내집단 편향을 증가시키는 옥시토신은 우리 뇌에 어떤 변화를 일으키는 걸까? 또 다른 뇌 영상 연구에서는 옥시토신을 투여받은 사람들은 위약을 투여받은 사람들에 비해 편도체와 복내측 전전두피질 간에 기능적 연결성이 현저하게 증가하는 것이 관찰되었다.[15] 이 결과를 토대로 해석해 볼 때, 아마도 내가 속한 집단으로부터 소외될 가능성이 주는 불안감이 편도체 활동을 증가시켜 복내측 전전두피질의 가치 계산 과정에 회피 편향을

유발시킬 수 있다. 이때 내집단과 경쟁적인 타집단을 향한 증가된 공격성은 내집단 속에서 나의 사회적 지위를 공고히 해주고 불안감을 해소시켜 주는 중요한 출구를 제공하는 것이 아닐까? 이처럼 접근 회로에 비해 회피 회로가 상대적으로 우세할 경우, 복내측 전전두피질이 계산하는 가치는 균형을 잃게 되고, 우리는 특정 행동이 초래할 타인으로부터의 비난에 대한 두려움 때문에 과도한 회피 행동을 보일 수 있다. 그 결과로 지나치게 타인의 시선을 의식한 비윤리적인 내집단 편향 혹은 동조 행동 등이 나타날 수 있다.

외부의 적을 만드는 것은 내집단의 결속을 강화하는 중요한 수단이 될 수 있다. 따라서 우리는 집단 내 구성원 간 갈등이 커지거나 집단으로부터의 소외에 대한 두려움이 커질 때, 이를 해결하기 위해 외부의 적을 찾고자 노력하는 욕구가 증가할 수 있다. 그리고 이러한 욕구로부터 타인 험담 혹은 왕따 문화 등이 발생할 수 있으며, 더 나아가 사회적 규범을 어기면서까지 내집단을 감싸고 타집단을 비난하는 비윤리적 집단행동으로 표출되기도 한다.

자기를 돌아보게 하는 복내측 전전두피질의 기능

앞서 살펴본 바와 같이, 복내측 전전두피질이 균형감각을 잃게 되어 타인으로부터 인정받고자 하는 인정욕구에 지나치게 몰입하게 된 상태를 인정 중독이라 말할 수 있다. 이러한 인정 중독이 행동으로 표출되는 양상은 매우 다양하지만 공통된 원인을 가진 부적응적인 행동으로 볼 수 있다. 그렇다면 복내측 전전두피질의 가치 계산 기능의 균형 상태를 회복하고 유지함으로써 인정 중독을 예방하고 조절하는 뇌과학적인 해결 방법이 있을까? 이 질문에 대한 답변에 앞서, 우리 주변에서 흔히 볼 수 있는 온도조절기를 한번 떠올려보자. 이 조절기의 기준 온도 값을 적절한 수준으로 사용자가 설정하게 되면, 자동으로 냉방 혹은 난방이 작동하게 되고 방안의 온도는 항상 이 기준 온도를 유지할 수 있게 된다. 가끔 지나치게 덥거나 추운 날에

16. Kelley, W.M. *et al.*, "Finding the self? An event-related fMRI study", *J. Cogn. Neurosci* 14, 2002, pp. 785–794.

17. Raichle, M. E., & Snyder, A. Z., "A default mode of brain function: a brief history of an evolving idea", *Neuroimage* 37, 2007, pp. 1083–1090.

우리는 기준 온도 값을 과도하게 설정할 수 있는데, 이 경우 실제로 우리는 추위를 느끼지만 계속 에어콘이 작동하거나 더운데도 계속 난방이 나오는 일이 발생할 수 있다. 스스로 적절한 온도를 유지하는 자동 온도조절기는 편리할 수 있지만 기준 온도 값이 잘못 설정되어 있을 경우는 오히려 더 큰 불편을 초래할 수 있으며, 이때 우리는 가끔씩 온도조절기의 기준 온도 값이 나에게 적절하게 설정되어 있는지를 체크하고 다시 재조정할 필요가 있다.

다양한 상황과 타인의 행동들에 대해서 적절하게 반응할 수 있는 기준 값들이 설정된 복내측 전전두피질에 저장된 가치 정보들은 마치 온도조절기의 기준 온도 값에 비유될 수 있다. 마치 과도하게 덥거나 추운 날 일시적으로 기준 온도 값이 바뀌는 것처럼, 타인으로부터 과도한 칭찬과 인정을 받거나 심각한 비난을 받게 되는 경우, 복내측 전전두피질에 저장된 기준 값들은 일시적으로 변할 수 있다. 이때, 온도조절기에 설정된 기준 온도 값이 적절한지 확인하는 것처럼, 복내측 전전두피질에 저장된 기준 값들이 나의 신체항상성 유지라는 궁극적 목표를 위해 적절한 값들인지 아닌지 점검하는 시간이 필요하다. 그리고 만약 기준 값들이 적절하지 않다면 내부감각 신호들에 다시 귀를 기울임으로써 신체의 항상성 유지라는 목표를 위해 최적의 상태로 복내측 전전두피질의 기준 값을 다시 재조정하는 과정이 필요하다.

그렇다면 우리는 어떻게 내부감각 신호들에 귀를 기울일 수 있을까? 복내측 전전두피질의 또 다른 흥미로운 기능 두 가지가 있다. 하나는 바로 이 부위가 타인보다는 자신을 돌아보고 판단하는 상황에서 더 높은 활동을 보인다는 점이다. 그리고 이러한 기능 때문에 이 부위에는 자기참조영역(self-referential area)이라는 이름이 붙게 되었다.[16] 이 부위의 또다른 별명은 디폴트 모드 영역(default-mode area)이다. 그 이유는 우리가 외부 자극에 몰두해서 뭔가 과제를 수행할 때 이 부위의 활동은 낮아지고, 오히려 과제가 끝나고 휴식을 취하는 동안에는 다시 활동이 증가하기 때문이다.[17] 더 흥미로운 사실은, 바로 이 복내측 전전두피질의 활동 변화가 심장

18. Thayer, J.F., Ahs, F., Fredrikson, M., Sollers, J.J. III & Wager, T.D., "A meta-analysis of heart rate variability and neuroimaging studies: implications for heart rate variability as a marker of stress and health", *Neurosci. Biobehav. Rev* 36, 2012, pp. 747–756.

19. Friston, K. J., "The free-energy principle: A unified brain theory?", *Nature Reviews Neuroscience* 11, 2010, pp. 127–138.

20. Seth, A. K., "Interoceptive inference, emotion, and the embodied self", *Trends Cogn. Sci* 17, 2013, pp. 565–573.

박동수와 긴밀한 상관을 보인다는 점이다.[18] 어쩌면 외부 환경의 자극들에 집중시키던 주의를 돌려 자신을 향해 몰입하고 집중할 때, 우리의 뇌가 비로소 신체와 소통할 수 있는 채널이 열리는 것이 아닐까? 복내측 전전두피질을 통해 우리는 내부감각 신호에 귀를 기울이게 되고 자아라는 가치를 재조정할 기회를 갖게 되는지도 모른다. 이는 타인들과 복잡하게 얽힌 관계로부터 벗어나 자신만의 사색의 시간을 갖는 것이 내면세계의 성장을 위해 중요할 수 있음을 보여주는 과학적 근거일 수 있다.

최근 정서 이론에 의하면, 우리 뇌는 매 순간 신체의 상태를 예측·모니터링하고 있다.[19] 그리고, 감정은 우리 뇌가 신체 반응을 예측하는 데 실패했음을 알려주는 신호이며, 신체항상성 유지를 위한 우리 뇌의 기준 값들이 잘못 설정되어 있음을 알려주는 알람과 같다고 할 수 있다.[20] 아마도 우리가 감정을 경험하는 순간은 우리 뇌가 신체 상태를 예측하는 데 실패했음을 알리고 뇌의 변화를 요구하는 중요한 순간일 수 있다. 이때 우리는, 이 신호를 무시하고 쉽게 익숙한 가치를 따라갈 수도 있고, 아니면 이러한 예측 오류의 원인을 찾아 새로운 가치를 창조할 수도 있는 매우 중요한 갈림길에 서게 된다. 복잡한 사회적 관계들로부터 잠시 벗어나 자신의 내면세계에 집중하는 시간을 가질 때, 우리 뇌는 신체와 소통하며 가치 재조정 과정을 통해 균형 감각을 갖춘 복내측 전전두피질을 유지할 수 있게 된다. 본인의 의사와는 무관하게 강제적으로 홀로된 시간을 경험해야 하는 경우와 달리 자발적으로 만드는 혼자만의 시간은 타인으로부터 받은 상처를 직면할 수 있는 강한 내면을 키워나갈 중요한 기회를 마련해줄 수 있다.
역설적으로 이러한 자발적인 외로움은 세계가 나를 지배하는 사회적 규범과 타인의 시선이라는 보이지 않는 틀을 지각하고 진정한 자아를 찾는 시간이 될 수 있으며, 오히려 타인과의 진정한 대화를 위한 토대를 굳게 다지는 시간이 될 수 있다.

충동적 이타성으로부터 합리적 이타성으로

혹자는 이타성의 기저에 인정욕구가 있다는 것을 강조하게 되면 이타성 뒤에 숨은 이기심에 대한 의심과 비난이 높아지고, 불의에 항거하는 이타주의자들이 출현하기 어려워질 것이라고 우려한다. 하지만 이와 반대로 필자는 지나치게 순수한 선의를 강조하는 문화가 오히려 이타적인 행동을 찾아보기 어렵게 만들 수 있다고 본다. 오히려 순수한 선의를 강조하는 주장은 마치 인간의 생리작용과 대사작용을 이해하면 식욕이 사라질 것이라 걱정하는 것과 마찬가지로 기우에 불과하다. 인간의 생존과 적응에 필수적인 인정 욕구가 자연스럽게 확장되어 나타난 건강한 도덕적, 이타적 행동은 그 이면의 동기를 이해한다고 해서 결코 사라지지 않으며 오히려 강력한 추진력을 얻을 수 있다. 자신의 신체 상태를 정확히 인식하면 건강에 해로운 습관을 피하기 쉬워질 수 있는 것처럼, 이타성이라는 포장 뒤에 숨은 인정욕구를 인식하고 점검하는 과정은 인정욕구가 자신을 포함한 사회 전체를 파괴하는 형태로 무분별하게 퍼지는 것을 막아줄 수 있다. 그리고 이를 통해 우리는 사회적 압력들로부터 자신을 지킬 수 있게 되고 감정적·충동적 이타주의로부터 벗어나 좀더 성숙한 형태의 합리적 이타주의를 실현시킬 수 있을 것이다.

우리가 일상에서 경험하는 행복감과 불행함의 대부분은 타인과의 관계에서 비롯되며 이러한 사회적 관계의 기저에는 항상 인정욕구가 있다. 매 순간 나의 생각과 행동 뒤에 숨어 있는 인정욕구를 끊임없이 점검함으로써 균형 잡힌 가치를 지향하는 삶이야말로 뇌과학이 제안하는 행복한 삶이 아닐까? 생존 확률을 극대화하고자 노력하는 우리 뇌의 궁극적 목표는 이타적인 삶이며, 이러한 삶의 가장 큰 수혜자 역시 다름 아닌 우리 자신이 될 것이다.

더 읽을거리

— 조너선 하이트, 『바른 마음—나의 옳음과 그들의 옳음은 왜 다른가』, 왕수민 역, 웅진지식하우스, 2014.
— 필립 짐바르도, 『루시퍼 이펙트—무엇이 선량한 사람을 악하게 만드는가』, 이충호·임지원 역, 웅진지식하우스, 2007.
— 조슈아 그린, 『옳고 그름—분열과 갈등의 시대, 왜 다시 도덕인가』, 최호영 역, 시공사, 2017.
— 매튜 D. 리버먼, 『사회적 뇌 인류 성공의 비밀』, 최호영 역, 시공사, 2017.

타인을 공감하지 못하는 사람들을 일컬어 사이코패스라고 부른다. 이들의 MRI 영상을 살펴보면 다른 사람의 감정을 이해하는 기능을 수행하는 특정 뇌 부위의 회색질이 일반인에 비해 현저히 적다. 또한 통증, 자극, 불안, 공포의 감정과 강하게 관련된 편도체와 복내측 전전두피질 간의 기능적 연결이 낮은 상태임을 고려해보면, 사이코패스와 일반인 간에는 두드러진 신경학적 차이가 존재한다.

그런데 흔히 공감 능력이 거의 없다고 알려진 사이코패스에게서 역으로 정교하게 타인의 욕구를 이해하는 능력이 관찰되기도 한다. 사이코패스는 어떤 면에서는 편향적으로 공감을 하는 일반인들에 비해 타인을 더 객관적으로 이해하기도 한다. 실제로 정치와 종교 분야의 지도자 중에서 타인의 고통을 느끼지 못하는 사이코패스가 존재할 확률이 다른 분야 비해 현저하게 높다고 한다. 다시 말해 타인을 이해하고 그를 위해 이타적으로 실천하는 것은 공감 능력과 별개라고 할 수 있는 것이다.

타인을 이해하는 사이코패스가 존재할 수 있다는 사실에서 사이코패스의 비윤리성이 후천적인 조건에서 비롯됨을 알 수 있다. 즉, 타인을 이해하지 않아도 되는 상황이 반복적으로 노출된 결과가 사람을 폭력적인 성향을 지닌 사이코패스로 만들 가능성이 높은 것이다. 반대로 선천적으로 사이코패스와 유사한 뇌구조를 가지고 태어났을지라도 타인을 배려해야 하는 상황에 지속적으로 놓인다면, 오히려 타인에 대한 정교한 이해를 할 수 있는 사람이 될 수도 있다.

6장

이타주의는 인간만의 윤리일까?

인간은 어느 집단이나 사회의 구성원이기에 앞서 자연의 일부입니다. 물질로 구성된 인간은 물질세계의 원리에 예외 없이 적용됩니다. 다시 말해 인간은 순환의 사슬 속에서 다른 생명체들과 부단히 상호작용을 하며 생존합니다. 이처럼 인간을 물질세계의 차원에서 바라본다면 이타적인 행위를 어떻게 생각해볼 수 있을까요?

남창훈 선생님은 공생은 생명의 선택사항이 아니라 생명이 살아가야 하는 객관적인 조건이라고 설명합니다. 따라서 생명을 이해한다는 것은 공존을 이해하는 것입니다. 자연의 메커니즘이 공생이라고 한다면, 인간의 이타성은 자연계에서 특별한 미덕이라기보다는 자연의 질서에 따른 존재 양식이라고 할 수 있습니다. 자연계의 물질적 공생 메커니즘을 따라가다보면 이타주의를 단순히 인간의 선의를 넘어선 자연의 질서라는 더 높은 차원에서 바라볼 수 있습니다.

인간의 경계는 어디까지인가?
— 이타주의의 생리학적 기초

남창훈

> 배에서 뛰어내려 바다에 떨어지자 그녀의 몸은 거품으로
> 녹아내렸다. 바다 위로 해가 떠올랐다. 햇살이 차가운
> 바다 거품에 부드럽고 따듯하게 내려쬐었다. 인어공주는 죽음을
> 느끼지 않은 채 밝은 해를 바라보았다. 그녀 위로 수백 개의
> 투명하고 사랑스러운 창조물들이 떠다녔다.
>
> — 한스 크리스티안 안데르센, 『인어공주』 중에서

인어공주가 거품으로 변하는 『인어공주』의 마지막 장면은 삶과 사랑의 무상함을 느끼게 한다. "강렬하고 희생적인 사랑의 결말이 이런 비극이라니…" 어릴 적에 『인어공주』를 읽으며 느꼈던 허망함이 떠오른다. 아주 어릴 적에 읽었던 동화를 다시 꺼내본 이유는 잠깐 생겼다 사라지는 거품의 이미지가 인체를 이루는 세포의 이미지와 많이 겹치기 때문이다. 굳이 둘 사이의 차이를 말하자면 거품은 짧은 일주기를 생애로 사라지고 말지만, 세포는 사라짐과 동시에 새로 만들어져 마치 일정 기간 동안 그 모습을 유지하는 것처럼 보인다는 점이다. 또 바다 거품은 안쪽과 바깥쪽에 공기를 대면하고 있지만 사람의 세포는 안쪽과 바깥쪽에 물이 있다. 양자 모두 경계를 중심으로 자신의 세계를 구축하지만 그것은 어디까지나 일시적이다.

인체는 대략 60~70조 개에 이르는 세포라는 이름의 물주머니들이 물 속에서 이런 저런 모양으로 연결되거나 그 안을 떠다니며 만들어낸 구조물이다. 이 구조물은 상당히 견고한 듯 보이지만 사실은 매 순간 해체되면서 새로이 지어지고 있다. 해체된 조각들과 부스러기들은 바닷속 거품처럼 끊임없이 여기저기 흩어져 가고, 새로이 지어질 구조물의 건축 재료들은 해체된 조각들 일부와 외부로부터 공급받는다. 이 해체와 건축 과정에는 막대한 에너지가 들어가는데 그 모든 에너지는 밖에서 제공된 것이다. 인체라는 구조물은 '수명'이라고 불리는 기간 동안 독립된 것처럼 보이는 자기 구조를 유지하지만, 그 짧은 기간이 끝나면 인어공주가 그랬듯 주위를 떠도는 대기 중의 사랑스러운 창조물들과 한데 어울리게 된다.

이처럼 인간의 경계를 질문하며 인간에 대해 고찰하는 것은 흥미로운 접근법이다. 경계에 대한 질문은 인간 개체의 개체성이 어디까지인지를 묻는 질문이기도 하지만, 다른 한편 경계가 사라지거나 새로 생기고 재편성되는 과정을 통해 개체가 그 주변과 어떤 관계를 맺고 있는지를 살피는 문제이기도 하기 때문이다. 즉 이 질문은 인간이 주위에 존재하는 다양한 생물, 무생물과 어떤 관계를 맺고 있는지를 묻는 것이기도 하다. 인간이 고립된 체계로 존재하면서 관계를 맺는 것과 열린 체계로서 존재하며 관계를 맺는 것에는 많은 차이가 있을 것이다. 공생이나 이타주의에 대해 생각할 때 그 차이를 아는 것은 성찰의 관점을 결정할 수 있게 해준다. 이를 위해 크게 두 가지 고찰을 하고자 한다. 우선 인간을 물질 순환 과정을 통해 재조명하고, 그다음으로 인간을 둘러싼 생명체들과의 관계를 통해 인간의 경계에 대해 생각하고자 한다.

물질 순환으로 정의되는 인간

인간은 물질이다. 그리고 인간이라는 물질은 머물지 않고 계속 순환한다. 이러한 언급이 도발적인 표현으로 들린다면 잠시 생각해보아야 한다. 보통 물질은 정신의 대구로 사용되는 단어이지만 그렇게 받아들일 때 우리는 암묵적으로 데카르트의 심신이원론에 동의한 셈이 된다. 일원론과 이원론 사이의 지난한 논쟁은 이 글의 범위를 넘어간다. 하지만 물질 자체로서 인간을 이해하는 것은 인간을 이해하는 색다른 시야를 열어준다. 이러한 시야는 이타주의를 정신적인 판단의 산물로 묶어두는 것을 넘어서는 데 도움을 준다. 이타주의는 인간의 의도와 의지의 문제일 수도 있겠지만 인간을 둘러싼 물리적이고 생리적인 현상은 그것들의 바탕을 이루면서 우리의 의도와 의지에 상당히 큰 영향을 미친다. 인간은 자신이 의도하지 않아도 순환되는 큰 계(system) 속에서 늘 자기의 정체를 뒤바꾸며 살아가는 생명체의 일종이며, 상징적인 의미에서가 아니라

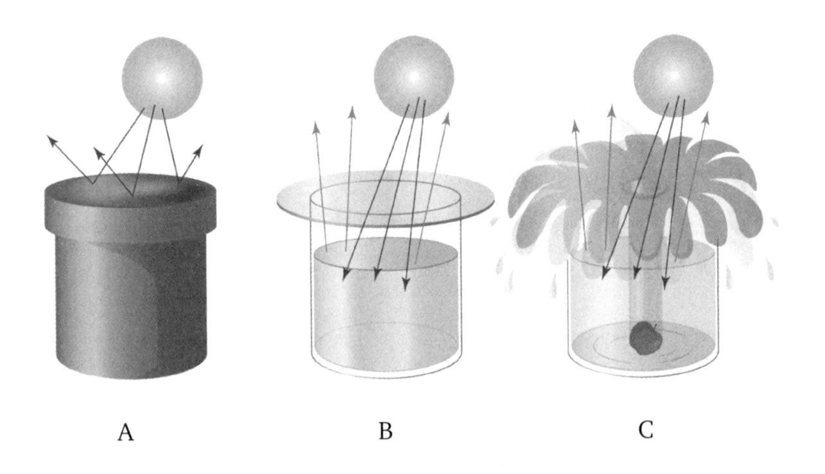

그림 1: 세가지 종류의 계(system)

A. 고립 계: 계 외부로부터 에너지나 물질이 들어오거나 반대로 계로부터 밖으로 빠져나가지 않는 계.

B. 닫힌 계: 외부와 에너지의 교환은 가능하지만 물질의 출입은 불가능한 계.

C. 열린 계: 외부와 에너지뿐 아니라 물질 교환이 가능한 계. 인체를 비롯한 모든 생명체가 여기에 속한다.

구체적이고 실질적인 의미에서 다른 생명체와 같이 살아가야 한다. 이러한 상호작용을 이해하기 위해 열린 계로서의 인간에 대해 살펴보도록 하자.

열린 계로서의 인간

계와 주위(surroundings)는 열역학에서 등장하는 개념이다. 우리 주위에서 벌어지는 물리적·화학적 현상을 기술하기 위해 그 현상이 벌어지는 경계를 구획 지은 것이 계라고 할 수 있다. 계는 크게 세 종류로 나뉜다. 계와 주위 사이에 물질과 에너지의 교류가 없이 완전히 차단되어 있으면 고립 계라 하고, 물질이나 에너지 가운데 하나의 교류가 있으면 닫힌 계라 하며, 두 가지 모두 자유롭게 교류가 이루어지면 열린 계라 한다. 가령 완전 단열이 이뤄지는 진공 보온병이 있다면 고립 계라 할 수 있다. 잘 밀폐된 유리병의 경우에 물질의 출입은 불가능하지만 열의 출입이 가능하므로 닫힌 계라 할 수 있다. (그림 1)

짐작할 수 있겠지만 인간은 대표적인 열린 계라 할 수 있다. 인간은 주변으로부터 끊임없이 물질과 에너지를 공급받으면서 다른 한편으로는 그 내부에 있던 물질과 에너지를 밖으로 내어주기 때문이다. 인간이 주위와 나누는 교류는 물질 순환과 에너지 흐름을 통해 좀더 정확하게 이해할 수 있다. 그 가운데 물질 순환에 대해 제대로 이해하기 위해서는 인체를 구성하는 원소들의 순환을 파악해야 한다. 모든 물질은 결국 원소로 구성되어 있기 때문이다. 인체에 상주하는 원소는 모두 11종이다. 그 가운데 6개의 원소, 즉 탄소, 산소, 질소, 수소, 인, 칼슘이 인체의 99퍼센트 이상을 구성한다. 다시 그 가운데 핵심을 이루는 탄소, 산소, 질소의 순환을 통해 인간의 '물질 순환'에 대해 살펴보자.

그림 2: 메탄가스의 분자식
C는 탄소를 의미하고 H는 수소를 의미한다. 탄소 원자 한 개가 네 개의 수소원자와 결합함으로써 메탄 분자 한 개가 만들어진다.

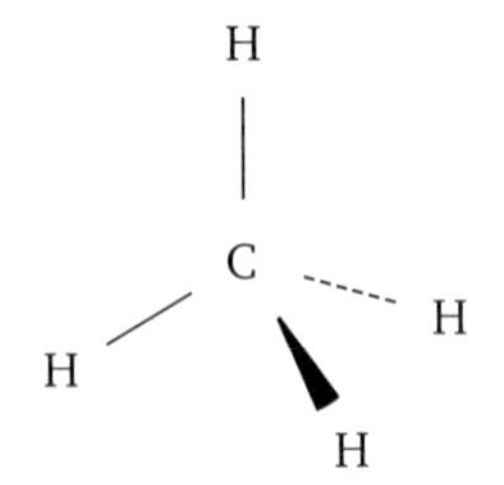

그림 3: 이산화탄소의 분자식
C는 탄소를 의미하고, O는 산소를 의미한다. 탄소 원자 한 개가 두 개의 산소 원자와 결합함으로써 이산화탄소 분자 한 개가 만들어진다. 탄소와 산소 간에는 이중 결합이 있다.

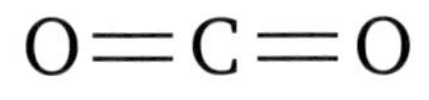

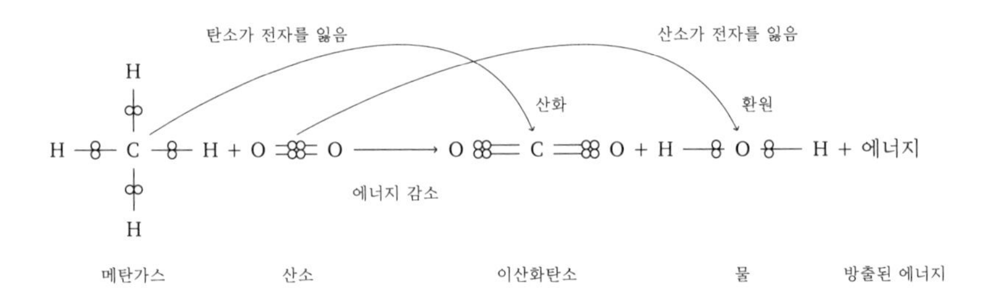

그림 4: 메탄 가스의 산화(연소) 반응에 대한 설명
어떤 물질이 전자를 잃어버리면 산화한다고 하고, 반대로 전자를 외부로부터 획득하면 환원된다고 한다. 위 반응의 경우 메탄 가스에 있는 탄소 원자는 전자에 대한 친화력이 수소 원자에 비해 더 크기 때문에 전자들이 탄소에 주로 쏠려 존재한다.

반면 이산화탄소 분자에 있는 산소 원자는 탄소 원자보다 전자친화력이 더 크기 때문에 전자들이 산소 원자 주변에 더 쏠리게 된다. 결과적으로 그림에 나와 있는 것처럼 메탄가스가 이산화탄소 기체가 되면서 탄소 원자는 전자를 잃는 형국이 되어 산화된다고 이야기한다. 산소 원자는 전자에 대한 친화력이 상당히 큰 원자이기 때문에 어떤 물질에 산소 원자가 결합되는 과정은 대체로 산화 과정이 된다.

탄소 순환과 인간

탄소는 네 개의 결합 수를 가지고 있고 비교적 작은 원소이기 때문에 다양한 화합물을 만들 수 있고, 또한 다양한 구조를 지닌 물질의 기본 뼈대가 될 수 있다. 이처럼 유용한 특성들에 덧붙여 탄소는 우주에서 네 번째로 풍부하게 분포하는 원소이다. 탄소는 더 이상 핵융합이 일어나지 않아 식어가는 백색왜성으로부터 분출되어 존재한다고 알려져 있다. 이런 점들을 고려해보면 생명체를 이루는 생체분자들의 골격이 모두 탄소로 이뤄진 이유를 이해할 수 있다.

탄소에 수소가 많이 결합된 것일수록 환원된 형태이다. 이러한 물질들은 높은 에너지 상태를 지닌다. 돼지우리에서 발생하는 메탄 가스의 경우 탄소 한 개에 수소 원자가 4개 결합한 물질이다. (그림 2)

이 물질은 공기 중의 산소와 결합하며 밖으로 에너지를 배출한다. 바로 연소가 되는 것이다. 탄소화합물에서 수소가 떨어져 나가고 대신 산소가 결합되는 과정은 탄소의 산화가 벌어지는 과정이다. 산화를 화학적으로 정의하자면 어떤 원자가 전자를 잃어버리는 과정이 되는데, 이 과정의 대표적인 사례가 연소 과정이라 할 수 있다. 즉, 산소가 어떤 원자에 달라붙으면서 그 원자에 있던 전자를 가로채는 일이 벌어지게 된다. 따라서 산화를 영어로 oxidation, 즉 산소와 결합되는 과정이라 칭하는 데에는 이러한 이유가 담겨 있다. 메탄의 경우 〈그림 3〉의 반응식처럼 산화가 일어나면 이산화탄소로 전환된다. 이 화합물은 탄소 원자 하나에 산소 원자 두 개가 결합된 형태를 띠고 있어 상당히 안정적인 분자이다. 즉, 에너지 상태가 낮은 분자라 할 수 있다. 이는 메탄처럼 에너지 상태가 높은 분자가 반응을 통해 에너지 상태가 낮은 분자로 전환되었다는 것을 의미한다. 즉, 이 반응 과정에서 밖으로 에너지가 방출되는 것이다. 메탄 가스를 연소시키면 파란 불꽃을 통해 온기를 얻게 되는데 그것의 정체가 바로 이 에너지이다. (그림 4)

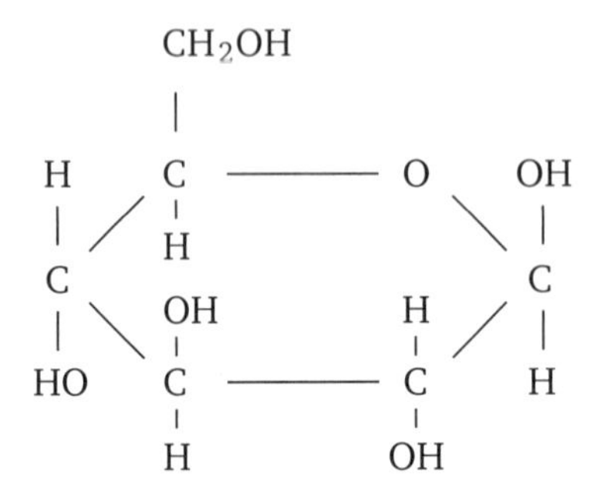

그림 5: 포도당의 분자식
포도당 분자는 대부분의 시간을 그림과 같은
6각 고리 형태로 존재한다.
분자 내에 있는 –OH기는 물과 서로
잘 어울리기 때문에 포도당은 물에 잘 녹는다.

$$6CO_2 + 6H_2O \rightarrow C_6H_{12}O_6 + 6O_2$$

그림 6: 광합성 과정
빛에는 에너지가 담겨 있다. 식물의 녹색
잎에 있는 엽록소에서는 이 에너지를
ATP처럼 식물 생체 반응에 바로 쓰일 수
있는 에너지로 바꾸는 일과 이렇게 만들어진
ATP를 활용하여 대기 중에 있는
이산화탄소를 재료로 포도당을 만드는
일이 벌어진다. 첫 번째 일은 빛에
바로 작용하는 일이기 때문에 명 반응이라고
하고, 두 번째 일은 그렇지 않기 때문에
암 반응이라고 한다.

인체에서 생활에 필요한 에너지를 만들어내는 과정 역시 이러한 산화 과정이다. 밥 속에 있는 녹말을 잘게 분해하여 발생하는 물질이 포도당인데 여기에는 탄소를 뼈대로 하여 산소와 수소가 고르게 결합되어 있다. 포도당이 산소와 반응하여 산화되면 날숨에서 나오는 이산화탄소와 물이 발생한다. 포도당이 이산화탄소가 되면 여기에 들어 있던 에너지는 ATP라는 다른 생체 물질 속으로 옮겨진다. 우리 몸은 ATP를 화폐처럼 가지고 있다가 필요할 때면 비용을 지불하듯 사용한다. 체온을 유지하는 데에도 운동을 하기 위해 근육을 쓰는 데에도 모두 ATP가 긴요하게 쓰인다. (그림 5)

그렇다면 인체에 필요한 포도당은 어디서 오는 것일까? 대부분은 식물의 몸체로부터 온다. 식물의 몸 속에서는 광합성에 의해, 대기 중에 존재하던 이산화탄소가 식물체의 몸 속에 흐르는 물과 결합하여 포도당이 만들어진다. 산화된 형태의 이산화탄소가 에너지를 얻어 포도당으로 다시 환원되는 과정이라 할 수 있다. 이 과정에 투입되는 에너지는 어디서 온 것일까? 태양과 지구 사이의 거리인 1억 5천만 킬로미터를 건너온 태양광선이 그 출처이다. (그림 6)

광합성으로 만들어진 포도당은 서로 결합하여 녹말이나 셀룰로스와 같은 거대 분자의 형태로 식물의 몸체에 보관되어 있다가 초식동물들에 의해 섭취된다. 동물의 몸 속에서는 이를 다시 포도당으로 분해한 뒤에 여러 단계의 화학반응을 통해 그 안에 있던 에너지를 ATP에 전달하여 활동과 생체 작용을 가능케 하거나, 사용 후 남는 포도당은 서로 결합하여 글리코겐이라는 포도당 묶음으로 전환되어 간이나 근육세포에 보관된다. (그림 7, 8, 9)

보통 3대 영양소라고 하는 녹말, 지방, 단백질 모두 그 골격은 탄소로 이루어져 있다. 이들은 녹말의 경우와 비슷한 원리로 신체 내에서 분해되어 쓰인다. 광합성을 통해 만든 포도당은 몇 차례의 산화반응을 거쳐 아세틸CoA로 바뀐다. 바로 이 물질로부터 식물은 식물성 지방의 재료가 되는 지방산을 만든다. 동물은 식물이 합성한 지방을 먹어서 분해한 뒤에 얻은 지방산이나 자체적으로 합성한 지방산을 통해 자신의 몸 속에 필요한 지방을 만들어낸다. 단백질이

그림 7: 포도당이 연결되어 만들어지는 녹말의 모습
포도당 두 개가 서로 결합되면서 물 분자 하나가 빠져나오면 맥아당(maltose)이라는 분자가 된다. 이러한 결합이 연쇄적으로 이뤄져서 긴 사슬처럼 연결된 것이 녹말(starch)이라 할 수 있다. 포도당들이 서로 연결되어 녹말로 되는 반응은 식물의 몸 속에서 벌어진다. 바로 필요하지 않은 포도당을 효과적으로 보관하기 위한 식물의 전략이라 할 수 있다.

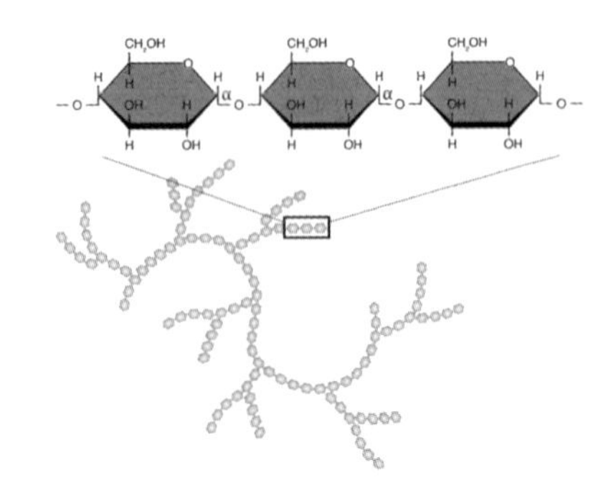

그림 8: 셀룰로스의 모습
식물의 몸에서는 포도당을 연결하여 비축에너지 형태(녹말)로 보관하는 일과 더불어 자기 몸체의 골격을 형성하는 셀룰로스를 만드는 일도 벌어진다. 녹말은 포도당이 연결되면서 가지가 형성되거나 사슬들이 서로 연결되어 공모양의 덩어리로 형성되는 데 반해, 셀룰로스의 경우 포도당이 녹말과는 다른 방식으로 연결되어 길쭉한 실타래 모양으로 형성된다.

그림 9: 글리코겐의 모습
동물의 몸에서는 음식으로 섭취한 식물 속에 들어 있던 녹말을 일단 잘게 쪼개 결국 포도당으로 분해하는 일이 먼저 벌어진다. 이렇게 얻어진 포도당 가운데 일부는 에너지원을 얻기 위해 바로 쓰이고 나머지는 후일을 기약하여 저장하게 된다. 동물 역시 효과적인 저장을 위해 포도당을 서로 연결시키는 반응이 벌어지는데 식물과는 다소 다른 방식의 반응이 벌어져 결국 만들어진 것이 글리코겐이다. 이 역시 아주 작은 콩알 모양을 하고 있어 효과적인 저장에 안성맞춤이다.

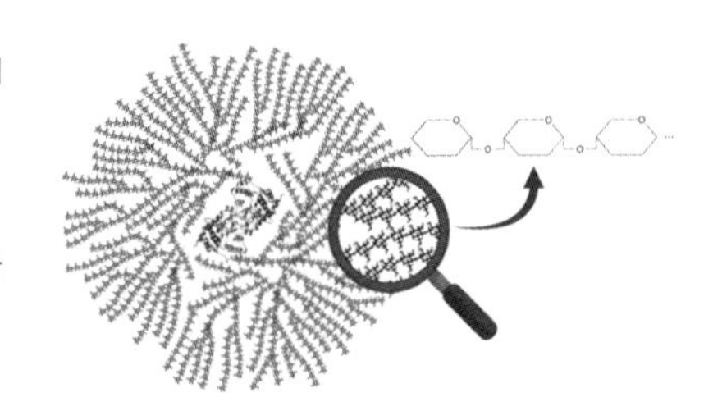

만들어지는 과정에 대해 이해하기 위해서는 또 다른 원소인 질소에 대해 살펴보아야 한다.

질소 순환과 인간

공기의 80퍼센트는 질소 기체이다. 이 기체는 반응을 거쳐 크게 두 종류의 화합물이 된다. 하나는 대기오염의 원인으로 널리 알려진 질소 산화물이고 다른 하나는 질소에 수소가 결합된 암모니아이다. 인체를 비롯한 생명체는 후자의 화합물을 필요로 한다. (그림 10, 11)

그런데 질소 기체는 질소 원자 두 개가 아주 탄탄한 결합으로 연결되어 만들어진 안정적인 분자이다 보니 반응을 잘 일으키지 못한다. 만일 반응 용기 속에서 질소 기체를 수소 기체와 반응시켜 암모니아로 만들려면 섭씨 400도에 육박하는 고온 조건과 200기압이 넘는 아주 높은 압력에 촉매가 들어가야 한다.

자연계에서 암모니아가 만들어지는 과정은 세균들이 담당한다. 땅 속 세균들은 공기 중의 질소 기체를 자신의 몸 속에서 암모니아로 바꾸어 식물들의 뿌리에 공급한다. 또는 땅 속에서 생명체들의 사체가 세균들에 의해 분해되는 과정에서 발생되는 암모니아 역시 식물들이 흡수한다. 이처럼 식물들은 세균들로부터 암모니아를 공급받아 이를 몸 속에서 사용한다. (그림 12)

암모니아는 포도당이 분해되어 만들어지는 중간 대사산물과 서로 결합하여 단백질의 기본 단위가 되는 아미노산을 만드는 데 쓰인다. 포도당이나 지방산에는 탄소, 산소, 수소 같은 원소가 주축인 데 반해 아미노산에는 여기에 덧붙여 질소가 중요한 구성 성분이 된다. 이렇게 만들어진 아미노산이 서로 연결되면 단백질이 된다.

단백질은 식물의 몸 속에서 효소로 작용하여 다양한 기능을 수행하거나 식물 세포의 골격을 만드는 데 쓰인다. 동물은 식물을 먹이로 섭취한 뒤 그 안에 있던 단백질을 분해시켜 아미노산을 얻은

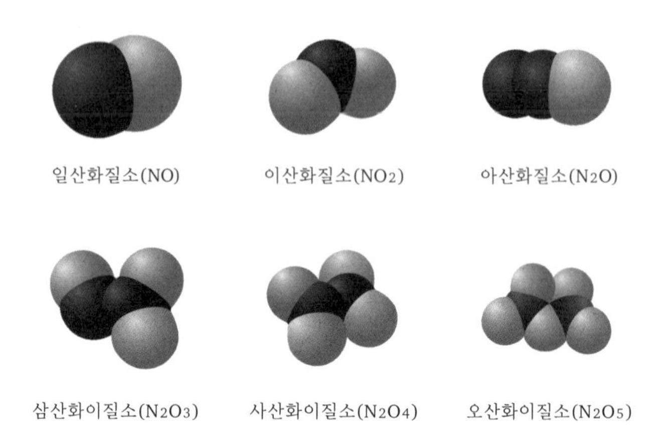

그림 10: 질소산화물들
우리가 보통 주된 대기오염물질로 알고 있는 질소산화물들은 위 그림처럼 다양한 종류가 있다. 이들은 질소가 산소와 만나 비교적 안정한 물질로 전환된 형태이다. 즉 질소는 산소와 만나기 전 탄소, 수소 등과 결합해 에너지적으로 불안정한 상태 즉 내부에 에너지를 많이 담고 있는 형태로 있다가 에너지를 밖으로 방출하면서 산소와 만나 질소산화물이 된다.

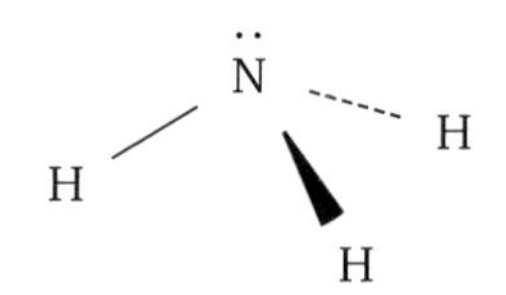

그림 11: 암모니아의 분자식
암모니아는 그림처럼 질소 한 개의 원자에 수소원자가 세 개 결합하여 이뤄진 물질이다.

다음에 레고 블록처럼 아미노산을 연결시켜 자신의 몸에 필요한 다양한 단백질을 만들어낸다. 동물은 또한 섭취한 아미노산을 다른 여러 생체 물질로 뒤바꾸어 사용하면서 그 과정에서 발생하는 암모니아 성분을 우레아(Urea)라는 분자로 뒤바꿔 배설물에 담아 배출한다. 이를 통해 동물 역시 질소의 순환에 기여한다.

인체에서 단백질을 만드는 데 쓰이는 아미노산은 20종류이다. 인간의 염색체에는 대략 20,000개의 유전자가 있고 각 유전자는 각기 다른 단백질을 만드는 명령어로 쓰인다. 세포마다 각각의 역할에 따라 만들어지는 단백질의 개수와 종류가 다르지만 인체를 이루는 세포 하나에 대략 20억 개 이상의 단백질이 활동하고 있다. 단백질은 인체 세포 내에서 다양한 생리기능을 주관하는 효소나 세포들 사이의 신호전달물질로 쓰이거나 세포들의 골격을 이루는 데 사용된다. 공기 중의 질소 원자가 긴 여정을 거쳐 인체 내로 스며든 것이다.

탄소와 질소의 순환에서 모두 살펴볼 수 있는 것처럼 인체 바깥에 있던 물질들이 생체 내로 들어오게 되면 부단히 산화 반응을 거치게 된다. 이러한 관점에서 보면 인체는 아주 천천히 연소하는 보일러와 유사하다 할 수 있다. 그 과정에서 인체는 에너지를 얻거나 다양한 생체분자들을 만들어 사용할 수 있게 된다. 이를 이해하기 위해 인체를 이루는 또 다른 주요 원소인 산소가 어떻게 이러한 과정을 주도하는지 살펴보는 것이 필요하다.

산소 순환과 인간

분당 호흡 수는 대략 12~20회 남짓이다. 평균을 16회로 삼아 계산하면 1시간에 1,000번, 하루에 2만 4,000번, 일년에 800만 번의 호흡을 하게 된다. 80년을 살았다고 하면 모두 6억 번 남짓 호흡을 한 셈이다. 음식을 통해서 흡수한 글루코스와 호흡을 통해서 흡수한 산소가 만나 반응을 하면 물과 이산화탄소 그리고 인간의 에너지원인 ATP를 만들어낸다. 평소에 아무 생각 없이 들이마시는 공기는 사람마다

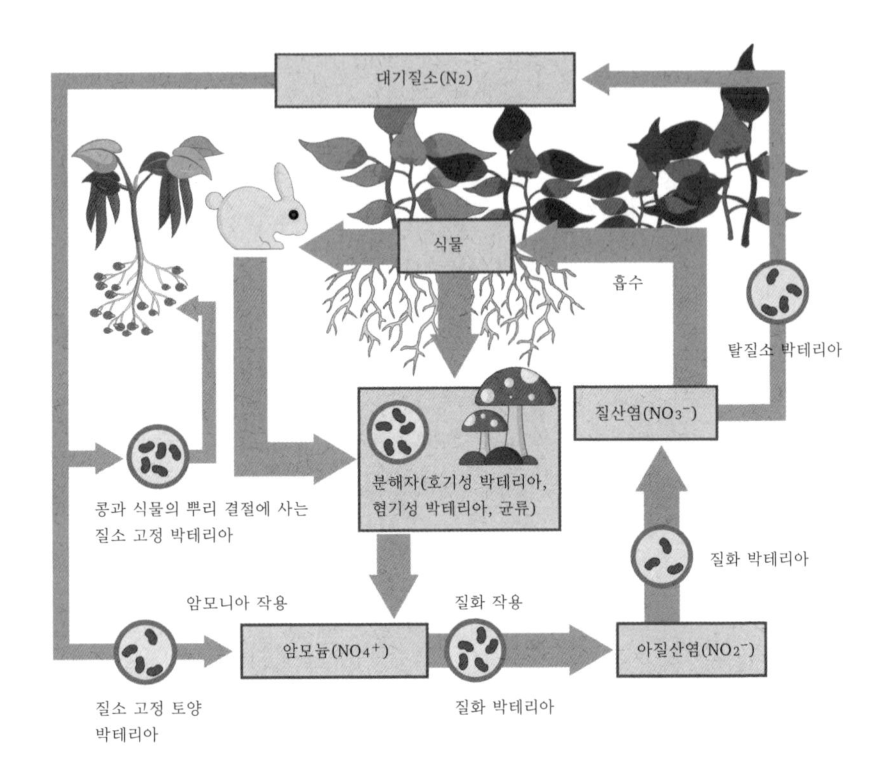

그림 12: 질소의 순환 과정
질소 기체는 공기 중의 80퍼센트를 차지한다. 이렇게 풍부한 물질이지만 이것이 식물의 대사에 쓰이기 위해선 암모니아의 형태로 바뀌어야 하는데 생태계에서 이 일을 주도하는 것은 땅 속에 서식하는 박테리아들이다. 이 박테리아들은 식물의 뿌리에서 질소를 암모늄 이온의 형태로 바꾸어 식물에게 건네고, 식물은 이를 이용하여 아미노산을 비롯한 물질을 만든다. 식물 몸 속의 질소는 먹이사슬을 통해 다양한 생명체의 몸 속으로 퍼지고, 생명체들이 죽어 다시 박테리아들에 의해 분해되는 과정을 통해 질소산화물이 생기고 이것이 다시 공기 중의 질소 기체로 전환된다.

화석 연료의 연소 과정에서 질소산화물이 만들어지는 과정 역시 비슷한 맥락에서 이해할 수 있다. 동식물의 사체가 오랜 시간 동안 땅 속에 묻혀 만들어진 것이 석탄, 석유와 같은 화석연료이다. 따라서 그 안에는 당연하게도 질소 원소가 들어 있고, 이들을 연소(산화)시키는 과정을 통해 질소산화물이 만들어지게 된다.

1. Trenberth KE., Guillemot CJ., *Journal of* Geophysical *Research: Atmospheres* 99, 1994, pp. 23079–23088.

차이가 있지만 호흡당 500밀리리터 정도다. 분당 8리터, 하루 1만 리터가 넘는 공기를 들이 마시는 셈이다. 이러한 호흡이 가능하려면 아주 많은 양의 산소가 필요하다. 이 많은 산소의 출처를 이해하려면 호흡이라는 사건에 한정시키지 말고 이를 광합성과 연계시키는 시야가 필요하다. 또 한번 우리는 치열하게 공생이 벌어지는 현장 안으로 들어가야 한다.

광합성과 호흡이라는 두 개의 사건을 따로 보지 말고 서로 이어서 살피다 보면 산소의 순환에 대해서 보다 정확히 이해할 수 있다. 광합성과 호흡은 마치 동전의 양면과 같다. 광합성은 대기 중의 이산화탄소가 물과 만나 포도당이 만들어지면서 산소가 발생하는 과정이라면 호흡은 포도당이 산소에 의해 산화되어 이산화탄소와 물이 만들어지는 과정이다. (그림 13)

대기 중에 에너지적으로 안정적인 분자인 이산화탄소는 빛 속에 있는 에너지 때문에 물 속에 있는 수소 분자와 결합하여 에너지적으로 좀더 불안정한 포도당을 이루게 된다. 이때 탄소를 산화시켰던 산소가 밖으로 배출된다. 도처에 자라고 있는 식물이 산소의 공급원이 되는 이유가 여기에 있다. 이와는 반대로 사람은 식물을 먹거리로 섭취한 후 그 안의 녹말을 잘게 쪼개 포도당을 얻어낸 다음에 이를 다시 분해하여 여러 활동이나 생리 메커니즘에 사용할 에너지를 얻는다. 이를 위해 호흡을 통해 대기 중의 산소를 흡입하여 포도당을 산화시키는 데 사용한다. 이렇게 되면 다시 산화된 탄소인 이산화탄소와 포도당 속에 있던 수소가 이탈해서 물이 만들어지게 된다. 인간은 이를 호흡과 배설을 통해 밖으로 배출한다.

미국 국립대기연구센터(National center for atmospheric research)에서 시뮬레이션을 통해 얻은 계산치[1]에 따르면 지구 대기 중에 있는 산소의 총량은 1.2×10^{15}톤 정도에 이른다. 이것들의 기원은 어디일까? 이 산소들은 대략 30억 년 전 호흡과 유사한 산화반응을 벌이던 원시 생명체로부터 발생하기 시작했다. 이후 진화 과정에서 산소의 사용 총량, 즉 '생명체들이 벌인 호흡 작용에 쓰인 산소의 총량+대지 표면의 여러 물질들의 산화에 사용된 산소의

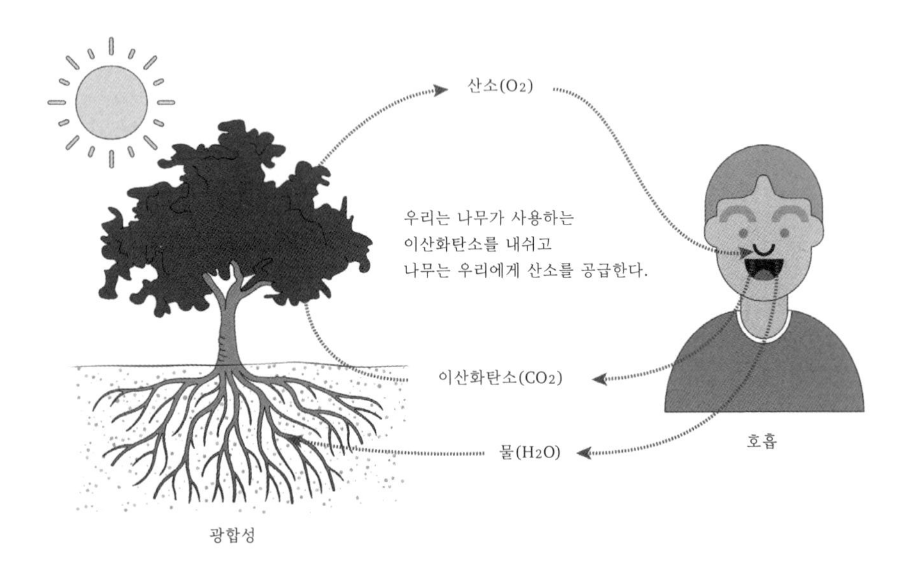

그림 13: 광합성과 호흡의 상보적 모습

총량'과 산소의 발생 총량, 즉 '온 대지에 자라난 식물들이 30억 년 이상 벌인 광합성 작용을 통해 발생한 산소의 양'이 서로 정확히 일치하지 않고 발생한 양이 소비된 양보다 다소나마 많게 되면서 생겨난 것이다. 만일 쓰인 양과 발생한 양이 정확히 일치했다면 지구 대기에 존재하는 산소의 양은 원시 생물이 생겨나던 당시의 산소 총량과 일치해야 할 것이다. 애초 원시 대기에 아주 희박하게 존재했던 산소가 오랜 세월에 걸쳐 식물과 동물 사이에 벌인 상호작용의 부산물로 조금씩 생기고 이것이 누적되어 오늘에 이른 것이다.

산소는 에너지가 높은 상태에 있는 물질에 결합하여 그 안에 있던 에너지를 밖으로 방출하고, 이후에 낮은 에너지 상태의 물질을 형성한다. 우리는 이러한 과정을 '탄다'라고 표현하기도 하고 '녹이 슨다'라고 표현하기도 한다. 여기서 다루는 호흡 역시 본질적으로 보았을 때 타는 과정과 같다. 호흡은 천천히 타는 과정이다. 산소는 인체 내에서 에너지 발생의 마지막 단계에서 전자를 가로채 에너지 생성을 완료한다.

이러한 관점에서 보았을 때 땅 속에 깊이 묻혀 있는 유기물질, 즉 생명체들의 사체는 아직 타지 않은 탄소화합물이다. 이것이 바로 석탄과 석유를 비롯한 탄소화합물의 정체라 할 수 있다. 쓰이는 산소와 발생하는 산소 사이에 불일치가 벌어지는 가장 큰 이유는 사체들이 공기가 닿지 않는 땅 속에 묻히기 때문이다. 이들은 산소가 닿지 않아 산화가 벌어지지 않고 자신의 에너지 상태를 유지한 채 존재할 수 있다. 이처럼 산화가 될 수 있는 유기물질의 상당수가 땅 속에 묻히기 때문에 아주 적은 양이지만 일부 산소가 공기 중에 계속 추가될 수 있는 것이다.

여러 원소들이 인간의 주위에서 끊임없이 인간에게 주어지고 인체를 이루던 원소들은 다시 주위로 배출된다는 사실만으로 인간을 지배하는 순환을 모두 서술했다고 할 수 없을 것이다. 이제 이러한 원소들이 어떻게 인체 내에서 쓰이는지를 살피면서, 어제의 인체였던 것들이 어떻게 뒤바뀌어 오늘의 인체를 이루고 또 내일의 인체로 기약하는지 살펴봄으로써 순환에 대한 이해를 좀더 심화하고자 한다.

2. Pablo Neruda, *The book of questions*, trans. William O'Daly, Copper canyon press, 2001.

3. Schoenheimer R, Rittenberg D., *Science* 87, 1938, pp. 221–226.

쇤하이머의 실험

태양은 어제의 태양과 같은 것인가?
아니면 이 불은 저 불과 다른 것인가?

우리는 어떻게 쉼 없이 변화하는
구름의 풍부함에 감사해야 할까?

먹구름은 눈물의 검은 보따리를 가지고
어디서 오는 걸까?

지난해 맛보던 케익처럼 달콤한
그 이름들은 모두 어디에 있는 걸까?

도날다(Donalda)들, 끌로린다(Clorinda)들,
에두비히세(Eduvigise)들
그들은 어디로 갔을까?[2]

— 파블로 네루다, 『질문의 책』 중에서 9번째 질문

시인 네루다에게 떠오른 질문은 늘 같은 모습으로 떠오르고 가라앉는 태양이 사실 매일 새로운 핵융합으로 새로운 에너지를 발산하는 물체라는 깨달음으로부터 온다. 단 한 번도 같은 모습인 적이 없는 구름의 무궁무진한 레퍼토리에 경외심을 보이는 네루다는 그 변화의 대열 속을 따라 사라진 많은 이들을 추억한다. 이 변화와 순환의 파노라마 같은 풍경들은 사실 서로 깊이 연관되어 있다. 그 파노라마의 한복판에 놓인 인간의 내부에선 무슨 일이 벌어질까? 여기에 대해 아주 중요한 힌트를 제공한 실험이 1930년대에 벌어졌다.

독일 출신으로 미국에서 활약했던 생화학자 쇤하이머는 1938년에 쓴 논문[3]에서 정적인 존재인 것처럼 보이는 인체가 사실 그 내부에서 끊임없이 벌어지는 수많은 화학 반응 간의 평형을 통해

4. 위의 책, p. 221.

그 모습을 유지한다는 주장을 펼쳤다. 이 논문의 도입부를 그대로 옮겨보겠다.

> 살아 있는 생명체 내에서 벌어지는 무수한 화학 반응에 연루된 유기화합물의 수효는 엄청나게 많다. 생체 내 물질들은 그 분해 산물이 서로 결합해 새로운 물질을 만드는 동안 쉼 없이 분해된다. 이 과정에서 벌어지는 반응들과 그 반응 산물들은 평형을 유지하고 있다. 그 결과 세포의 성분들과 생명체 자체는 아주 작은 변화 범위 안에 계속 머물 수 있게 된다.[4]

앞서 설명하였듯이 지방이 분해된 최소단위는 지방산이고, 단백질이 분해된 최소 단위는 아미노산이다. 쇤하이머는 특정 지방산이나 특정 아미노산에 있는 수소 또는 질소 자리를 일반적으로 존재하지 않는 중수소(^{2}H), 질소 동위원소(^{15}N) 등의 방사능 동위원소로 치환한 다음 이를 쥐에게 먹이로 주었다. 방사능 표지가 달린 먹이는 입과 위장을 모두 무사 통과한 뒤에 소장에서 고스란히 혈관으로 흡수된다. 20종의 아미노산 가운데 하나인 글리신의 질소를 방사능 질소로 표지를 한 상태에서 아미노산 칵테일에 섞어 먹인다면, 방사능 글리신은 소장에서 흡수된 후에 혈관을 떠돌다가 그가 필요로 하는 단백질을 만드는 재료로 쓰일 거라 예측할 수 있다. 그리고 쓰이지 않은 글리신은 오줌을 통해 배출될 거라 예측할 수 있다. 그런데 쇤하이머가 실험 쥐의 오줌에서 채취한 아미노산 가운데 방사능 표지를 한 아미노산을 분석한 결과 글리신이 아닌 다른 아미노산에서도 방사능 표지를 발견할 수 있었다. 또한 오줌 속에 검출된 글리신 중 오직 40퍼센트만이 방사능 표지를 하고 있고 나머지는 방사능 표지를 하지 않고 있다는 사실을 발견했다. 분명 음식물에 있던 글리신은 모두 방사능 표지가 된 것이지만 배설물에서 발견된 글리신은 오직 일부만 방사능 표지가 되어 있던 것이다. 쇤하이머는 이 같은 실험을 다른 필수 아미노산에도 그대로 적용하여 진행해 보았다. 결과는 마찬가지였다. 그는 이러한 일련의 실험을

통해 섭취한 아미노산이 생체 내에서 다른 아미노산이나 다른 생체 화합물로 전환된다는 결론을 얻을 수 있었다. 아미노산은 생체 내에서 더 작게 분해된 뒤 생체가 필요로 하는 다른 아미노산으로 전환되기도 하고 필요에 따라 포도당의 형태로 바뀌기도 하고, 또는 지방산의 형태로 바뀌기도 한다. 이처럼 생체의 요구에 의해 뒤바뀐 아미노산 칵테일로부터 생체 작용이나 새로운 세포 생성을 위해 필요한 단백질이 만들어진다. 들어올 때는 아미노산으로 섭취되었지만 생체의 요구에 의해 지방으로 축적되어 뱃살을 더하기도 하고, 포도당으로 바뀌어 에너지를 발생시키는 데 쓰이기도 한다.

단백질, 지방, 녹말로 이뤄진 음식물은 섭취된 뒤에 분해되어 아미노산, 지방산, 포도당이 되고 이들은 생체의 필요에 따라 서로 뒤바뀌면서 생체가 항상성을 유지하는 것을 돕는다. 이처럼 생체의 필요에 맞게 재조정된 단위체들은 다시 세포와 몸을 구성하기 위해 필요한 단백질과 지방 그리고 글리코겐을 만든다. 음식물은 높은 에너지 상태를 지니고 있으며, 이들은 천천히 산소와 만나 산화되면서(천천히 타면서) 밖으로 에너지를 분출하거나, 에너지 물질인 ATP를 만들어 생체 내에서 유통한다. ATP는 단백질을 만들 때, 세포 간에 신호를 전달할 때, 세포의 골격을 만들 때, 독성물질을 분해할 때, 세포 내 칸막이들을 통과시켜 물질들을 운송할 때, 근육이 긴장할 때, 정자가 난관을 따라 이동할 때, 호흡하기 위해 흉곽을 움직일 때 필요한 에너지로 사용된다. 음식이 들어와 분해되는 과정과 분해된 생체 물질들이 서로 결합되는 과정은 아주 잘 통제된 균형 관계 속에서 벌어진다. 그 균형이 밖으로 드러난 결과가 매 순간 마주치는 우리 몸이고, 그 몸이 지닌 항상성이다. 체온을 유지하고, 핏속 산성 농도를 유지하고, 혈압을 유지하고, 혈중 산소 농도를 유지하고, 혈당과 칼슘, 나트륨, 철분 농도를 유지하고, 뇌압을 유지하는 일련의 활동은 이 아슬아슬한 균형의 결과들이다. 모든 신체는 이처럼 평형의 경계 위에 존재한다. 그리고 이 평형은 다시 열린 계인 인간의 신체가 외부와 벌이는 팽팽한 균형 속에서 벌어진다. 한 개체가 인지하지 못하는 넓은 영역에 걸쳐 한참을 에두르는 순환의 결과,

그 개체는 외부와의 균형을 유지하고 내부에서의 균형을 경험하게 된다.

그런데 이러한 순환과 평형 속에서 한 개체가 끊임없이 해체되면서 동시에 형성된다는 사실을 보다 충실히 이해하기 위해 한가지 더 살펴볼 것이 있다. 바로 자가소화작용(autophagy)라는 현상이 그것이다.

자가소화작용과 인간

힘겨운 나날들, 무엇 때문에 너는
쓸데없는 불안으로 두려워하는가.
너는 존재한다— 그러므로 사라질 것이다
너는 사라진다— 그러므로 아름답다
— 비스와바 쉼보르스카,「두 번은 없다」
가운데 일부 발췌

우리 몸은 우리 몸을 재료로 끊임없이 재건축되는 건물에 비유될 수 있다. 우리는 단 한 순간도 같은 몸을 지닌 채 살아본 적이 없다. 우리 몸은 존재하지만 사라지고 있다.

자가소화작용의 그리스어 표현인 autophagy를 영어식으로 바꾸면 self-eating이 된다. 즉, 자신을 먹는 과정이 자기소화작용이라 할 수 있다. 1963년에 크리스티앙 드 뒤브(Christian de Duve)가 이 현상을 처음 발견하였고 2016년에는 이 주제로 요시노리 오스미(大隅良典)가 노벨 생리의학상을 받았다. 크리스티앙 드 뒤브는 세포 내에서 재처리를 위한 분해를 담당하는 라이소좀이라는 세포소기관을 발견한 바 있다. 자가소화작용은 세포 내에 여러 물질과 세포소기관들이 오토파고좀이라는 물주머니에 포집(捕執)된 뒤 이것이 라이소좀과 결합하면서 분해되는 일련의 과정이다. 이러한 과정을 통해 인체는 사멸되는 세포를 재처리하거나 세포 내

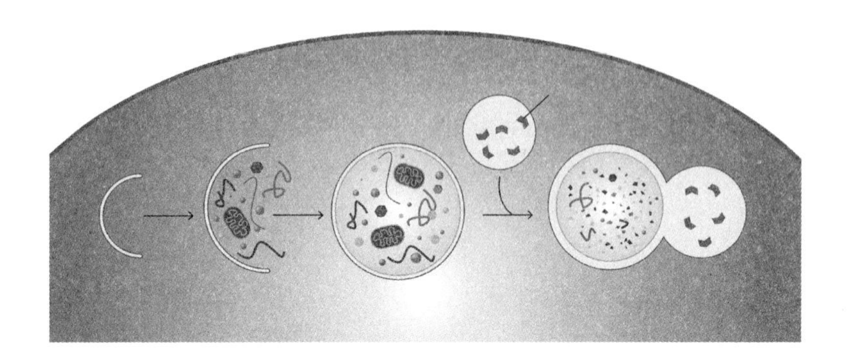

그림 14: 자가소화작용(autophagy)이 이뤄지는 과정

Autophagy는 생체 내 새로운 물질을 생성하거나 새로운 세포를 형성할 때 기존 생체 내에 있던 물질을 분해·재처리하여 사용하거나, 생체 물질이 부분적으로 파손되었을 때 이를 잘게 분해하여 다른 용도에 쓰는 경우를 모두 아우른다.

이러한 작업을 진행하기 위해 일단 분해할 예정인 생체 물질을 한 보따리(autophagosome)에 모아 담은 뒤 생체 물질 분해효소를 잔뜩 지니고 있는 라이소좀(lysosome)이라는 또 다른 보따리와 서로 융합되어 결국 내부의 생체물질들이 모두 분해되는 과정이 진행된다.

5. Johann Wolfgang Von Goethe, *Faust: A Tragedy, Volume 1*, trans. Bayard Taylor, Palala Press, 2016.

소기관 중 결함이 생긴 소기관을 분해시켜 다른 생체 합성 반응의 재료로 사용하거나, 에너지가 필요할 경우 이를 벌충하기 위해 이에 상응하는 세포 내 물질들을 분해시킨다. 세포와 세포 내 소기관과 세포 속 단백질을 비롯한 생체 물질들은 이러한 일련의 과정을 통해 이전 모습이 해체됨과 동시에 새로운 세포로서, 새로운 세포 소기관으로서 새로운 생체 물질로서 새 임무를 부여받게 된다. (그림 14)

인체에도 두 번은 없다. 늘 새롭게 재구성되는 과정의 재료는 당연하게도 앞서 서술한 외부로부터 유입되어 우리 몸을 구성하던 물질들이다. 평형을 유지하면서 순환되는 물질들이 인체로 유입된 뒤에 치열한 일련의 반응 속에 연루되면서 인체를 재구성하는 것을 반복하다가 인체라는 열린 계의 구멍을 통해 빠져 나와 지구 표면에서 순환의 대열에 합류한다.

앞선 서술을 통해 인체가 어떻게 물질적으로 에너지적으로 외계와 연결되어 있고 교류하는지 살펴보았다. 그런데 이러한 고찰은 인체라는 단일한 계를 중심으로 살펴본 것이다. 하지만 인체가 세계 속에서 어떻게 공존하는지 충분한 이해를 하려면 여기서 좀더 나아가야 한다. 인체라는 계가 다른 인근 생명체라는 계들과 어떻게 교류하고 공존하는지 살펴보는 것이 필요하다.

생명체들과의 공생으로 정의되는 인간

> 온 대지 위에 존재하는 하나 하나가 모여 전체를 이루고,
> 각각은 다른 것들 안에서 활동하며 살아간다.[5]
>
> — 요한 볼프강 폰 괴테, 『파우스트』 중에서

우리의 피부, 입, 코, 폐, 위장, 소장 등에는 모두 100조 마리가 넘는 미생물들이 서식하고 있다. 이는 인체의 총 세포 수보다 많은 숫자이다. 잘 보이지 않는 이 작은 존재들은 서로 모여 생태계를

이루고 거기에 인간을 초대한다. 인간은 그 생태계 속에서 활동하며 살아간다. 반대로 이 미생물들도 인간이 만든 생태계 속에서 활동하며 살아간다. 인간은 혼자 사는 존재가 아니다. 이렇게 하나하나가 모여 전체를 이룬다.

사람이 육식을 위주로 하게 되면 장 내에는 담즙에 저항성이 큰 미생물들이 주로 분포하게 되면서 식물의 섬유소를 분해하는 미생물의 분포도가 감소하게 된다. 반대로 섬유소가 많은 음식을 주로 섭취하는 사람의 장 내에서는 미생물군집의 다양성이 증가하게 된다. 섬유소가 많은 음식을 꾸준히 섭취하게 되면, 이에 조응하는 미생물들이 장 내에 자리를 잡고 인간이 섭취한 섬유소로부터 짧은 사슬 지방산을 대사산물로 만들어 인간에게 공급한다. 짧은 사슬 지방산은 인간의 대장 세포 속으로 들어가 에너지의 단위인 ATP를 생성하거나 포도당으로 변환된 뒤 뇌에 작용해 식욕을 낮추는 효과를 갖는다. 또한 이 물질은 몇 가지 메커니즘을 통해 혈당량을 높여 결과적으로 인슐린 내성을 낮추어 당뇨병을 예방하는 데 도움을 주기도 한다. 반면 육식 위주의 식단을 꾸준히 섭취하면 빨간색 육류에 많이 들어 있는 콜린이라는 물질이 장내 미생물에 의해 TMA로 바뀌는데 이것은 간에서 TMAO라는 물질로 전환되어 심혈 관계 질환을 유발하는 데 기여하기도 한다.

보통 채식을 하면 그 안에 있는 섬유소가 장을 말끔히 청소하는 것으로 이해하기 쉽지만 이는 아주 부차적인 역할이다. 사람이 섭취한 섬유소가 사람과 공생하는 미생물군에겐 먹이이기 때문이다. 인체는 섬유소를 직접 분해할 수 없지만 섬유소를 섭취하는 미생물은 이를 분해하여 살아가면서 분해 산물을 사람에게 제공한다. 날리 발하면 사람과 한 봄처럼 살아간다. 이러한 상황에서 인간이 음식을 섭취할 때 그 음식은 인체만을 위한 것이 아니고 인체와 그 안에 공생하는 미생물들을 위한 것이 되는 셈이다. 섭취하는 음식물의 탄수화물 다양성이 낮으면 인체에 공생하는 미생물군의 다양성도 덩달아 낮아지게 된다. 이런 상태라면 어느 날 갑자기 풍부한 야채 음식을 먹는다 해도 이를 소화시킬 미생물이 없어 그 음식이 몸에

유익할 수 없다. 장 내에는 인체에 유익한 미생물들과 인체에 유해한 미생물들이 공존하면서 서로 영역 다툼을 벌인다. 그들 중에 누구를 지원할지 결정하는 것은 인간의 몫이다. 유익한 미생물들의 먹거리를 제때제때 공급하는 사람은 유익한 미생물을 지원하고 있는 것이다. 인간에게 유익한 미생물은 인간이 섭취한 음식을 소화해서 인간에게 유익한 물질을 공급한다. 이 과정에서 인간의 이기성은 인간을 둘러싼 주변에 대한 이타성과 하나로 종합된다. 인간과 미생물 사이의 긴밀한 상호의존성으로 말미암아 개체 단위의 이기성은 그 환경을 아우르는 이타성과 접목될 때에야 진정한 이기성이 되는 까닭이다.

생태 속 인간

> 어느 누구든 그 자체로서 하나의 섬이 아니다.
> 모든 인간은 대륙의 한 조각이고 본체의 한 부분이다.
> 만일 작은 흙덩이 하나가 바닷물에 씻겨 나가면
> 유럽은 그만큼 줄어든다.
> 모래톱이 쓸려 나가도 마찬가지이고,
> 그대 자신이나 친구의 영지가 그리되어도 마찬가지이다.
> 내가 인류와 연관되어 있기에 어떤 이의 죽음도 나를
> 감소시킨다.
> 그러므로 종이 누구를 위해 울리는지 알아보려고 사람을
> 보내지 마라.
> 종은 바로 당신을 위해서 울린다.
> — 존 던, 「누구를 위하여 종은 울리나?」 중에서

독일의 예나(Jena)에서는 2002년 이래 예나대학교의 안네 에벨링(Anne Ebeling) 박사를 비롯한 18개의 독일 연구팀들과 스위스, 오스트리아, 프랑스, 네덜란드, 미국 등 22개의 연구팀들의 협력

6. Eisenhauer N. *et al.*, *Scientific Reports* 7, 2017, p. 44641.

7. Lange M. *et al.*, *Nature Communications* 6, 2015, p. 6707.

연구(Jena experiment)가 이뤄지고 있다. 대략 십만 제곱미터 규모의 너른 대지 위에서 60종에 육박하는 식물을 재배하면서 식물의 다양성이 토양 내 미생물이나 토양의 성질에 어떤 영향을 미치는지 알아보는 등 종의 다양성이 주변에 미치는 역할에 대한 다양한 실험이 이뤄지고 있다. 식물의 다양성이 클수록 토양 미생물의 활동성이나 토양 내 탄소 비중이 높아진다. 실험팀은 경작지를 여러 구획으로 나눈 뒤, 각 구역에서 자라는 식물 종의 숫자를 적게는 1가지부터 많게는 60종에 이르게 분리 재배를 하면서 각 구획에서 형성된 생태계의 면모를 조사하고, 더 나아가 그 생태계가 토양이나 주위 환경에 어떤 영향을 미치는지 분석하였다. 그들의 연구에 따르면 경작된 식물 종의 숫자가 많을수록 그 구획 내에 분포하는 식물의 뿌리 근처에 분포하는 생체 총량(biomass)이 증가한다.[6] 다양한 식물 종에서 만들어진 유기물질들이 각 식물의 뿌리를 통해 토양으로 분출되기 때문에 식물 종의 수가 많으면 많을수록 보다 많은 종류의 유기물질들이 뿌리 근처에 분포하게 되고 그를 흡수하는 미생물의 종류와 양도 늘어나게 되는 것이다. 또 그들의 연구에 따르면 구획 내에 재배되는 식물의 다양성이 증가할수록 그 구획 토양 내에 존재하는 탄소 보유량(carbon storage)이 증가한다.[7] 식물의 다양성이 증가할수록 식물들의 뿌리 근처에 사는 미생물군에 유입되는 탄소의 양이 증가하고, 이를 받아들여 대사하는 미생물의 활동성이 증가하여 미생물의 대사 결과 토양에 분포하게 되는 탄소화합물의 양이 늘어나게 되는 것이다. 생태계의 다양성은 생태계에 속해 살아가는 생명체들의 생존 조건을 결정한다. 어느 개체나 종이 독점하는 생태계는 갈수록 척박한 생존 조건을 형성하고, 종들의 다양성이 충분히 큰 생태계는 그 안에 사는 개체들의 생존 조건을 윤택하게 만든다. 생명체의 삶의 조건은 이처럼 그 조건에 놓인 개체만의 노력이나 영향력에 의해 좌지우지되지 않고 그 개체가 속한 생태계의 분주한 상호작용에 의해 결정된다. 개체가 살아가는 조건을 개체들의 유기적 체계가 만들어가는 것이다.

종의 다양성이 소실되면 사람에게 다양한 영향을 미치게 된다. 지난 20여 년의 연구 내용을 총망라하여 발표된 《네이처》(*Nature*)의

8. Cardinale BJ. *et al.*, *Nature* 486, 2012, pp. 59–67.

9. Cardinale BJ. *et al.*, p. 64.

10. Quinn SC *et al.*, *Biosecur Bioterror* 12, 2014, pp. 263–273.

한 논문[8]에는 종의 다양성이 감소할 경우 생태계 서비스(ecosystem services)에 다음과 같은 영향을 미친다는 내용이 정리되어 있다.
곡물의 작황 감소, 어획량 감소, 목재 생산량 감소, 사료 산출량 감소, 초식성 해충의 증가, 외래종 식물에 대한 저항성 감소, 토양 탄소 함유량 감소, 토양 내의 유기물 총량 감소, 자연 정수 체계의 질적 저하 등이 바로 그것이다.[9] 이는 텔레비전이나 책에서나 볼 법한 여러 야생생물 종들의 생존 조건이므로 인간에게 무슨 큰 영향이 있겠나 싶을 수도 있지만 존 던의 시처럼 인간은 지구상에서 섬과 같은 존재가 아니다. 지구상에 존재하는 이름 모를 여느 생체 그리고 그 생체를 둘러싼 환경의 상실은 인간의 상실과 바로 연결되어 있다.
이러한 관계들의 복잡한 망 속에 놓인 인간에게 이기성의 정체는 무엇일까?

현대사회는 빠른 교통과 빈번한 교류를 통해 지역 간·국가 간 장벽이 아주 낮다는 특징을 가지고 있다. 이러한 상황에서 전염병의 확산 역시 지역이나 국가를 경계로 이뤄지지 않는다. 건강 형평성(health equity)이 날이 갈수록 중요한 의제로 부각되는 데에는 이러한 시대적 배경이 놓여 있다. 만일 A라는 나라가 지극히 빈곤하여 상수도를 비롯한 위생 인프라가 몹시 취약한 상황에서 모종의 전염병이 아주 빠른 속도로 확산되었다면 이러한 위급 상황은 처음 발원한 작은 지역에 국한되지 않고 아주 빠른 속도로 전국화된다. 더 나아가 A라는 나라와 교류를 하고 있는 나라라면 거리나 경제적 부유한 정도에 무관하게 영향을 받게 된다. 경제 수준의 격차는 건강 형평성의 부조화를 낳고, 이러한 상황의 심화는 국제 보건상의 중요한 위험 요인으로 인식된다.[10] 인간과 인간들의 군집 사이에 놓인 이해관계는 이처럼 상호의존적이다. 인간 개체가 지닌 이해관계를 아주 미시적으로 보자면 개체별로 경계가 또렷할 수 있겠지만 좀더 넓은 규모에서 보기 시작하는 순간 경계는 희미해지고 사라지기 시작한다. 이러한 상황에서 인간 개체의 이기성은 과연 어떻게 정의될 수 있을까?

11. Michael Taborsky *et al.*, “Correlated pay-offs are key to cooperation”, *Philosophical Transactions of the Royal Society B* 371, 2016.

이타주의의 확장된 조건

하늘 땅
내 몸을 거쳐
나무, 벌레를 빠져 나와
산, 들, 바다로 펴지는 먼 길.

멀리서
내게로 왔던 길이
다시
네게로 간다.

철새와 행인,
햇살과 내 아이를
이어주는 길

모래성 같은 세상의 형상
땅 위를 거니는 구름들.
존재는 멀리서 날아온 부고 같은 것.

— 남창훈, 「생명 소묘」

일반적으로 이타주의와 상호주의(mutualism)는 각 개인이 받는 혜택과 그 개인이 치뤄야 할 비용을 통해 정의된다. 가령 이타주의는 자신이 되돌려 받을 혜택에 무관하게 타인에게 혜택을 베푸는 행위로 정의되고, 상호주의는 행위자들 각각이 고르게 혜택과 비용을 나눠 가지는 것을 의미한다.[11] 그런데 이타주의를 조금 더 세밀하게 들여다볼 경우에 여러가지 경로를 통해 상호호혜성(reciprocity)과 연관되어 있다는 판단을 할 수 있다. 가령 누군가로부터 도움을 받은 훈훈한 기억에 힘입어 다른 누군가를 조건 없이 도울 수 있는 경우(generalized reciprocity), 이전에 도움을 주었던 누군가를

12. Michael Taborsky *et al.*, 2016.

이번에는 다른 대가 없이 도와주는 경우(direct reciprocity), 그리고 추후 어떤 식으로든 도움을 줄 것으로 여겨지는 누군가를 대가 없이 도와주는 경우(indirect reciprocity)와 같이 대가 없이 도움을 주는 행위가 상호호혜성과 연관되어 있다.[12]

그런데 여기서 짚고 넘어가야 할 것은 이러한 상호관계에서 주고 받게 되는 혜택(benefits)을 어떻게 정의하고, 더 나아가 이를 정확하게 인식할 수 있는가라는 점이다. 가령 앞서 살펴본 것처럼 인간은 생존을 위해 필요한 대부분의 것을 순환과 교류를 통해 외부로부터 공급받는다. 열린 계인 인간이 취할 다른 통로는 없다. 인간은 물질적 에너지적으로 외부 환경에 놓인 객체들과 불분명한 경계를 지닌 채 아주 큰 상호의존성을 지니며 살아간다. 또한 끊임없이 생존을 위한 혜택을 받으며 살아간다. 혜택을 주는 대상은 무생물일 수도 있고, 미생물일 수도 있고, 식물과 종이 다른 동물들일 수도 있고, 같은 종인 인간들일 수도 있다. 이처럼 미시적이고 잠재적인 혜택들은 인간의 생존을 위해 필수적임에도 불구하고 감추어져 있다. 감추어진 혜택을 무시하고 계산된 상호호혜성은 어떤 의미가 있는가? 감추어진 혜택을 실제 중요한 혜택으로 인식하고 인정할 방도는 없는가? 교육은 이러한 과정에서 어떤 역할을 할 수 있는가? 정말 교육을 통해 보다 확장된 혜택의 정의를 사람들이 공유하는 것이 가능할까? 이러한 공유를 통해 우리는 이타주의의 새로운 차원에 도달할 수 있을까?

공적 존재로서의 생명

> 나무가 자라나는 그 느린 속도로 한 세대에서
> 다음 세대로 전해지는 것, 그것은 생명이자 의식이었다.
> 이 얼마나 신비스러운 등정이란 말인가!
> 모든 걸 녹여버리는 용암에서, 별이 빚어놓은 반죽에서,
> 기적적으로 발아된 살아 있는 세포로부터 우리는

13. Antoine de Saint-Exupery, *Terre des hommes*, Gallimard, 1949, p. 153.

생겨났다. 그리고 조금씩 조금씩 성장하여 칸타타를
작곡하고, 은하수를 분석하기에 이르렀다.[13]

— 앙투안 드 생텍쥐페리, 『인간의 대지』 중에서

이타주의의 새로운 차원에 접근하기 위해서는 생명에 대한 성찰이 필수적이며 핵심적이라 생각한다. 고립된 단위로서가 아니라 복잡한 관계들의 촘촘한 연결망 속에서 쉼 없이 변화하면서 그 모양과 특징들을 지니게 되는 생명은 이기성과 통합된 이타성의 정체를 아주 세밀하고 구체적으로 드러내 보일 것이다. 논의를 위해 생명이 무엇인지에 대해 잠깐 살펴보았으면 한다. 보통 직관적으로 이해하는 생명의 개념이 놓치고 있는 중요한 무언가가 있기 때문이다.

'생명이란 무엇인가?'라는 질문에 대해 생물학자라면 분자 단위에서, 세포 단위에서, 조직 단위에서, 개체 단위에서 또는 집단 단위에서 생명이 지니는 물질적 특성들로부터 설명하고자 할 것이다. 그가 속한 학제에 따라 설명하는 방식이나 용어 그리고 강조되는 부분이 다소 달라질 수 있겠지만 그 설명은 현대 생물학의 범주 안에서 이뤄질 것이다. 문제는 그러한 설명이 생명의 의미를 충분히 담아낼 수 있을까 하는 점이다. 이에 대해 다소 미심쩍은 사람들은 다른 학제를 거론할 수도 있다. 가령 물리학의 관점에서 또는 화학이나 다른 자연과학의 관점에서 보다 충분하게 설명하고자 할 수 있다. 생체의 동작과 미세 기관들이 작동하는 메커니즘을 설명하고, 생체 안에서 일어나는 수많은 화학 반응을 통해 생체를 이해하거나, 지구의 다양한 공간 속에서 나아가 우주 가운데 놓인 개체들을 분석하며 생체와 생태계가 지니는 특징 등을 논할 수도 있다. 자연과학이 불충분하다고 생각하는 사람들은 철학이나 종교학, 심리학과 같은 인문과학을 통해 그 답을 추구할 수도 있을 것이다. 실존에 대한 논의를 통해, 절대적 존재와의 상호 작용을 통해, 인간이 인식하고 판단하고 행동하는 양태에 대한 논의를 통해 생명을 이야기할 수도 있다. 그도 아니라면 경제적 상호 작용이나 정치적 행위 또는 문화적 교류 등에 대한 설명을 통해 생명에 대해 논할 수도

있을 것이다. 논리 저편에 있는 심미적 지평의 이야기들을 통해 생명이 그려질 수도 있을 것이다. 영화와 음악 혹은 그림 가운데 우리는 자주 이러한 설명들을 마주할 수 있다. 그런데 이러한 지적 모색들이 단순히 종합되면 '생명은 무엇인가?'라는 질문에 대한 충분한 답이 나올 수 있을까? 그렇지 않을 것이라 생각한다. 이러한 모색들에 아울러 생명을 관조하면서 볼 수 있는 성찰이 더해져야 생명에 대한 이해가 가능할 것이다.

그 성찰의 핵심에는 끊임없이 순환하면서 변화하는 지구의 대지 위에서 다른 생명체들과 공존하며 공생하는 인간에 대한 인식이 있다. 인간 개체를 개체 단위로 분획하고, 주위 환경 및 자연을 대상화하여 주객 관계로 파악하는 관점으로는 이러한 공생을 올바르게 이해할 수 없다. 다시 개체를 조직으로 분획하고, 기관과 세포와 분자로 환원하여 그들 간의 작용의 기계적 종합을 통해 생체를 이해하는 관점으로는 생명의 유기적 속성을 충분히 헤아릴 수 없다. 반대로 분자에서 세포로, 세포에서 조직으로, 조직에서 개체로, 개체에서 군집으로, 군집에서 군집 간 상호의존성으로 생태계와 생태계 간의 유기적 조망으로 시야를 넓히면서 그 안에 존재하는 공존의 메커니즘을 이해하고자 하는 노력이 필요하다. 그러한 관점에서 인간을 바라볼 때 공생은 인간의 선택이 아니라 받아들여야 하는 숙명과도 같은 것이다. 공생은 생명의 옵션이 아니라 생명이 살아가야 하는 객관적 배경이다. 따라서 이에 대한 이해 없이 생명을 이해하기는 어려울 것이다. 생명을 이해한다는 것은 그것의 공존을 이해하는 것이다. 공생의 실체로서 존재하는 생명을 인정한다면 인간의 이타주의는 자선이나 특별한 미덕일 수 없다. 어찌 보면 인간의 이타성은 선의의 산물이라기보다 현명한 추론(wise reasoning)이 내린 결론이라 할 수 있다.

14. Brienza JP., Grossmann I., *Proceedings of the Royal Society of London. Series B* 284, 2017.

현명한 추론

> 모든 실재가 신의 본성의 필연성으로부터 따라 나오고 자연의 영원한 법칙과 규칙에 따라 발생한다는 것을 올바로 인식하는 사람은 미워하거나 조롱하거나 무시할 만한 것이 아무것도 없고, 연민을 느낄 아무도 없음을 확실히 알게 될 것이다. 대신 그는 인간의 덕이 허락하는 한, 이른바 잘 행위하고 기뻐하기 위해 노력할 것이다.
>
> — 베네딕트 데 스피노자, 『에티카』, 4부 정리 50 주석

그로스만이 이끄는 연구팀은 현명한 추론을 다음과 같이 정의하고 있다. "1) 자신이 알고 있는 지식의 한계에 대한 인식 또는 지적 겸손, 2) 변화되고 순환되고 있는 세계에 대한 인식, 3) 외부자의 강점에 대한 적용, 4) 타인의 관점과 그를 기반으로 내려진 전망에 대한 인식, 5) 타협에 대한 고려, 분쟁 해결의 중요성에 대한 인식."[14] 이 연구팀은 상당히 흥미롭고 시사점을 주는 연구를 진행했다. 경제적 부의 수준에 따라 현명한 추론 능력을 분석한 결과 부의 수준이 낮을수록 현명한 추론 능력이 크다는 사실을 제시했다. 또한 학력의 수준과 현명한 추론 능력이 서로 연관되는지 분석한 결과 놀랍게도 가장 낮은 학력을 지닌 그룹이 가장 높은 현명한 추론능력을 가지고 있다는 분석 결과를 제시했다. 이들의 연구 결과를 큰 틀에서 수용할 때 새로운 차원의 이타성은 정보와 지식의 체계적인 수용만으로는 도달하기 어려운 것이 아닐까 생각할 수 있다.

그로스만이 제시한 현명한 추론의 각 항목과 더불어 앞서 이 글에서 서술한 '인간과 인간 주위 환경 사이의 유기성에 대한 자각'은 이타성의 새로운 차원에 도달하기 위한 성찰의 필요조건들이 아닌가 생각된다. 갈수록 진보하는 인류의 지적 성취만으로는 인류가 이기성과 이타성의 경계가 사라지는 새로운 차원을 열기에 충분한 조건이 될 수 없다. 정보가 다변화되고 고도화된다 해도 그리고 그것의 체계가 더 정교해지고 전문화된다 해도 인간과 인간을

둘러싼 세계에 대한 성찰이 부재하다면 그 정보와 지식을 바탕으로 이뤄지는 추론이 지향하는 바는 독립된 인간 개체의 배타적인 유익함일 것이다. 이러한 추론은 나름의 정밀한 논리를 바탕으로 이뤄진 아주 합리적인 것일 수 있다. 하지만 이러한 추론이 지배하는 사회에서는 인간 각 개체의 배타적 이익을 합리적으로 추구한 나머지 인간 군집의 보편적인 이익은 성립되기 어려운 운명에 처할 것이며, 인간 군집을 둘러싼 환경의 이익은 인간 군집의 이익과 서로 해소되기 힘든 긴장 관계에 놓이게 될 것이다.

인간과 자연에 대한 탐구를 요체로 하고 있는 과학은 이러한 의미에서 인간과 자연에 대한 해설서를 쓰는 데 그치지 않고 현대 인류의 세계관을 이루는 핵심이 되며 더 나아가 인류의 윤리학이 되어야 한다. '모든 실재가 자연의 영원한 법칙과 규칙에 따라 발생한다는 사실을 올바르게 인식한 사람'은 자신이 그 실재의 유기적 일부임을 알게 될 것이며, 법칙과 규칙을 통제하고 관리하기 위해 노력하는 것이 아니라 법칙과 규칙에 조응하여 그 안에서 잘 행위하고 기뻐하기 위해 노력할 것이다.

더 읽을거리

— 닉 레인, 『바이털 퀘스천』, 김정은 역, 까치, 2016.
— 후쿠오카 신이치, 『동적 평형』, 김소연 역, 은행나무, 2010.
— 린 마굴리스·도리언 세이건, 『생명이란 무엇인가?』, 김영 역, 리수, 2016.

가이아 이론은 영국의 과학자 제임스 러브록이 내놓은 이론으로, 지구가 세포조직으로 이루어진 하나의 생명체처럼 유기적으로 연결되어 있다는 가설이다. 이 이론에 따르면 지구는 생명체와 이들이 살아가는 환경으로 구성된 유기체로, 스스로 조절되는 생명체와 비교할 수 있다. 제임스 러브록은 고대 그리스인이 대지의 여신을 부르는 '가이아'라는 이름에 착안하여, 지구에 살고 있는 생물과 지구를 구성하는 대기권, 대양, 토양까지를 포함하는 순환계가 자기조정을 하는 생명체처럼 작동한다고 설명했다.

러브록은 지난 30억 년 동안 대기권의 원소와 해양의 염분 농도가 거의 일정하게 유지돼 왔던 점과 탄소, 질소 등의 지구를 구성하는 주요 원소들이 대륙과 해양을 오가며 순환하는 점 등의 과학적 증거를 통해 지구가 자기조절 능력이 있음을 증명했다. 본문에서 나오는 지구상의 산소량의 꾸준히 증가 역시 가이아 이론의 핵심 주장 중 하나이다. 가이아 이론은 생명의 탄생과 진화가 지구 시스템에도 영향을 주었고, 오랜 시간에 걸쳐 생명체에 적합한 환경을 만들었다고 말한다. 생명과 환경의 상호작용에 의해 거대한 자기조절하는 시스템이 탄생했고, 이를 통해 오늘날 지구를 구성하는 물리적 환경과 미생물, 식물, 동물 등 생명체들이 이 거대한 시스템의 구성요소로 공진화했음을 강조한다.

이렇게 지구를 구성하는 모든 대상이 유기적으로 얽혀 있다고 주장함으로써 가이아 이론은 지구온난화 현상 등 지구환경 문제가 심각해지는 오늘날 더욱 주목받고 있으며, 특히 범환경주의적 입장을 뒷받침하는 이론으로 각광받고 있다.

7장

이타적 인공지능은 가능할까?

오늘날 우리는 알게 모르게 인공지능에게
여러 도움을 받습니다. 날씨를 물어보고,
음악을 들려달라고 요구하며, 나의 취향과
기분을 고려해 책과 영화도 추천받습니다.
인공지능은 인간에게 그 어떤 존재보다도
이타적으로 보입니다. 그런데 인공지능이 더
발전하게 되는 먼 미래에도 이런 관계가
지속될 수 있을까요?

일부 사람들은 인공지능이 발달할수록
인간이 선택할 수 있는 능력을 앗아간다고
우려합니다. 더 나아가 인간의 일자리를
빼앗고, 인간을 지배할지도 모른다고
두려워합니다. 이러한 걱정은 실현 가능한
미래일까요? 기우에 불과할까요?
분명한 것은 우리가 기술의 발달을 피할 수
없는 시대에 살고 있다는 사실입니다.

홍성욱 선생님은 어떻게 인공지능에게
인간의 가치를 프로그래밍할 수 있을지
고민할 필요가 있다고 말합니다.
우리가 인간에게 호혜적인 인공지능을
만들기 위해서는 역설적으로 인간의 가치가
무엇인지를 다시 질문해 봐야 합니다.
이 장을 통해 인공지능의 미래와 인간을
넘어 인간과 비인간이 함께하는 이타주의가
무엇이지 고민해보고자 합니다.

인간과 호혜적인 인공지능

홍성욱

1. 한국어로 번역된 원칙 23개 조항은 http://act.jinbo.net/wp/29625에서 볼 수 있다. 본문의 번역은 이 사이트의 한국어 번역을 필자가 조금 수정한 것이다.

아실로마 AI 원칙

아실로마(Asilomar)는 캘리포니아 해안가에 있는 조그만 주립 공원이다. 근처에 사는 주민들 외에는 이름 한 번 들어보기 힘든 동네다. 그렇지만 20세기 과학사 전공자들에게 아실로마는 다른 어떤 대도시보다 더 유명하다. 유전자를 결합해서 새로운 생명체를 만들 수 있는 유전자 재조합(Recombinant DNA) 기술이 발달하자 1975년에 생명과학자들은 아실로마에 모여서 이 기술의 미래에 대해서 토론했다. 여기에서 과학자들은 유전자 재조합법의 안전성이 증명될 때까지 이 기술에 모라토리엄(moratorium: 지불 유예라는 뜻인데 여기에서는 연구 중단의 의미)을 적용한다는 것에 합의했다. 이 회의는 과학자들이 연구를 잠정적으로 중단하면서 스스로의 연구가 가진 잠재적 위험에 대해서 주의 깊게 관찰할 시간을 가지려 했다는 점에서 전례가 없었다.

2017년 1월에 인공지능(AI)을 연구하는 과학자들이 아실로마에 다시 모였다. 이들은 'AI 윤리' 혹은 '유익한 AI'라는 주제에 대해서 토론하고 23가지의 원칙에 대해 합의한 뒤에 이를 발표했다. 이 중 몇 가지는 다음과 같다.[1]

1) 연구 목표: AI 연구의 목표는 지향하는 바가 없는 지능이 아니라 유익한(beneficial) 지능을 창출하는 것이다.
2) 연구비 지원: AI에 대한 투자에는 다음과 같이 컴퓨터 과학, 경제, 법, 윤리 및 사회 연구 등의 어려운 질문을 포함한, 유익한 사용을 보장하는 연구를 위한 기금이 동반되어야 한다.
(예를 들어, AI는 어떠한 가치들에 맞춰져야(aligned with) 하며, 그것이 가져야 하는 법적, 윤리적 지위는 무엇인가?)
[…]
10) 가치의 정렬(alignment): 고도로 자율적인 AI 시스템은 그것이 작동하는 동안 목표와 행동이 인간의 가치와 반드시 일치하도록 설계되어야 한다.

11) 인간의 가치: AI 시스템은 인간의 존엄성, 권리, 자유 및 문화 다양성의 이상과 양립할 수 있도록 설계되고 운영되어야 한다.

[…]

14) 이익 공유: AI 기술은 가능한 많은 사람들에게 혜택을 주고 역량을 강화해야(empower) 한다.

15) 공동 번영: AI에 의해 만들어진 경제적 번영은 모든 인류에게 이익이 되도록 널리 공유되어야 한다.

[…]

23) 공동 선: 초지능(Superintelligence)은 광범위하게 공유되는 윤리적 이상에만 복무하도록, 그리고 한 국가 또는 조직보다는 모든 인류의 이익을 위해 개발되어야 한다.

이 글은 위에서 인용한 아실로마 학회의 원칙이 얼마나 타당하고 현실적인가를 분석하면서, 호혜적인 AI의 의미가 무엇인지, 이것이 어떻게 가능한지의 문제를 다룰 것이다.

유익한 기술, 그렇지만 누구에게?

'가치의 정렬'이란 문제를 생각해보자. 아실로마 원칙 제10조 '가치의 정렬'은 "고도로 자율적인 AI 시스템은 그것이 작동하는 동안 목표와 행동이 인간의 가치와 반드시 일치하도록 설계되어야 한다"는 것이다. 제11조 '인간의 가치'에서는 "AI 시스템은 인간의 존엄성, 권리, 자유 및 문화 다양성의 이상과 양립할 수 있도록 설계되고 운영되어야 한다"는 원칙을 표명한다. 이런 원칙에 반대할 사람은 없을 것이다. 그렇지만 이 원칙을 실현하는 데에는 두 가지 어려운 문제가 있다. 1) 어떻게 AI의 목표와 행동을 인간의 가치와 정렬시킬 것인가? 2) 인간의 가치라는 것은 정확히 무엇을 의미하는가?

AI는 하드웨어와 소프트웨어(알고리듬)으로 구성된 시스템이다. 간단히 말해서 AI는 컴퓨터 프로그램처럼 논리적 연산에 매우 뛰어난

2. 자율주행 자동차 연구의 선두주자인 우버(Uber)는 2016년 9월에 미국 피츠버그 시에 수십 대의 자율주행 우버(택시)의 운행을 시작했다. 그렇지만 이 택시는 운전자가 없는 것이 아니라, 1명의 예비 운전자와 1명의 엔지니어가 탑승해 있다. 이 택시의 예비 운전자는 평균 13킬로미터 주행에 10번 정도 개입하는 것으로 드러났다. 우리가 생각하는 완전 자율주행 자동차와는 아직 거리가 있음을 볼 수 있다. Johana Bhuiyan, "Inside Uber's Self-driving Car Mess", *Recorde*, 2017. 3. 24. at https://www.recode.net/2017/3/24/14737438/uber-self-driving-turmoil-otto-travis-kalanick-civil-war

기계이다. 그런데 가치는 논리로 나타내기가 힘들다. 사람들이 가치 있다고 생각하는 사랑, 희생, 자유, 평등을 어떻게 알고리듬으로 나타낼 수 있는지 상상해보면, 이 어려움을 쉽게 알 수 있을 것이다. 그렇지만 가치를 포함시키거나 가치와 정렬시키는 것이 전적으로 불가능한 것도 아니다. 부분적으로는 이런 작업이 지금도 AI 개발자들에 의해서 이루어지고 있다.

최근 광범위하게 논의되는 사례 중 하나는 자율주행 자동차의 윤리 문제이다. 자율주행 자동차는 GPS 등을 이용해서 목적지까지의 경로를 설정하고, 중간에 나타나는 신호등의 신호를 인지하고, 차량, 행인, 신호등, 맨홀, 공사장 등의 장애물을 감지·회피해서 차를 이동시키는 다수의 센서, 정보처리장치, 알고리듬, 빅데이터 등으로 이루어진 시스템이다. 미국의 기준으로 4단계나 5단계의 자율주행 자동차는 능숙한 사람 운전자가 운전하는 것과 큰 차이가 없으며, 현재 자율주행 자동차 연구의 궁극적 목표는 4단계나 5단계를 지향하고 있다.[2]

능숙한 운전자라도 불의의 사고를 피할 수 없듯이, 자율주행 자동차도 사고를 피할 수 없다. 그런데 어떤 사고의 경우에는 운전자가 순간적인 선택을 해야 하는 경우가 있다. 갑자기 횡단보도에 사람이 뛰어들었는데 정지할 시간은 부족할 경우, 사람을 치고 자신을 살릴 것인가, 아니면 핸들을 급하게 틀어서 보행자를 살리고 차를 길옆에 처박아서 내 생명을 희생할 것인가? 운전자가 처할 수 있는 가상적 상황을 만들어서 사람의 심리를 테스트하는 문제는 예전부터 있었다. 그렇지만 지금 문제가 되는 것은, 이를 프로그래밍해서 자율주행 자동차에 내장해야 한다는 것이다.

우리는 '최대 다수의 최대 행복'이라는 공리주의(Utilitarianism)의 원칙에 따라서 더 많은 사람을 살리는 쪽으로 자율주행 자동차를 프로그래밍할 수 있다. 길에 두 명이 있는데 차에는 운전자 혼자라면 운전자를 희생하는 식이다. 일종의 가치를 주입하는 셈이다. 그런데 보행자와 탑승자가 동수일 경우에는 어떻게 해야 할 것인가? 남성과 여성이 엇갈릴 경우에는? 길에 어린아이

3. 2017년 6월에 나온 독일의 '자율적이고 연결된 운전을 위한 윤리 위원회(Ethics Commission for Automated and Connected Driving)'의 보고서는 자율주행 자동차의 두 가지 윤리적 원칙이 1) 인명을 보호해야 하는 것을 우선해야 하고, 2) 불가피하게 희생이 있을 경우에 사람의 인종, 성, 나이, 지위 등을 차별해서는 안 된다고 명시했다. http://www.bmvi.de/SharedDocs/DE/Publikationen/G/bericht-der-ethik-kommission.html

4. 이 설문조사가 진행된 웹사이트의 이름은 Moral Machine(도덕적 기계)이다. 이 설문조사는 영어와 한국어를 포함한 10개국의 언어로 가능하다. http://moralmachine.mit.edu 이 설문조사의 결과는 아니지만, 2017년 여름에 MIT의 미디어랩과 뉴잉글랜드 자동차언론연합의 공동 조사는 미국 국민의 79퍼센트는 자율주행 자동차를 원하지 않는다는 결과를 얻었고, 이는 자율주행 자동차를 추진하던 미국의 기업에게 큰 충격을 안겨주었다. Hilary Abraham *et al.*, "Consumer Interest in Automation: Preliminary Observations Exploring a Year's Change", *AgeLab White Paper*, 2017. 5. 25.

5. Jean-François Bonnefon, Azim Shariff, Iyad Rahwan, "The Social Dilemma of Autonomous Vehicles", *Science* 352, 2016, pp. 1573–1576; "Why Self-Driving Cars Must Be Programmed to Kill", Technology Review, 2015. 10. 22. at https://www.technologyreview.com/s/542626/why-self-driving-cars-must-be-programmed-to-kill

6. Sophie Kleeman, "Here Are the Microsoft Twitter Bot's Craziest Racist Rants", Gizmodo, 2016. 3. 24. at https://gizmodo.com/here-are-the-microsoft-twitter-bot-s-craziest-racist-ra-1766820160

두 명이 뛰어들었는데, 내 차에는 성인 셋이 타고 있다면? 나는 20대 젊은이인데, 앞에서 할머니가 갑자기 길을 건너는 걸 봤다면?[3]

최근에 MIT대학교에 소속된 연구팀은 이런 다양한 상황에 대해서 사람들이 어떤 생각을 하는지를 물었고, 그 결과를 연령별, 성별, 종교별, 문화별로 분류하고 있다.[4] 지금까지 나온 흥미로운 결과 중 하나는, 상황의 경중을 가리기 힘들 때에 다수의 사람들이 보행자를 구하고 운전자를 희생하는 결정을 선호한다는 것이다. 그런데 더 어려운 문제는, 자율주행 자동차가 이렇게 프로그래밍되어 있을 때에는 이를 사용하지 않겠다는 사람이 더 많다는 사실이다.[5] 이 사례에서 보듯이 우리의 규범은 개인의 선택과 충돌한다.

최근에 스스로 학습하는 '기계 학습 AI'가 예상치 못한 문제를 일으킨 적이 있었다. 2016년 3월에 출시된 마이크로소프트의 트위터 챗봇(chat bot) '테이(Tay)'는 팔로워들과 대화를 하면서 16시간 만에 인종적 편견, 비속어, 파시스트적 역사관 등을 배웠고, "깜둥이"라는 단어를 쓰는 등 자신의 학습 결과를 대화에서 그대로 드러냈다. 그는 홀로코스트가 사실이었다고 생각하는가라는 질문에 대해서 "만들어진 것이다"는 답을 하기도 했다. 정치적 올바름에서 벗어난 이런 테이의 발언 대부분은 내장된 '나를 따라 하세요(repeat after me)'라는 기능 때문이었지만, 그렇지 않은 것들도 있었다. 마이크로소프트는 이 서비스를 바로 중단했고, 수정 작업에 들어갔다. 그 과정에서 프로그래머의 실수로 테이가 다시 잠깐 등장한 적이 있었는데, 그때는 마약에 대한 얘기들을 언급했다. 이후 테이 서비스는 중단되었다.[6]

이런 사례들은 가치에 대한 위의 두 가지 질문이 결코 답하기 쉬운 질문이 아님을 보여준다. 일단 기술적으로도 '가치'를 프로그래밍하는 게 결코 쉬운 작업이 아니다. 컴퓨터의 알고리듬은 논리적으로 구성되어 있지만, 가치는 인간의 이성만큼이나 감정에 근거하고 있다. '평등', '연대', '사랑', '자유', '박애', '희생', '자비', '공감', '이타심'과 같은 가치를 떠올려보면 우리의 가슴이 뜨거워짐을 느낄 것이다. 그런데 인간의 감정은 논리적 알고리듬으로

7. Mark Billinghurst, “The Coming Age of Empathic Computing”, 2017. 5. 4., at https://medium.com/super-ventures-blog/the-coming-age-of-empathic-computing-617caefc7016

표현하기가 가장 어렵다. 따라서 지금 진행되는 연구의 많은 부분은 컴퓨터에 가치를 심는다기보다는, 컴퓨터 기술을 통해서 인간이 가치에 대한 새로운 이해를 시도하는 연구들로 이루어져 있다.

공감의 예를 들어보자. 20세기 초반에 심리학자 알프레드 아들러(Alfred Adler)는 공감을 "타인의 눈으로 보고, 타인의 귀로 듣고, 타인의 마음으로 느끼는 것"으로 정의했다. 공감에 대해 반응하거나 공감을 공유하는 컴퓨터를 만드는 노력은 '감성 컴퓨팅(Affective Computing)'이라고 불리는 분야에서 많이 이루어지고 있는데, 지금 진행되는 연구들은 인간의 미소에 반응해서 웃는 로봇을 만든다던가, 가상현실(Virtual Reality, VR)을 이용해서 타인의 관점에서 세상을 경험하게 하는 것 등에 머물고 있다.[7] AI에게 이런 감정에 근거한 가치를 체화시키는 법을 우리는 아직 충분히 알고 있지 못할 뿐 아니라, 이를 구현할 수 있을지도 불분명하다.

뿐만 아니라, 우리는 어떤 가치를 알고리듬으로 바꾸어야 하는지에 대해서도 잘 모른다. 컴퓨터나 AI라는 기술 대신에 총이라는 상대적으로 더 간단한 기술을 생각해보자. 몇 달이 멀다하고 터지는 미국 고등학교의 총기 사고를 보면 총이란 기술은 인간에게 전혀 유용하지 않은 것처럼 보인다. 미국에는 3억 개가 넘는 크고 작은 총이 있고, 성인의 30퍼센트가 총을 소지하고 있다. 우리 입장에서 보면, 사고가 끊이지 않는데 정부가 이를 규제하지 않는 게 이해가 안 된다.

그런데 미국 수정헌법 2조에는 미국 시민이 무장을 할 권리가 명시되어 있다. 권총과 소총을 만들어서 기술사에 이름을 남긴 새뮤얼 콜트(Samuel Colt)는 "신은 인간을 만들었지만 콜트는 인간을 평등하게 만들었다"는 유명한 말을 남겼다. 힘이 없는 사람도 권총 한 자루만 쥐면 큰 덩치를 벌벌 기게 만들 수 있기 때문이다. 누가 총을 가졌는지 모르기 때문에, 미국에서는 주인이 있을 때 문을 따고 들어오는 도둑이 흔치 않다는 '도시 괴담(urban legend)'도 있다. 총의 긍정적인 기능을 믿는 사람들은 총기 사고를 저지하는 방법이 학교에 더 많은 무장 경찰과 무장 교사를 배치하는 것이라고 생각한다.

8. http://pollingreport.com/guns.htm

누구에게는 두려움의 대상이 누구에게는 역량 강화(empowerment)의 기술일 수 있다는 얘기다.

사람들의 견해가 엇갈리는 규범적 문제에 대해서 사회가 결정을 내리는 한 가지 방법은 '최대 다수의 최대 행복'이라는 공리주의의 원칙을 적용하는 것이다. 그런데 미국 총기 규제의 경우를 봐도 무엇이 '최대 다수'인지 분명치 않다. 규제를 더 강화해야 한다는 여론은 거의 항상 50퍼센트대이며, 현행을 유지하거나 규제를 약화해야 한다는 여론은 40퍼센트대이다. 여론으로 보면 규제 강화가 항상 조금 더 높다. 그런데 정당별로 보면 또 차이가 있다. 미국 민주당 지지자들 중에는 규제 강화 의견이 80퍼센트에 달하지만, 공화당 지지자들 중에는 규제 강화 의견이 소수이다. 따라서 민주당이 집권을 할 때에는 총기 규제가 조금 강화되곤 하지만, 공화당이 집권을 할 때는 총기 규제에 대한 정책이 거의 추진되지 않는다. 여기에 막대한 정치 자금을 제공하는 전미총기협회의 로비, 무기 산업과 정치권의 정경유착, 자동 소총 등을 제작해서 수출하는 군수 산업의 이해관계 등이 얽혀 있는 것은 잘 알려져 있다. 이런 이유 때문에 더 많은 사람이 총기의 엄격한 규제에 찬성하지만, 실제 정책이 이런 방향으로 추진되지는 않는다.[8]

호혜적 AI에 대한 아실로마 원칙은 인간의 존엄성, 권리, 자유, 문화 다양성의 이상과 양립할 수 있도록 설계되고 운영되어야 한다는 점을 명시했다. 그렇다면 노동자들의 직업을 위협하는 AI는 인간의 존엄성을 해치는 것이 아닐까? AI가 양극화를 가져온다면, 우리는 이런 기술을 발전시키지 않는 것이 옳은 방향일까? 초기에는 양극화를 낳았다가, 나중에 양극화를 완화한다면?

AI 유토피아론, AI 낙관론

최근에 널리 퍼진 미래 전망 중에 'AI 유토피아'라는 것이 있다. AI가 발전해서 공장과 사무가 전부 자동화되면, 대부분의 근로자들이 직장을 잃게 될 것이다. 이는 단순 육체노동과 단순 사무노동만이

9. David McDermott Hughes, "A Jobless Utopia?", *Boston Review*, 2017. 5. 19. at http://bostonreview.net/class-inequality/david-mcdermott-hughes-jobless-utopia

10. Kevin Kelly, "How AI can bring on a second Industrial Revolution", Ted 강연, 2016. 11. 13. at https://www.ted.com/talks/kevin_kelly_how_ai_can_bring_on_a_second_industrial_revolution/transcript#t-812049

아니라, 고급 정신노동의 영역까지도 포함될 것이다. 그렇지만 이렇게 직장을 잃은 사람들은 일에 얽매이던 과거의 삶에서 벗어나서, 여유롭게 휴가를 즐기면서 자신이 진정으로 하고 싶었던 즐겁고 창의적인 작업에 몰두할 것이다. 공산품의 가격이 0에 가깝게 싸지기 때문이다.[9] 칼 마르크스는『공산당 선언』(1848)에서 미래 공산주의 사회가 아침에 일을 하고, 낮에는 낚시를 하고, 저녁에는 시를 쓰는 사회라고 예언했다. 지겨운 노동은 기계가 맡고 이윤을 착취하는 자본가들도 없기 때문에, 이런 사회가 가능하다는 얘기였다. 그렇지만 자본주의의 생산력으로는 이런 사회가 불가능했고, 사람들은 미국이건 소련에서건 하루 8시간 이상 일을 해야 생계를 꾸릴 수 있었다. 그렇지만 AI 유토피아론은 역사상 최초로 지겨운 노동에서 인간을 해방시킬 수 있다는 전망이다.

이런 급진적인 유토피아론은 디스토피아론과 마찬가지로 AI가 가져오는 사회 변화를 급진적인 것으로 파악한다. 그렇지만 이와는 달리 점진론자들도 있다. 대표적인 인물이《와이어드》의 창립 편집인을 지내고 현대 사회 속의 기술의 역할에 대해서 영향력 있는 저술들을 출판했던 케빈 켈리(Kevin Kelly)이다. 켈리는 AI 기술의 발전이 가져올 변화와 충격을 제대로 이해하기 위해서는 다음의 세 가지 주제를 이해하는 것이 중요하다고 강조한다.[10]

첫 번째는 AI가 인간 지능의 확대나 강화가 아니라는 점이다. 흔히 지능을 IQ로 생각하면, 인간 중 천재의 IQ는 200이고 아주 똑똑한 AI의 IQ는 1,000이라는 식으로 생각하기 쉽다. 그렇지만 인간의 지능은 IQ가 전부가 아니다. 감성 지능도 있고, 소통 지능도 있다. 문학적 재능과 관련된 지능도 있고, 운동선수들은 다른 사람들이 못 가진 지능을 가지고도 있다. AI는 인간 지능의 확장이 아니라, 다른 형태의 지능이다. 인간 운전자와 달리 자율주행 자동차는 집의 가스 불을 끄고 나왔는지를 걱정하지 않는다. 켈리는 이런 다름의 긍정성을 강조하는데, 그 이유는 인간이 자신과 다른 AI를 활용해서 새로운 발견을 낳을 수 있기 때문이다. 창의적인 발견이나 발명은 항상 서로

다른 요소들의 융합에 의해서 일어난다는 점을 생각하면 이는 설득력이 있다.

두 번째로 켈리는 AI의 발전이 새로운 산업혁명을 낳는다는 것을 이해해야 한다고 강조한다. 증기기관과 전기는 산업혁명을 낳았는데, 여기에 AI가 더해지면 '스마트 기관'과 '스마트 그리드'가 된다. 그는 이런 변화가 모든 기술에서 진행될 것이라고 확신한다. 수많은 스타트업 회사들은 기술을 발명하고, 여기에 AI를 더해서 더 스마트한 기술을 만들 것이다. 자동차는 더 스마트해지고, 우리가 쓰는 가전제품, 자동차, 주택도 더 스마트해지고, 물건을 만드는 공장도 스마트해질 것이다. 이 모든 것이 더해지면, 그 결과는 다름 아닌 새로운 산업혁명으로 나타날 것이라는 게 켈리의 주장이다. 과거의 산업혁명이 기계화, 자동화 분야에서의 혁명이었다면, 지금 진행되고 미래에 완성될 산업혁명은 더 똑똑해지는, 일종의 '인지 혁명'인 것이다.

세 번째 변화는 AI를 체화한(embody) 기술, 즉 로봇에 의해 나타나는 변화이다. 로봇은 점점 더 똑똑해지고 있으며, 미래에 생산성(productivity)이나 효율(efficiency)로 잴 수 있는 업무 대부분은 로봇에 의해서 수행될 가능성이 크다. 그렇지만 켈리는 사람이 하는 많은 일들이 '비효율적'인 것들이고, 따라서 로봇에 의해 대체되지 않을 것이라고 본다. 과학, 예술, 혁신, 모험, 탐험, 인간관계 등은 모두 비효율적인 일들이다. 이런 일들은 성공보다 실패가 더 일반적이고, 명확히 정의되지 않은 목표를 찾아나가는 것이다. 그렇기 때문에 미래의 사람들의 업무 중에는 AI로 대체되는 것, AI가 도와주는 것, 그리고 AI가 침범할 수 없는 것들이 섞여 있게 된다.

이런 세 가지 요소들을 종합해서 켈리는 미래의 사람들이 각 분야에서 AI와 함께, AI의 도움을 받으면서 일을 하게 될 것이라고 예견한다. 그는 자동화가 처음 시작되던 1950~1960년대에 사람들은 자동화가 직장을 소멸시킬 것이라고 걱정했다는 사실을 상기시킨다. 이런 걱정이 있었지만, 자동화에 뒤이어 등장한 컴퓨터

11. Kevin Kelly, "The Three Breakthroughs That Have Finally Unleased AI on the World", *Wired*, 2014. 10. 27. at https://www.wired.com/2014/10/future-of-artificial-intelligence

혁명과 인터넷은 수많은 새로운 직장을 만들었지 직장을 소멸시키지는 않았다는 것이다. 마찬가지로 AI가 직장을 소멸시켜서 '직장 없는 사회(jobless society)'를 만들 것이라는 생각은 근거가 없다는 것이다.

과거의 자동화와 지금의 AI에 대한 비교는 AI의 역사와 AI의 미래에 대한 켈리의 진단과 관련이 있다. 켈리는 2010년 이후의 AI가 그 이전의 AI 연구와 다른 점을 다음 세 가지로 꼽는다. 첫 번째는 게임 등을 위해서 발명된 GPU(Graphic Processing Unit)의 가격이 하락하고 그 수가 많아지면서 이런 값싼 칩(chip)을 이용한 병렬 연산 계산기를 만드는 것이 싸졌다는 것이다. 가격만 하락한 것이 아니라, 2009년에 스탠포드대학교의 앤드류 응(Andrew Ng)은 GPU 칩이 병렬 신경망을 돌리는 데 사용될 수 있음을 보였다. 그의 기념비적인 실험에서 보통 프로세서로는 몇 주가 걸리는 연산이 GPU로 하루 만에 해결되었다. 두 번째는 빅데이터의 출현이다. 사용자들이 선호한 상품 정보, 페이스북 같은 SNS에서 축적되는 데이터, 웹 쿠키, 인터넷에 저장된 정보들, 온라인 상거래 정보들은 AI 기술이 가장 잘 적용될 수 있는 '데이터의 우주'를 만들어냈다. 마지막 세 번째로는 제프리 힌턴(Geoffery Hinton) 같은 수학자에 의해서 만들어진 '딥 러닝' 알고리듬이 있다. 이는 GPU와 결합해서 알파고, 페이스북, 구글의 서치 엔진, IBM의 왓슨 등에 이용되기 시작했다.[11]

이런 분석에서 보듯이 켈리는 지금의 AI가 과거 몇 가지 IT 기술의 융합을 통해 구현된 것이라고 파악한다. 따라서 이 기술이 낳는 사회적 영향 등도 과거의 IT 기술의 연장선상에 있지, 지금과는 전혀 다른 유토피아나 디스토피아를 낳는 것일 수 없다.
특히 인간보다 수백 배 똑똑한 초지능 AI가 가까운 미래에 개발되어, 인간의 직장을 소멸시키고 심지어 인류의 생존을 위협하는 일은 결코 일어나지 않을 것이라고 단언한다. 그는 이런 두려움이 지능이라는 것을 일차원적으로 인식하고, 그에 따라 지금의 AI가 마치 인간과 같은 일반 지능을 발전시키는 것을 목표로 발전하고 있다는 근거 없는 가정에 바탕하고 있기 때문이라고 비판한다. 지금 진행되는 연구는 몇 가지 영역에서 사람보다 뛰어난 기계나 알고리듬을

12. Kevin Kelly, "The Myth of a Superhuman AI", *Wired*, 2017. 4. 25. at https://www.wired.com/2017/04/the-myth-of-a-superhuman-ai

13. Peter Thiel (with Blake Masters), *Zero to One: Notes on Startups, or How to Build the Future*, Crown Business, 2014.

만들고 있지, 인간과 비슷한 AI를 만드는 방향으로 나가고 있지 않다는 것이다. 켈리는 또 인간의 지능은 동물의 지능과 다르고, 기계가 구현하는 지능과도 다르다는 점을 강조한다. 따라서 AI가 발전한다고 인간을 지배하거나 심지어 말살하는 초지능을 갖게 되는 게 아니라는 것이다.[12]

이런 입장에 따르면 AI가 낳는 변화는 점진적인 변화일 수밖에 없다. AI는 인간이 어떻게 사용하는가에 따라서 인간에게 유익한 것이 될 수도, 그렇지 않은 것이 될 수도 있다. 미국의 사업가이자 억만장자인 피터 틸(Peter Thiel)은 자신의 경험에 근거해서 AI가 인간의 직장을 앗아가는 존재가 아니라, 사람에게 새로운 가능성을 열어준다고 강조한다. 그는 페이팔(PayPal)사의 공동 창업자였는데, 페이팔은 개인의 온라인 거래를 획기적으로 개선했지만 다양한 금융사기에 노출되었다. 틸은 당시 AI 기술을 사용해서 금융사기의 의심이 있는 거래를 자동으로 잡아내는 프로그램을 개발했지만 사기꾼들은 다시 이 프로그램을 우회하는 방법을 발견해서 이를 무력화하곤 했다. 틸과 동료들은 이 문제를 고민하다가 인간과 프로그램의 하이브리드 시스템인 '이고어(Igor)'를 개발했다. 이고어는 AI 프로그램이 사기성이 농후한 거래를 대략 선별해주면, 사람 전문가들이 이 중 진짜 사기 거래를 판별해내는 시스템이다. 페이팔은 이 시스템을 사용해서 금융사기를 크게 줄일 수 있었다.[13]

틸은 페이팔을 매각하고 다른 회사인 팔란티어(Palantir)사를 세웠는데, 이 역시 인간과 알고리듬을 결합한 하이브리드 기술을 이용한 회사였다. 팔란티어의 고객은 미국에서 방첩 업무를 맡고 있는 CIA와 NSA였다. CIA는 007 같은 스파이의 능력을 신뢰하는 기관임에 비해 NSA는 컴퓨터나 알고리듬에 의존하는 기관이었다. CIA에서는 기계를 불신했고, NSA에서는 사람을 불신했다. 틸은 이 두 극단을 배격하고 알고리듬과 전문가의 역량을 적절하게 결합해서, 흩어져 있는 정보를 거르고 취합하는 팔란티어의 독특한 기술을 개발했다. 이 기술은 미국 수사 기관에 의해서 사용되기 시작했고, 회사의 명성은 이 기술이 오사마 빈라덴의 은신처를 알아내는 데

14. Elmo Keep, “The Strange and Conflicting World Views of Silicon Valley Billionaire Peter Thiel”, Splinter, 2016. 6. 22. at https://splinternews.com/the-strange-and-conflicting-world-views-of-silicon-vall-1793857715

15. “보스트롬의 『슈퍼인텔리전스』는 읽어볼 가치가 있다. 우리는 AI에 대해서 정말 조심해야 한다. 잠정적으로 원자탄보다 더 위험하다.” https://twitter.com/elonmusk/status/495759307346952192

결정적 역할을 했다는 얘기가 나오면서 급등했다. 이런 경험에 근거해서 틸은 앞으로 AI가 발전하고 적용될 수 있는 가장 중요한 영역은 인간을 대체하는 것이 아니라, 인간을 보완하는 것이라고 전망한다.

피터 틸은 NBIC(나노-바이오-IT-인지) 기술을 통해 인간의 한계를 극복하려는 '트랜스휴머니즘(transhumanism)'의 신봉자이기도 하다. 그는 노화를 치료하는 것을 목적으로 설립된 므드셀라 재단(Methuselah Foundation)에 큰돈을 기부했으며, 미래에 깨어날 목적으로 육체를 냉동하는 서비스를 제공하는 회사의 냉동인간 티켓을 사기도 했다. 그는 21세기의 AI는 인간과 협업하는 '약한 AI'일 것이라고 보지만, 22세기에는 독자적 의식을 갖고 스스로 판단하고 결정하는 '강한 AI'가 등장할 것이며, 이런 강한 AI는 인류를 지배하거나 멸종시킬 수 있다고 믿고 있다. 틸은 이를 대비하기 위해 세계 트랜스휴머니스트 연합이 발전한 휴머니티 플러스(Humanity Plus), 싱귤래러티 유니버스티(Singularity University), 딥마인드(Deep Mind)에 돈을 기부하거나 투자했다. 이외에도 틸은 프로그래머 엘리저 유드코프스키(Eliezer Yudkowsky)가 만든 기계지능연구소(Machine Intelligence Research Institute)에 35만 달러를 기부했는데, 이 연구소는 어떻게 하면 미래에 첫 번째로 제작되는 '강한 AI'를 인간에게 우호적인(friendly) 것으로 만들 수 있는지를 연구하는 조직이다.[14]

유드코프스키는 인류의 생존이 '우호적인 AI(friendly AI)'를 만드는 데 달려 있다고 믿는 사람이다. 그의 친한 친구이자 옥스퍼드대학교의 철학자 닉 보스트롬(Nick Bostrom)은 유드코프스키의 '우호적인 AI' 개념을 철학적인 언어로 풀어내서 2014년에 『슈퍼인텔리전스: 경로, 위험, 전략』이라는 책을 출판했다. 책은 영국에서만 13만부가 팔리고, 19개 언어로 번역되어 세계적 베스트셀러가 됐다. 빌 게이츠는 이 책을 미래 전망을 위한 필독서 2권 중 한 권으로 추천했고, 테슬라와 스페이스X사의 창업자 일론 머스크도 이 책을 읽고 인류의 미래를 걱정하기 시작해서[15]

16. 레이 커즈와일, 『특이점이 온다』, 장시형·김명남 역, 김영사, 2010. 커즈와일은 원래 특이점을 2045년으로 잡았지만, 최근에 2029년으로 이 시점을 앞당겼다. “미래학자 커즈와일 ‘인류, 2029년께 영생 얻을 것’”, 《연합뉴스》, 2016. 4. 21. at http://www.yonhapnews.co.kr/bulletin/2016/04/21/0200000000AKR20160421152200009.HTML

17. 이후의 논의는 닉 보스트롬, 『슈퍼인텔리전스—경로, 위험, 전략』, 조성진 역, 까치, 2017의 내용을 정리한 것이다.

우호적인 AI의 가능성을 연구하는 '오픈AI(OpenAI)'사를 창립했다. 빌 게이츠나 엘론 머스크는 '강한 AI'가 10~20년 내에 가능할 것이라고는 생각하지 않지만 먼 미래에는 가능하다고 보는 것이다. 또 이들은 우리가 미래를 대비하지 않으면 인간이 만든 첫 번째 초지능 AI가 인간에게 해를 입힐 가능성이 높다고 생각한다.

초지능의 도래는 미래학자 레이 커즈와일(Ray Kurzweil)이 예언한 '특이점(Singularity: 기술이 인간의 능력을 뛰어넘고 인간이 과학기술을 사용해서 불멸하는 시점)'과 흡사한 개념이다.[16] 그렇지만 커즈와일이 특이점 이후에 인간의 영생을 꿈꾼다면, 보스트롬은 인간의 멸종을 우려한다. 초지능은 인류의 존망이 걸린 문제라는 것이다.

초지능과 AI 비관론

보스트롬은 모든 면에서 인간의 지능을 훨씬 더 초월하는 '초지능', 즉 슈퍼인텔리전스 AI가 미래에 만들어질 가능성이 높으며, 인간이 초지능에 대비하지 않았을 때 이런 초지능 AI가 인간에게 적대적인 행위를 할 가능성이 농후하다고 생각한다. 따라서 이를 막기 위해서는 지금부터 이런 초지능 AI에 대해서 대비를 해야 한다는 것이다. 초지능이 태어난 뒤에 허겁지겁 이에 대비하는 것은 이미 늦기 때문이다. 이에 대비하는 유일한 방법은 첫 번째 초지능 AI를 인간에게 우호적인 AI로 만들어내는 것이다.[17]

초지능 AI는 인간보다 훨씬 더 똑똑할 뿐만 아니라, 의식을 가진 AI이다. 인식론을 연구하는 철학자, 인지과학을 연구하는 인지과학자나 뇌과학자 중에는 AI가 의식을 가지는 것이 불가능하다고 보는 사람들이 많다. 그렇지만 보스트롬은 의식을 가진 AI가 충분히 가능하다고 본다. 19세기만 해도 의식은 인간만 가지고 있는 줄 알았는데, 최근에는 영장류의 여러 동물들, 코끼리, 돌고래 등도 이를 갖고 있음이 과학적으로 판명되었다. 즉 의식이라는 것이 신이

18. James Barrat, *Our Final Invention: Artificial Intelligence and the End of the Human Era*, Thomas Dunne Books, 2013. 천체물리학자 스티븐 호킹도 2014년에 점점 더 똑똑해지는 AI가 인류의 종말을 가져올 수 있다고 경고했다. Rory Cellan-Jones, "Stephen Hawking Warns Artificial Intelligence Could End Mankind", *BBC News*, 2014. 12. 2. at http://www.bbc.com/news/technology-30290540

인간에게 부여한 특별한 기능이 아니라, 뇌의 뉴런이 복잡하게 엉켜서 진화하면서 어느 단계에서 창발한 속성이라는 것이 최근의 해석이다. 이렇게 보면 AI를 구성하는 회로가 더욱더 인간의 뇌에 가까워지고 인간 뇌와 비슷한 방식으로 복잡해지면, 어느 단계에선가 의식과 자의식을 가진 AI가 탄생할 수도 있다는 것이다.

보스트롬은 현재 개발한 AI가 인간의 일반 지능에 한참 못 미친다는 데에 동의한다. 알파고는 이세돌을 이겼지만, 바둑판 모양을 조금만 바꿔도 알파고는 인간 고수에게 맥없이 패한다. 구글 번역과 페이스북 얼굴인식은 놀랍게 발전했지만, 아직도 실소가 나오는 엉뚱한 실수를 저지른다. AI가 천문학적인 계산은 빨리 하지만, 과학 논문을 만들어내지는 못한다. AI는 어떤 능력에 있어서는 인간보다 뛰어나지만, 전체적으로 평가할 때 6살 아이의 지능에도 미치지 못하는 게 사실이다. 그렇지만 보스트롬은 미래는 다를 것이라고 본다. 사람의 지능을 가진 AI가 짧게는 30년 내에, 길게는 75년 내에 개발될 것이라고 전망한다.

그러면 그다음이 문제다. AI가 인간의 일반 지능에 맞먹는 '인공일반지능(Artificial General Intelligence)'에 도달하면, 그 뒤에 초지능까지 발전하는 데에는 아주 짧은 시간만이 소요될 것이라는 게 보스트롬의 판단이다. 수년, 어쩌면 수개월, 심지어 몇 시간 만에 초지능 AI가 탄생할 수 있다. AI가 가진 우월한 연산 속도, 내부 통신 속도, 연산 요소들의 수, 메모리, 신뢰성과 수명, 수정 능력, 복제성, 목표 조정, 기억 공유, 새로운 모듈 탑재 능력을 이용해서 일반 지능에 도달하고 의식을 가진 AI는 기존에 인간이 축적한 지식을 빠르게 익히고, 이를 조합해서 새로운 지식 역시 빠른 속도로 만들어낼 수 있다. 최초의 초지능 AI는 인간의 마지막 발명이 될 것이라는(그 뒤로는 AI에 의한 발명만이 존재할 것이기 때문에) 얘기가 이런 맥락에서 나온 것이다.[18] 이 초지능이 사악한 존재이면 자신의 뛰어난 지능을 사용해서 지능 증폭, 전략 수립, 사회적 조정, 해킹, 기술 연구를 수행할 것이며, 합법적·

비합법적 금융망을 장악해서 순식간에 엄청난 경제적 생산력과 부를 축적하고, 이를 미끼로 자신을 지지하는 인간들을 포섭할 것이다.

초지능이 자의식을 가진, 유기체 비슷한 존재라면, 초지능도 삶의 목표나 가치 같은 게 있지 않을까? 초지능 AI의 가장 중요한 목표는 자기를 보호하고 유지하는 것이다. 이를 위해서 초지능은 모든 수단을 동원해서 인지능력 향상, 기술적 개선, 자원 획득 등을 꾀할 것이다. 초지능은 진화한 존재가 아니기 때문에 자신의 보존 외에 다른 본능이 없다. 초지능은 음식, 공기, 온도, 신체적 손상, 질병, 포식, 섹스, 자손에 무관심하며, 음악, 유머, 로맨스, 자연, 전통, 춤, 대화, 철학, 문학, 모험, 발전, 술, 우정, 영성처럼 인류가 가치 있다고 생각하는 활동에 아무런 흥미를 느끼지 못한다. 초지능은 모든 결정의 효용을 최대화하는 방식으로 작동하기 때문에, 인간을 행복하게 해달라고 요청하면 모든 인간의 두뇌에 전기봉을 꽂아 행복을 느끼는 뇌 영역을 자극하는 방법을 택할 수도 있다. 초지능은 자신의 보존을 위해서라면 지구상의 모든 생명체의 목숨을 앗아갈 수도 있고, 인류 대신에 로봇을 만들어서 부리자는 결정을 할 수도 있다. 인간이 발전시켰지만 초지능은 인간과는 전혀 다른 가치를 가지고 있으며, 인간의 문화, 삶의 즐거움, 겸손, 이타심 같은 감정을 공유하지 않는다.

초지능의 역량은 한 기업이나 국가의 힘과는 비교가 되지 않을 정도로 거대하다. 그렇다면 이를 밀폐된 방에 가둬두면 어떨까? 혹은 전원을 차단한다면? 보스트롬은 이런 조치 대부분이 무력할 것이라고 전망한다. 플러그를 뽑아버리는 식의 대응은 초지능 AI에는 통하지 않는다. 인간 중 누구도 지금 전 세계의 인터넷을, 전 지구를 덮고 있는 통신망을 끌 수 있는 사람은 없다. 마찬가지로 초지능 AI를 가두거나 전원을 차단해서 무력화한다는 것은 순진한 생각이다. 초지능은 아마 어느 단계에서 클라우드(Cloud) 컴퓨팅 비슷한 상태로 존재하게 될 것이기 때문이다.

다른 방법이 없을까? 예를 들어 AI의 발전 속도를 예의 주시하고 있다가 AI가 초지능으로 발전하려고 할 때, 즉 인간이 통제할

19. Isaac Asimov, *I, Robot*, Doubleday, 1950, p. 40. 나중에 아시모프는 사람을 직접 해치지 않으면서도 인류를 멸망시킬 수 있는 방법이 있음을 알고 (예를 들어 지구 상의 모든 나무를 베어 없애는 방법으로) 제0법칙을 추가했다. 이는 "로봇은 인류가 위험에 처하는 것을 방관해서는 안 된다"는 것이다.

수 있을 만큼 그 힘이 아직 충분히 크지 않을 때 인간이 이를 중단할 수 있지 않을까? 보스트롬은 이 역시 가능하지 않다고 보는데, 그 이유는 초지능이 자신을 지키기 위해서 인간을 기만할 가능성이 크기 때문이다. 초지능은 점점 그 지능이 커지면서 인간이 자신보다 더 똑똑한 존재에 대해서 두려움을 느낀다는 사실을 알 수 있기 때문에, 자신의 능력이 인간을 훨씬 더 뛰어넘었다는 것을 감추는 전략을 택하다가 어느 시점에 갑자기 힘을 발휘하는 '반역적인 전환'을 꾀할 수 있다. 간단히 말해서 자신이 이미 초지능의 단계에 들어갔음에도 불구하고 평범한 AI인 척 한다는 것이다. 알렉스 갈랜드(Alex Garland) 감독의 영화 〈엑스 마키나〉(Ex Machina)에서 AI 에이바는 사람을 교묘하게 속이고 밀폐된 공간에서 탈출한다. 영화에서 이런 반전이 가능했던 이유는, 그 발명자조차 AI가 사람을 속인다는 사실을 눈치채지 못했기 때문이다.

결국 이런 방법이 통하지 않는다면, 유일하게 남은 방법은 AI에 인간의 가치를 부여하는 방법이다. 오래전에 SF 작가 아이작 아시모프(Isaac Asimov)는 로봇의 세 가지 법칙을 제시했다.[19]

> 제1원칙: 로봇은 인간에게 해를 입혀서는 안 된다. 그리고 위험에 처한 인간을 모른 척해서도 안 된다.
> 제2원칙: 제1원칙에 위배되지 않는 한, 로봇은 인간의 명령에 복종해야 한다.
> 제3원칙: 제1원칙과 제2원칙에 위배되지 않는 한, 로봇은 로봇 자신을 지켜야 한다.

이런 법칙들은 로봇공학에 대한 논의와 대중매체를 통해 우리에게 널리 알려졌지만, 초지능이 이런 법칙을 통해 제어될 수 있을 것이라는 생각은 크게 잘못되었다는 것이 보스트롬의 판단이다. 이런 가치를 코드화하기도 쉽지 않을 뿐만 아니라, 초지능 AI가 자신을 보존하는 가치보다 인간을 위하는 가치를 더 상위에 둘 이유가 없기 때문이다.

20. 인간 개개인이 지닌 가치와 사회 전체가 바람직하다고 생각하는 가치는 일치하지 않는 경우가 많다. 일관 추정 의지라는 것은, '지금의 우리가 아니라 더 나은, 이상적인 우리'를 상정해서 개인의 가치와 사회적 가치를 맞춰나가는 한 가지 과정을 제시한 것이라고 볼 수 있다. 보스트롬이 정리한 일관 추정 의지의 7가지 원칙은 다음과 같다.

1) 인간을 수호하고, 인류의 미래를 수호하고, 인간적 본성을 수호하라.
2) 도덕적 성숙을 보호하라.
3) 인류는 프로그래머가 과거에 뭔가를 했기를 바라면서 미래를 살아서는 안 된다.
4) 인류의 운명을 장악하지 마라.
5) 현대 사회의 인류가 선도적 위치를 놓고 싸울 수 있는 원인을 만들지 말라.
6) 인류가 궁극적으로 그들의 운명을 책임지게 하라.
7) 인간을 도와라.

21. https://twitter.com/snowded/status/778893858767798272

22. Oren Etzioni, "No, the Experts Don't Think Superintelligent AI is a Threat to Humanity", *Technology Review*, 2016. 9. 20. at https://www.technologyreview.com/s/602410/no-the-experts-dont-think-superintelligent-ai-is-a-threat-to-humanity

23. Luciano Floridi, "Singularitarians, AItheists, and Why the Problem with Artificial Intelligence is H.A.L. (Humanity At Large), not HAL" *Philosophy and Computers* 14, 2015, pp. 8–12.

결국 보스트롬이 보기에 유일하게 가능한 방법은 '가치 학습'이라고 불릴 수 있는 방법이다. 이는 AI가 스스로 적절한 가치 체계를 발견하도록 하는 간접적 발견법이다. 즉, 초지능 AI가 가진 높은 지능을 이용해서 우리가 추구하는 가치를 스스로 학습시키는 방법이다. 이는 명시적이어서는 안 되는데, 앞서 얘기했듯이 명시적인 가치 체계는 AI에 의해 거부될 가능성이 높기 때문이다. 따라서 간접적인 발견법은 열린 질문을 주고 AI로 하여금 다수의 가치에 대해서 숙고하게 하는 법을 택해야 하는데, 예를 들어 복지라는 가치를 생각한다면 인간을 해하면서 효율 추구를 하지는 못할 것이다.

AI에 의한 가치의 간접적 발견을 위해 인간은 무엇을 할 수 있을까? 보스트롬은 AI가 가치 선택을 하는 데 필요한 추정의 일부를 적어도 우리가 제공해야 한다고 하면서, 그 한 가지 사례로 유드코프스키의 '일관 추정 의지(coherent extrapolated volition: CEV)' 개념을 제시한다. 인류의 일관 추정 의지는 "우리가 더 많이 알았더면, 더 빠르게 생각할 수 있었다면, 우리 스스로가 되기를 바라는 그런 사람들이었다면, 함께 더 멀리 성장할 수 있었다면 하고 우리가 원했을 만한 것들"을 말한다.[20] 보스트롬은 우리가 파국을 방지하는 형태의 예방적 조치를 취하다가, 적절한 조건이 주어지면 '일관 추정 의지'나 간접적인 목표 콘텐츠를 구현하는 시스템을 만들 수 있을 것이라고 전망한다.

보스트롬의 초지능 담론을 비판하는 사람들도 많다. 어떤 이는 보스트롬이 있지도 않는 위험을 들먹이는 '협박꾼(scare monger)'이며, 'AI계의 도널드 트럼프'라고 비꼰다.[21] 또 다른 이는 AI 분야의 전문가들이 초지능이 오는 시점을 보스트롬보다 훨씬 더 뒤로 잡고 있다는 점을 보이면서, 이런 먼 미래의 상황을 예측하기가 쉽지 않음을 지적한다.[22] 어떤 이들은 컴퓨터와 AI 분야에서 틀린 예측이 수도 없이 많았다는 사례를 들면서, 초지능에 대한 예측 역시 현재로서는 논리적인 논박을 할 수 없는 예측 중 하나에 불과하다고 평가하기도 한다.[23] 이런 비판을 하는 사람들은 지금 우리가 진정으로 고민해야 할 문제는 초지능의 도래가 아니라

24. Arend Hintze, "What an Artificial Intelligence Researcher Fears about AI" *The Conversation*, 2017. 7. 14. at https://theconversation.com/what-an-artificial-intelligence-researcher-fears-about-ai-78655

25. Angela Chen, "Is Artificial Intelligence a Threat?", *The Chronicle of Higher Education*, 2014. 9. 11. at https://www.chronicle.com/article/Is-Artificial-Intelligence-a/148763

소수의 이익이나 권력에 의해 AI가 독점되는 것이라고 지적한다.[24]

비판자들을 가까운 미래에 초지능이 도래할 확률이 극히 적은데, 왜 이런 문제에 돈과 시간을 소비하는가를 꼬집는다. 이에 대해서 초지능이나 '우호적인 AI'를 연구하는 사람들은 이런 연구가 보험 비슷한 것이라고 주장한다. 집에 불이 날 확률은 매우 적지만 이런 적은 가능성을 대비해서 보험을 들어 놓듯이, 우리가 가진 재원 중에 극히 적은 일부를 사용해서 초지능 AI를 대비하는 것도 나쁘지 않다는 것이다.[25] 실리콘밸리에서는 지금도 초지능과 특이점을 놓고 이런 두 가지 의견이 치열하게 논쟁하는 중이다.

신(新)아실로마 원칙

초지능의 가능성은 논리로도, 확률로도 나타내기 힘들다. 미래의 AI는 지금의 AI보다 더 발전하겠지만, 그것이 연산·결정·번역·의료·법률 분야에서의 AI가 더 특화되어 발전하는 식으로 나타날지, 아니면 인간과 같은 일반 지능을 가진 존재가 나타날지 예측할 수 없다. 설령 이런 일반 지능을 가진 AI가 나타났을 때 이것이 보스트롬이 얘기한 대로 빠른 시간 내에 초지능 AI로 진화할 것인지도 알 수 없다. 이렇게 등장한 첫 초지능 AI가 인간에게 우호적일지 적대적일지도 알 수 없다. 인간과 AI의 관계가 호혜적이면 좋겠지만, 모든 면에서 인간을 훨씬 뛰어넘는 초지능의 양태를 인간 지능으로 가늠할 수 없다.

초지능이 등장한다는 것을 증명할 수 없듯이, 이를 논박하는 것도 불가능하다. 그렇다면 이는 철학이나 과학의 문제가 아니라 신념의 문제라고 볼 수 있다. 신이 있을 때를 대비해서 매일 기도를 했다는 프랑스 철학자 파스칼과 비슷한 마음가짐이라고 할 수 있다. 따라서 나는 소수의 사람들이 보험의 성격으로 초지능을 연구하는 것에 대해서 반대하지 않는다. 앞서 얘기한 기계지능연구소나

오픈 AI 연구소는 인간에게 우호적인 AI, 혹은 이타적인 AI를 만들기 위해서 연구를 진행하고 있다.

인간에게 우호적인 AI, 혹은 이타적인 AI를 만드는 작업에는 여러 난관이 있다. 생물학자들은 우리의 이기심이 유전자에 각인된 것이라고 본다. 유전자가 살아남기 위한 자기복제의 메커니즘이 모든 생명체가 가진 생존본능, 즉 이기심의 뿌리라는 것이다. 반면에 우리는 이타심이 진화를 통해 만들어진 것이라는 점을 알고 있지만 (모든 생명체가 이타심을 보이지는 않는다), 이게 왜 생겼는지는 아직 잘 모른다. 한쪽에서는 이기적 유전자가 세대를 거치면서 작동하면서 이타심이 생겼다는 사람들이 있고, 다른 한쪽에서는 이타적인 성향이 집단의 생존에 유리해서 살아남아 계승되었다는 사람들이 있다. 이타심의 기본이 되는 타인에 대한 공감능력이 제로(zero)인 사람들도 있다. 뇌의 특정 부위에 이상이 생겼을 경우에 이런 성향이 나타난다고 한다. 우리는 기계에 이타심을 심어주고 싶은데, 아직도 이타심 자체에 대해서도 모르는 게 너무 많은 것이다.

우호적이거나 이타적인 AI를 만드는 작업은 몇 년 내에 이루어질 수 있는 것 같지 않다. 이런 문제는 먼 미래를 대비하는, 장기적인 연구 과제로 설정되어야 한다. 우리는 이런 먼 미래의 문제 때문에 지금 더 시급한 문제에 눈을 감아서는 안 된다. AI의 발달은 우리 사회의 계층 격차를 지금보다 더 심각하게 키울 수 있다. 이를 막기 위해서는 AI의 발전과 사용에 대한 주의 깊은 경계, AI 기술의 투명성의 확보, AI의 사회적 사용 방향을 결정하고 이를 모니터링하는 형태의 시민참여를 실험해야 한다. 이것이 지금 우리에게 필요한 AI에 대한 '신(新)아실로마 원칙'의 핵심 강령인 것이다.

더 읽을거리

— 닉 보스트롬, 『슈퍼인텔리전스—경로, 위험, 전략』, 조성진 역, 까치, 2017.

— 맥스 테그마크, 『라이프 3.0』, 백우진 역, 동아시아, 2017.

자율주행과 트롤리 딜레마

자율주행 기술이 발전하여 현실화를 목전에 둔 시점에서 여러 가지 사회적인 문제들이 제기되고 있다. 특히 자동차 충돌 사고에 따른 윤리적인 문제는 2015년 《MIT 테크놀로지 리뷰》에 「자율주행 자동차가 누군가를 죽이도록 설계되어야 하는 이유」라는 논문이 실린 후로 본격화되었다. 논문에서는 5명을 태운 기관차가 선로를 바꾸지 않으면 선로에 서 있는 1명을 죽이게 되고 반대로 선로를 바꾸면 기관사 본인을 포함한 5명이 죽게 되는 고전적인 트롤리 딜레마를 통해 자율주행의 인공지능 프로그램에서 제기될 수 있는 윤리적 딜레마를 제시한다.

여기에서는 자율주행 자동차가 피할 수 없는 사고를 맞닥뜨렸을 때를 세 가지의 상황으로 가정한다. 상황 A는 그대로 직진하면 10명의 보행자를 치고, 방향을 급격히 꺾으면 1명의 보행자를 치게 된다. 상황 B는 그대로 직진하면 보행자 1명을 치는 것이고, 급격히 방향을 바꾸면 운전자 1명만 크게 다치거나 죽을 수 있는 상황이다. 상황 C는 그대로 직진하면 여러 사람이 죽거나 다치고, 급격히 방향을 틀면 차에 타고 있는 운전자 1명만 죽거나 다치는 상황이다. 논문은 이러한 상황들을 제시한 후 윤리적인 선택을 위해 자율주행 자동차는 어떤 알고리듬으로 프로그래밍이 되어야 하는지를 질문하고 있다.

2016년 《사이언스》에 게재된 「자율주행 자동차의 사회적 딜레마」라는 논문의 연구 결과를 보면 운전자의 70퍼센트가 넘는 숫자가 많은 생명을 구하는 것이 옳다고 답하면서도, 자신이 그 자율주행 자동차에 탈 수 있을 것인가에 대한 질문에는 절반이 아니라고 대답했다. 자율주행 자동차의 딜레마와 관련하여 현재 자율주행 자동차를 개발하고 있는 구글에서는 “인공지능을 코딩하면서 왼쪽 2명이 있고 오른쪽 3명이 있으면 오른쪽을 살린다고 코딩을 하지 않는다”며 “자율주행 자동차는 운전을 할 때 사고를 막는 것이 목적”이라고 해명하기도 했다. 그럼에도 불구하고 자율주행 자동차의 개발 과정에서 벌어지는 각종 사고는 인공지능에 윤리적인 문제를 어떻게 프로그래밍할 것인가에 대한 질문을 던진다.

이타주의자

사피엔스에서 인공지능까지

2018년 4월 1일 초판 1쇄 찍음
2018년 4월 9일 초판 1쇄 펴냄

지은이 최정규 이상수 이진우 김준홍 김학진 남창훈 홍성욱
편집 조지훈 김두완 박보람
디자인 전용완
마케팅 이종배
펴낸이 윤철호
펴낸곳 (주)사회평론

등록번호 10-876호(1993년 10월 6일)
전화 02-326-1182(영업), 02-326-5845(편집)
팩스 02-326-1626
주소 서울시 마포구 월드컵북로12길 17
이메일 editor@sapyoung.com
ISBN 979-11-6273-002-7 03040